태 종 평 전

호랑이를 탄 군주

태종 평전

太宗 評傳

박현모 지음

흐름출판

"군주는 때로 짐승에게서도 배워야 한다. 군주는 사자와 여우를 모범으로 삼아야 한다. 여우로부터는 함정과 올가미에서 자기 몸을 지키는 간지(奸智)를, 사자에게는 이리 떼를 쫓을 힘을 배워야 한다."(니콜로 마키아벨리 2015, 124쪽)

피렌체에서 태어난 니콜로 마키아벨리(1469~1527년)는 르네상스 시대를 풍미했던 이탈리아의 사상가이자 정치철학자다. 메디치가의 군주에게 바치기 위해 저술한 것으로 알려진 그의 《군주론》은 근대 정치철학에 관한 선구자 격의 저서로 평가받는다. 그는 이 책을 통해 위대한 군주와 강한 군대, 풍부한 재정이 국가를 번영하게 만든다고 역설했다. 국가 이익을 위해서라면 군주는 어떠한 수단도 취할 수 있으며, 국가 경영 리더십에 종교 및 도덕의 요소를 첨가할 것이 아니라는, 이른바 마키아벨리즘을 발표했다.

마키아벨리는 정치투쟁을 체스 놀이에 비유해, 뛰어난 군주는 이 놀이의 규칙들을 철저히 연구하되, 규칙의 어느 것이 옳고 그름을 들어 고치거나 비판하면 안 된다고 생각했다. 게임에서 승리한 사람만이 체스 놀이 규칙에 대해 뭐라고 말할 자격이 생긴다고 보았다. 다시 말해 마키아벨리가 그리는 이상적인 군주란, 온갖 도전과 유혹을 이겨낼 수 있는 군센[剛·강] 의지와 함께 일의 이치[事理·사리]를 꿰뚫는[明·명] 눈을 가진 존재였다.

우리 역사에도 수많은 군주가 있었다. 이 중에서 마키아벨리가 이상형으로 그린 군주상에 걸맞은 인물을 꼽으라면 단연코 이 사람을 말할 수 있겠다. 바로 조선의 제3대 국왕이자 세종대왕의 아버지 태종 이방원(李芳遠, 1367~1422년; 재위 1400~1418년)이다.

태종 이방원만큼 드라마나 소설에 자주 등장한 인물도 드물다. 〈용의 눈물〉, 〈정도전〉, 〈육룡이 나르샤〉, 〈나의 나라〉 등에서 태종은 모든 상황의 소용돌이를 만들어내고 또 해결해나가는 중심인물이다. 그런데 이런 드라마나 소설을 찬찬히 들여다보면 자칫 태종의 진면목을 오독하게 하는 내용이 적지 않다. 정몽주와 정도전처럼 자신과 길을 달리했던 정치가는 물론, 왕권 강화를 위해서 외척과 공신들까지 거리낌 없이 숙청해버리는 잔인무도한 권력의 화신처럼 그려지곤 한다. 하지만 정작 태종이 추구하는 길은 무엇이었고, 왕권을 강화해 이루려고 한 궁극적인 목표가 어떤 것이었는지는 좀처럼 드러나지 않는다.

이처럼 태종의 진면목이 드러나지 않는 데는 학계 책임이 크다. 이상하리만치 태종에 대한 단행본이나 박사학위 논문은 드물다. 태종에 관한 단행본으로는 이한우(2005)와 한충희(2014) 그리고 박홍규(2021) 책이 있을 뿐이다. 《태종실록》은 이한우 번역본으로 총 18권 총 9,090쪽에 이른다. 거의 모든 분야의 국가 경영을 아우르고 있다. 그럼에도 불구하고 태종시대에 대한 박사 논문은 겨우 네 편에 불과하다(부록 3 참조). 무엇보다도 태종 이방원이라는 인물에 대한 입체적 고찰과 그의 정치력을 깊이 있게 다룬 단행본이나 논문은 거의 전무한 실정이다. 이 점이 이 책을 집필하게 된 출발점이다.

그렇다면 왜 이 시대에 다시 태종을 이야기해야 하는가. 나는 2010년부터 2021년까지 거의 10여 년간 《태종실록》을 연구해왔다. 2020년과 2021년에는 서울숲양현재(withsejong.com)에서 《태종실록》 강독을 진행하면서 꼼꼼히 태종과 그 시대 인물들의 이야기를 읽을 기회가 있었다. 이를 통해 내가 얻은 결론은 태종의 국가 경영 리더십이 그저 옛날이야기가 아니라는 점이다. 문명의 이기는 지금 많이 발전되었지만 정치 지도력, 특히 국가 경영 리더십 측면에서 볼 때 지금 정치가들은 태종에 훨씬 못 미친다는 게 내 생각이다.

한동안 우리는 권위주의 국가에서 벗어나기 위해 노력했다. 민주주의 정치, 즉 언론 자유가 보장되고 좋은 정책을 제시하는 정당과 정치 지도자가 유권자에게 선택받는 나라를 만들려고 힘을 모았다. 그런데 지금 우리나라의 언론과 정당이 오히려 불신의 진원지가 되었다. 정치 지도자는 경멸과 조롱의 대상으로 전락했다.

정치는 물론이고 종교와 학문 분야에서도 나라의 원로를 인정하고 존경하는 풍토를 찾아보기 힘들다. 한국전쟁 후, 온 국민이 70여 년간 노력해서 국민소득 3만 달러 시대를 열었고, 세계인이 사랑하는 스포츠와 문화 부문 스타들이 연이어 나오건만, 유독 정치만은 30년 전 그대로다. 따라서 나는 태종의 국가 경영을 이모저모로 되살려내면 지금 우리 정치에 큰 충격을 줄 수 있으리라고 확신한다. 500년 조선왕조의 기틀을 닦아낸 정치 비전과 국가 기강 정립, 그리고 무엇보다 인재 경영 측면에서 태종을 따라갈 지도자가 없기 때문이다.

이 책은 조선 건국 후 창업기를 거쳐 수성기로 진입하는 역사의 전환기, 그 폭풍의 중심에 있었던 태종의 언행을 되살려내는 데 초점을 두었다. 그의 출생에서부터 문과에 급제한 청년기를 거쳐, 혁명적 정치가로의 성장, 세자에서 왕으로 그리고 상왕을 마지막으로 역사의 뒤안길로 스스로 사라지는 과정을 실록에 기반해 되살리려 노력했다. 특히 새 왕조의 안정과 번영을 위해서라면 공신과 친지, 가족까지 희생시킬 수 있다는 그의 국가관이 어떻게 발현되었는지를 집중해서 그려낼 것이다.

태종은 위기 경영 측면에서 매우 탁월한 능력을 가진 군주였다. 위기란 '위험한 기회'라고 정의되는데(《한한대자전(漢韓大字典)》), 태종이야말로 위험 속에 숨어 있는 기회를 잘 포착해서 일을 성사시킨 리더였다. 왕위에 오르기 전, 즉 1388년 5월 위화도회군 때부터

1400년 1월 '제2차 왕자의 난(이방간의 난)'까지 12년 동안 곤경에 처할 때마다 그는 노련한 외과 의사처럼 위험 요소를 제거하여 사태를 반전시켰다.

태종은 '가족같이 화합하고 잘 사는 나라', 즉 '소강(小康)의 나라'를 정치 비전으로 제시하고 뛰어난 인재 등용에 혼신의 노력을 기울였다. 조준과 하륜, 권근 등 태종이 중용한 세 명의 재상은 조선왕조 500년 역사를 통틀어 명재상 13인에 꼽히는 인물들이다. 세종시대 활약한 과학 인재의 70%를 태종이 발탁하고 길러냈다는 사실은 신선한 충격이다. 태종은 또한 사대교린 외교를 통해 조선의 국격(國格)을 향상시켰다. 태종 재위 시절 동아시아 국제 정세는 한 치 앞을 내다보기 힘들었다. 대륙으로부터는 명의 간섭과 여진족 침략이 계속되었고, 바다 건너 왜의 노략질이 빈번했다. '은위(恩威) 외교'에 기반해 국위를 선양하는 태종의 실용 외교는 한반도 최고 지도자들에게 여러 가지 배울 점을 시사한다.

"뛰어난 지도자가 나오면 온 나라가 복 받는다[國有長君 社稷之

福·국유장군 사직지복]"《태종실록》, 18년 6월 3일). 태종이 세종을 왕위 계승자로 지명하면서 한 이 말은 600년이 지난 지금 우리에게도 해당된다. 뛰어난 지도자에 대한 오랜 갈증이 사람들로 하여금 대통령 선거 등 새 리더를 뽑는 데 관심을 쏟게 하는 듯하다. 이 책에서 그려낸 태종 이방원의 강명(剛明)한 리더십에서 뛰어난 지도자의 자격과 무엇보다 지도자를 보는 안목을 발견할 수 있기를 소망한다.

— 박현모

제3장 ◆ '태종 재상 3인방' 이야기

제4장 ◆ '태종의 나라' 조선

제5장 ◆ 실용 외교와 국방

제6장 ◆ 성공적인 전위, 리더십의 대단원

제7장 ◆ 태종 정치의 빛과 그늘

제1장

정치가 태종

1

왕위에 오르기까지

지적으로 성장하다: 1~21세

이방원이 정치적 인물로 부상하게 된 계기는 1388년 5월 위화
도회군이었다. 그는 열일곱 살이던 1383년(우왕 9년) 문과에 급제해
엘리트로 인정받았고, 아버지 이성계(李成桂)는 국내외적으로 가장
유명한 최고 명장이었다. 그의 장인 민제(閔霽) 역시 당대 최고의
지식인이자 정치적으로 큰 영향력을 가진 인물이었다. 그럼에도 불
구하고 위화도회군 이전까지 이방원이 어떠한 정치적 활동을 했다
는 기록은 없다. 다만 고려의 최고 교육기관인 개경 성균관의 "솔
숲에서 글 읽는" 유생이었고, 길재(吉再) 등 동료들과 어울려 "술 마

태종대(강원도 횡성군). 이방원이 잠저 시절 원천석에게 학문을 배운 인연으로 인해 여러 설화가 전해져 내려온다. 태종이 즉위한 후 각림사를 찾아가고, 이곳에서 공부했던 시절을 회고한 일이 《태종실록》에 실려 있다. 원천석을 만나기 위해 그가 몸소 올라갔다는 시냇가에 '태종대(太宗臺)'라는 글씨가 새겨져 있다.

시고 노래하고 춤추는"(《태종실록》, 18년 8월 3일) 풍류남아였다는 단편적인 사실만이 전해진다. 당대의 뛰어난 지식인 원천석(元天錫)을 찾아 원주 각림사까지 가서 배웠으니 학문의 열정 또한 큰 청년이었던 것 같다(《태종실록》, 14년 윤9월 14일; 17년 2월 27일).

1383년(우왕 9년) 그가 문과에 급제했을 때 이성계는 '감격에 겨워 눈물을 흘렸고' 정3품에 해당하는 제학(提學)에 임명되던 날에는 '기쁨이 대단하여 사람을 시켜 임명장[官敎·관교]을 두세 번이나 읽게' 했다(《용비어천가》 81장 2권, 639쪽). 이성계 눈물의 의미는 아마도 자기 집안에도 공부 잘하는 자식이 있다는 자부심이었을 것이다. 또한 이성계 자신에게 덧씌워진 무인(武人) 이미지를 벗어날 수 있으리라는 기대도 눈물 속에 담겨 있었을 것으로 보인다.

이방원은 아버지의 기대를 충족시키기 위해 책 읽는 일에 열심이었다. 왕위에 오른 뒤에도 그는 자신이 "귀밑털과 머리털[鬢髮·빈발]이 흐트러져도[髮髯·방불] 아침저녁으로 조금도 게을리하지 않고 꾸준히 글을 읽고 있다[慇懃讀書·은근독서]"라고 말한 적이 있다(《태종실록》, 3년 9월 22일). 어린 시절부터 나이 들 때까지 독서가 습관화되어 있었던 것이다. 태종이 읽은 책은 유교 경전에서부터 역사서와 실용 서적에 이르기까지 다양했다. 《태종실록》에 기록된, 태종이 읽거나 인용한 책은 총 74종이다. 이른바 '태종 문헌'은 이방원의 지적 스펙트럼과 국가 경영을 이해하는 데 도움을 주는데, 전체적으로 농업서, 의약서, 법전 등 매우 다종다양하다. 이는 주자 성리학에 치중되어 있는 조선 후기(가령 '정조의 책')와 비교된다. 태종시대의 왕과 신하들은 경전과 역사에 관한 책은 물론이고, 농사, 음운학, 법과 행정, 예법 등을 다룬 다양한 책을 언급했다. 천문학 관련 책이 적다는 것을 빼면 '세종 문헌'과 비슷하다.

첫째, 태종의 경우, 신하들과 마찬가지로 경사(經史)의 책은 물론이고 농사(《농잠집요(農蠶輯要)》), 예법(《주자가례(朱子家禮)》), 음운학(《운회(韻會)》), 불교 인물(《신승전(神僧傳)》) 등을 다양하게 언급했다. 중국 역사뿐만 아니라, 우리 역사(《삼국사(三國史)》, 《고려역대사적(高麗歷代事迹)》)와 최치원의 시문집(《계원필경(桂苑筆耕)》)도 보았다. 태종에게 중요한 책으로는 세 가지를 꼽을 수 있다. 《문헌통고(文獻通考)》와 《대학연의(大學衍義)》, 그리고 《주역(周易)》이 그것이다.

《문헌통고》는 《태종실록》에 가장 많이 인용된 국가 경영 매뉴얼이었다(48회 인용). 태종과 그 시대 사람들은 국가 의례를 제정할 때, 가령 원자(양녕)의 성균관 입학례를 정하거나(《태종실록》, 1년 8월 22일) 기우제 지내는 법을 정할 때(《태종실록》, 16년 6월 5일), 이 책을 매우 다양하게 참고했다. 다음으로 《대학연의》는 《태종실록》에 26회 나오는데, 경연의 텍스트로 혹은 왕의 언행을 정당화하려 할 때 사용되는 역사서였다. 예를 들면 태종은 세자 시절 사병 혁파의 정당성을 설파할 때(《정종실록》, 2년 6월 20일), 《대학연의》 구절을 인용했다. 왕위에 오른 뒤에도 그는 외척의 위험성이나 궁궐 여성들의 삼가는 태도를 말할 때(《태종실록》, 9년 9월 4일; 9년 9월 17일) 이 책을 활용했다.

마지막으로 《주역》은 태종이 가장 정성을 들여 배우고 중시했던 책이다. 태종은 《주역》을 "오묘한 이치를 깨닫기는 어려우나[難曉妙理·난효묘리] 읽기는 쉬운[易讀·이독]" 책으로 생각했다(《태종실록》, 17년 윤5월 9일). 그 이치를 깨우치기 위함이었는지 그는 왕위에 오른 다음, 《주역》에 밝은 사람을 불러 대화를 나누곤 했다(《태종실록》, 7년 4월 1일; 7년 5월 8일). 주역 설명서인 《회통(會通)》을 구해달라고 할 정도로 몰두하기도 했다(《태종실록》, 11년 6월 6일).

《주역》은 왕은 물론이고 신하들도 자주 인용했다. 가령 '이상지계(履霜之戒)', 즉 '서리가 밟히면 곧 단단한 얼음 얼 때가 올 것을 안다'[履霜堅氷至·이상견빙지]와 '작사모시(作事謀始)', 즉 '일을 시작함에 시초에서 도모하라'는 자주 인용되는 문구였다(《태종실록》, 6년 5월 18일; 6년 8월 24일; 8년 5월 19일; 16년 2월 25일). 둘 다 일의 초창기에 적극 대응하라는 뜻으로 태종의 일하는 방식인 '선발제지(先發制之)'와 상통한다.

《주역》은 왕과 신하들의 대화에서 자주 거론되는 텍스트였다. 태종은 세자 시절인 1400년 5월, 신하와 더불어 《주역》의 "붕망(朋亡)"을 이야기했다(《정종실록》, 2년 5월 17일). '붕망'이 가까운 친척[近戚·근척]이나 귀한 집[貴家·귀가]으로 상징되는 '붕(朋)'을 큰 공정함으로 결단낸다[斷以大公·단이대공]라는 뜻임을 고려할 때, 비록 종친이라도 죄를 지으면 용서하지 않는[雖宗親勿宥·수종친물유] 태종의 정치 원칙을 암시했던 것으로 보인다. 그는 또한 처남 민무휼(閔無恤) 등에게 서리가 점차 얼음으로 바뀌는 일의 위험성[履霜之漸·이상지점]을 경고했다. "임금의 가까운 친척에게는 장차[將·장]가 없어야 하는데[君親無將·군친무장]” 민무구(閔無咎) 등이 그 조짐을 보였다는 의미였다(《태종실록》, 7년 9월 18일).

태종이 《주역》을 인용했던 사례는 또 있다. 재위 중반인 1415년 8월에 그는 대화 끝에 “《주역》 태괘(泰卦)를 보면 나라 다스리는 방도를 대개 알 것[爲國之方蓋可知·위국지방개가지]”이라고 말했다. 당시 그는 작은 고을들을 다시 병합 이전으로 되돌려달라는 민원을 받아들일 것인지를 두고 논란을 벌이고 있었다. 태종의 결론은 ‘되돌려서는 안 된다’였다. 그 근거로 그는 두 권의 책을 제시했다. 그 하나는 《문헌통고》로 “설사 법제(法制)를 어지럽게 고쳐 가뭄 재변[旱災·한재]이 왔다 하더라도 이미 시행한 일은 고칠 수 없다”라는 대목을 들었다. 또 다른 책은 《주역》이었다. 태종은 《주역》 태괘를 인용하면서 ‘나라 다스리는 사람은 인기에 영합해서는 안 된다’라고 말했다. 다시 말해서 ‘작은 것이 가고 큰 것이 온다. 길하고 형통하다[小往大來 吉亨·소왕대래 길형]’는 괘(掛)의 뜻처럼 현행대로 지속하면 장차 만물이 통할 때가 온다고 비유적으로 말했다(《태종실록》, 15년 8월 1일). 여기서 보듯이 태종은 《주역》을 공들여 배웠을 뿐만 아니라, 《주역》 구절을 들어 자기 언행을 정당화하곤 했다. 그뿐만이 아니다. 그는 일하는 방식까지도 그 책에서 터득해 실행하기도 했다. 바로 이 점에서 《주역》은 ‘태종 문헌 제1호’에 해당한다.

‘태종 문헌’ 중에서 흥미로운 책은 유사눌(柳思訥)에게 불사르라고 한 《신비집(神祕集)》이다. “괴탄(怪誕)하고 이치에 안 맞는[不經·불경] 설(說) 뿐”이라는 이 책의 내용은 알려져 있지 않다(《태종실록》,

12년 8월 7일). 이와 비슷한 책으로 《신승전》을 들 수 있다. 이 책은 신이(神異)한 스님 208인의 전기를 기록한 것이다. 명나라 영락제가 몸소 만든 책인데, 한나라 때부터 원나라까지 승려들의 기이한 행적이 기록되어 있다. 1411년 명나라 사신이 이 책을 가져와 태종에게 전달했다는 기록이 보인다(《태종실록》, 17년 7월 14일). 태종이 《신비집》은 불사르게 했으나, 《신승전》을 보존한 이유는 아마도 명나라 황제가 만든 책이기 때문이었을 것이다. 세종 초년(1419년)에는 '《신승전》을 잘 간수해 더럽히거나 훼손하지 못하게 하라'는 지시까지 내려졌다(《세종실록》, 1년 12월 12일). 이를 통해서 볼 때 태종 시대 사람들은 이단 시비 기준보다는 그 책이 나랏일 하는 데 도움을 주는지 여부를 더 중시했던 것으로 보인다.

● **태종 문헌**

'태종 문헌' 74종에는 ① 태종이 읽거나 언급한 42종, ② 재위 중반에 왕이 검토하고 한양으로 옮기라고 지시한 충주사고 보관 문헌 32종이 포함되어 있다. 그 외에 신하들이 상소문 등에서 언급한 책과 명나라에서 보내온 책이 있는데, 이 중 상당수는 '태종 문헌'과 겹친다. 정조의 책과 지식 경영에 대해서는 《정조 평전》(박현모, 민음사, 2018, 125~165쪽)에, 세종 문헌에 대한 자세한 연구는 《세종의 서재》(박현모 외, 서해문집, 2016)에 있다.

둘째, 신하들도 태종과 마찬가지로 여러 책들을 언급했다. 특히

법(《대명률유율》), 예법(《주문공가례(朱文公家禮)》,《개원례(開元禮)》,《상정례(詳定禮)》,《장서(葬書)》 등), 행정(《백관지(百官志)》,《정요(政要)》 등)에 관한 책이 많다. 이는 그 시기가 국가 질서를 세우는 시기임을 보여준다.

셋째, 중국에서 보내온 책 중에서 제일 중요한 것이 《원사(元史)》다. 이 책은 태종과 신하들이 모두 언급한 책으로, 그 직전 왕조(원나라)의 역사서를 명나라에서 이미 편찬했음을 보여준다(세종 때 《고려사(高麗史)》 개찬의 근거로 작용). 무엇보다 그 속에 수시력(授時曆)이라는 원나라의 천문역법 내용이 들어 있어서 세종 때 천문역법 프로젝트 계기가 되었다(한영호 외 2014).

정리하자면, 정치사상에서부터 농업과 의약에 이르기까지 폭넓은 독서와 실용적인 학습이 태종 이방원으로 하여금 뛰어난 국가경영 리더로 성장하게 했으며, 왕위에 오른 뒤에도 균형 잡힌 판단과 통찰로 인재들을 이끌어갈 수 있게 만들었던 것으로 생각된다.

그런 이방원이 정치의 세계에 노출된 시점은 아버지 이성계의 결단, 즉 위화도회군(1388년)을 통해 무장(武將)에서 혁명적 정치가로 변모하면서부터다.

정치 세계에 뛰어들다: 22~34세

왕위에 오르기 전 1388년부터 1400년까지 약 12년 동안 이방원

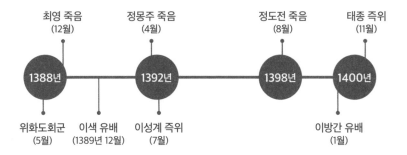

최영 죽음
(12월)

정몽주 죽음
(4월)

정도전 죽음
(8월)

태종 즉위
(11월)

1388년　　　**1392년**　　　**1398년**　　　**1400년**

위화도회군
(5월)

이색 유배
(1389년 12월)

이성계 즉위
(7월)

이방간 유배
(1월)

에게는 다섯 차례 위기가 있었다. 이 기간 그는 회군(回軍)과 건국 (建國)과 즉위(卽位)라는 엄청난 정치적 소용돌이를 헤치고 나갔다. 이 중에서 22~25세까지 약 4년은 이방원 생애에서 결정적인 시기 였다. 그중 첫 번째 위기는 1388년 5월 위화도회군 때였다. 아버지 이성계가 명나라를 정벌하라는 왕명을 거역하고 군대를 돌이켰을 때 이방원이 한 일은 두 어머니를 피신시키는 일이었다. 당시 개경 에 있던 이방원은 처자가 있던 자기 집에는 들르지도 않고 곧바로 말을 몰아 친어머니 한씨와 계모 강씨가 있는 경기도 포천으로 달 려갔다. 최영(崔瑩)이 이끄는 정부군에게 두 어머니가 포로로 잡힌 다면 아버지가 매우 난처한 처지에 빠질 것은 불 보듯 뻔했다. 그는 대가족을 이끌고 부랴부랴 동북면(함경도)으로 향했다.

　그의 예상은 적중했다. 강원도 철원을 지날 때쯤 관군이 이성계 일가를 체포하러 나섰다는 얘기가 전해졌다. 그들은 인가를 피해 서 밤새 걸었다. 너무 지치면 풀밭에서 눈을 붙였다. 강원도 이천(伊 川)에 이르자 이방원은 생각을 바꿨다. 대가족을 이끌고 관군을 피해 동북면까지 갈 수는 없다는 판단이 들었던 것이다. 두 어머니는 너무 지쳐서 더 걸을 수도 없는 상황이었다. 그곳에서 힘 좀 쓸 장정을 모아보니 100명 정도가 되었다. 사람들을 모아놓고 그는 말했다. "최영은 일을 모르는 자이니[不曉事之人·불효사지인] 더 이상 우리를 쫓지 않을 것이다"라며 사람들을 일단 안심시킨 다음, 그는 좌중에게 각각의 역할을 나누어 맡겨 대비시켰다. 자칫 큰 곤경에 처할 뻔한 순간에도 그는 당황하지 않고 먼저 해야 할 것(대피)과 나중에 할 것(조직화)을 나누어 실행에 옮겼다. 무엇보다 말을 통해 사람들에게 믿음을 주었다. 그렇게 그곳에서 7일을 머물다가 아버지가 정국을 장악했다는 소식을 듣는다. 이윽고 이방원은 가족을 이끌고 개경으로 돌아왔다(《연려실기술》, 〈태조조 고사본말〉 1권, 55쪽). 여기서 보듯이, 이방원은 일의 선후를 헤아리고 능숙하게 실행해서 위기를 넘겼다.

위화도회군 이후 이방원보다 스물다섯 살 위인 정도전이 이성계와 함께 정국을 이끌어가면서 그의 역할도 커졌다. 창왕이 즉위한 지 4개월째 되는 1388년 10월에 이방원은 이색(李穡)의 서장관 자격으로(실제로는 '볼모') 명나라 수도 난징[南京·남경]에 다녀왔다(이듬해 귀국). 이후 방해가 되는 인물들, 즉 최영(1388년 12월), 이색(1389년 12월), 정몽주(1392년 4월)가 차례로 제거됐다. 특히 1392년 3월, 명나라에서 귀국하는 세자를 맞이하러 간 이성계가 해주에서 사냥을 하다가 말에서 떨어졌을 때가 큰 위기였다. 이 위기에 대처하는 과정에서 이방원 특유의 추진력이 빛을 발했다.

위화도회군 이후 점점 세력이 커지는 이성계파를 견제하려던 정몽주(鄭夢周) 등에게 이성계의 낙마 사건은 그야말로 천우신조의 기회였다. 우선 말달리고 활 쏘는 데 천재적인 이성계가 노루를 쫓다가 중상을 입었다는 사실이 사람들로 하여금 '아, 이성계도 이제 늙었구나'라고 생각하게 했다. 당시 수시중(守侍中)이라는 고려 최고의 관직에 있던 정몽주는 이성계를 보좌하는 조준(趙浚) 등을 먼저 제거하기로 했다. 그는 언관들을 움직여 조준, 정도전(鄭道傳), 남은(南誾), 윤소종(尹紹宗) 등을 탄핵하게 했다. 이어서 왕명(공양왕)을 받아 유배지에 있는 조준 등에게 사약을 내릴 계획이었다.

이방원은 그 당시 얼마 전 돌아간 어머니 한씨의 묘소에서 시묘살이를 하고 있었다. 그런 그에게 두 개의 다급한 소식이 들려왔다. 아버지가 낙마했다는 소식이 그 하나이고, 정몽주가 이번 기회에 이성계파를 모조리 제거해버리려 한다는 소식이 다른 하나였다. 이 소식을 전해 들은 이방원은 즉시 말을 타고 아버지가 누워 있는 개경 근처 벽란도(碧瀾渡)로 달려갔다. 정몽주 등이 개경에 들어오는 아버지를 제거하려 한다는 정보를 전했으나, 중상을 입은 이성계는 아무런 대답도 못했다. 이방원은 가족들에게 정몽주 등이 거사를 하기 전에 한시바삐 개경으로 들어가야 한다고 거듭 말했다. 이방원의 제안으로 그들은 밤을 새워 겨우 입성할 수 있었다.

개경에 들어간 이성계는 유배 가 있는 조준, 정도전 등의 무고를 풀려고 했으나 몸이 많이 아파서 일어날 수가 없었다. 그래서 둘째 아들 이방과(李芳果)를 왕에게 보내 그 뜻을 전했다. 하지만 왕은 이

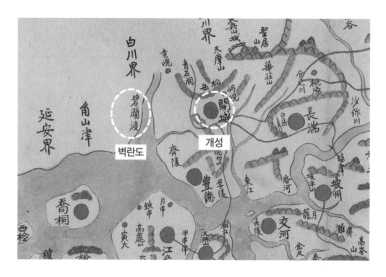

벽란도. 예성강 하구에 위치한 벽란도는 바다와 가깝고 수심이 깊어 큰 배가 출입할 수 있었다. 그러한 이유로 벽란도는 외국으로 나가거나 국내로 들어오기 위해 꼭 거쳐야 하는 관문이자 국제적인 교역 항구였다. (이미지 출처: 고려대학교 도서관 한적실. 1884년 제작)

성계의 청을 듣지 않았다. 정적들의 움직임은 더욱 활발해져서 "그 화가 어찌 될지 예측할 수 없는" 상황이 되었다《용비어천가》상권, 257쪽). 그때 이방원은 아버지를 찾아가 은밀히 정몽주 제거를 제안했다. 이성계는 '큰일 날 소리'라고 반대하면서 "죽고 사는 것은 천명"이라고 했다.

이방원이 아버지의 반대에도 불구하고 여러 사람들 앞에서 "내가 그 책임을 감당할 것[我當任其咎·아당임기구]"이라며 사람들을 설득한 일이나, 조영규(趙英珪)를 거느리고 가서 정몽주를 척살한 사실은 잘 알려져 있다.《용비어천가》를 보면 이때 이방원은 "우리 집안이 나라에 공을 세웠음은 온 나라 사람들이 다 아는 바인데, 지금 정몽주의 모함으로 누명을 쓰게 되었다. 우리 스스로 누명을 벗지 않으면 후세에 누가 밝히겠는가"라고 설득했다고 한다(《용비어천가》 상권, 259쪽). 한마디로 이방원은 이때도 위화도회군 때와 마찬가지로 정보를 정확히 입수한 다음, 상대방보다 한발 앞서 실행에 옮겼다. 아버지의 꾸짖음과 사람들의 비방이 예상되었지만 "내가 책임지겠다"라면서 사태를 반전시켰다.

이방원의 정치적 위기는 여기서 끝이 아니었다. 이성계가 조선을 건국한 직후 이방원에게는 가장 큰 위기가 다가온다. 바로 1392년 8월 태조가 여덟째 아들 이방석(李芳碩)을 세자로 정한 것이다. 이방석 세자 책봉을 가장 큰 위기라고 말한 이유는 이방원의 목숨이 위태로워졌기 때문이다. 나중에 민무구·민무질 형제가 "세자 이외의 왕자는 모두 제거해버려야 한다"라고 말한 것처럼, 이 일로 인해 '세자가 아닌 왕자 이방원'의 생명이 위험해졌다. 실제로 실권자 정도전이 추진한 군제 개혁으로 이방원 등이 큰 곤경에 빠진 사실은 그런 상황을 잘 보여준다.

《태종실록》〈조준 졸기(卒記)〉를 보면 이성계는 처음에 계비인 신덕왕후(神德王后) 강씨의 장남 무안군 이방번(李芳蕃)을 세자로 세우려 했었다. 하지만 배극렴(裵克廉)이 "적장자(嫡長子)로 세우는 것이 고금의 통의[立嫡以長 古今通義·입적이장 고금통의]"라고 말하자, 태조는 싫은 표정으로 옆에 있던 조준에게 "경의 뜻은 어떠한가?"라고 물었다. 조준이 "세상이 태평하면 적장자를 먼저 하고, 세상이

어지러우면 공(功)이 있는 이를 먼저 합니다[時平則先嫡長 世亂則先有功·시평칙선적장 세란칙선유공]. 원컨대 다시 세 번 생각하소서"라고 대답했다. 이방번이 세자로 적절하지 않다는 말이었다. 이때 신덕왕후가 옆방에서 그 말을 엿듣다가 소리 내어 울었다. 이윽고 태조가 종이와 붓을 가져다 조준에게 주며 이방번의 이름을 쓰게 했으나, 조준이 땅에 엎드린 채 쓰지 않았다. 그러자 태조는 신덕왕후의 막내아들 이방석을 세자로 삼겠다고 말했다. 조준 등도 더 이상 반대하지 못했다(《태종실록》, 5년 6월 27일, 〈조준 졸기〉). 태조의 첫 번째 제안(이방번 책봉)은 공로 없음을 들어 반대했으나, 두 번째 제안(이방석 책봉)까지 거절할 용기가 없었던 것이다.

여기서 보듯이 조준의 반대로 이성계의 일곱째 아들인 서자 이방번 대신 여덟째 이방석이 세자가 되었지만, 이방원의 입장에서는 달라질 게 없었다. 그야말로 '닭 쫓던 개' 신세가 된 것이다. 이 상황에서 이방원은 보통 사람이라면 하기 힘든 일을 했다. 부왕의 당부를 받아 중국으로 사행(使行)을 떠난 것이다. 1394년 6월 정안군 이방원이 명나라 황제 주원장(朱元璋)을 만나러 갈 때 조선과 명나라의 관계는 좋지 못했다. 주원장은 "정도전의 글이 오만하다"라고 화를 내며 조선 사신의 수도 입경을 아예 차단했다. 이 때문에 사신이 요동에까지 갔다가 들어가지 못하고 다섯 차례나 되돌아왔다. 그러다가 주원장은 생각을 바꾸어 조선의 왕자를 보내라고 했다. 이런 상황에서 어떤 왕자도 선뜻 나서지 않았다. 자칫 인질로 붙잡힐 우려가 있기 때문이었다.

제1차 왕자의 난 때 희생된 태종의 이복동생 이방번의 묘. 서울시 강남구 수서동 광평대군 묘역에 있다.

그때 이성계는 정안군 이방원을 불러 "명나라 천자가 질문할 경우, 네가 아니고서는 대답할 수 없다"라면서 쉽지 않은 부탁을 했다.* 이방원은 부왕의 부탁을 흔쾌히 수락하고 중국으로 떠났다. 뒤에서 자세히 살펴보겠지만(제5장), 이방원은 이때 명나라에 가서 주

---

* 당시 태조 이성계는 신덕왕후 강씨의 집요한 요청으로 정안군 이방원을 제거하지 않으면 안 되는 상황이었다. 그때 이지란(李之蘭)이 '정안군을 명나라에 보내자'고 제안했고, 이성계가 그 제안을 받아들였다고 한다. 그렇게 해서 강씨의 강청을 피하면서도, 명나라 황제의 요구도 수용하는 이중 효과를 노렸다는 것이다(윤정란,《조선의 왕비》, 이가출판사, 2003, 29쪽).

원장을 만나 그간의 오해를 불식시키고, 양국 간 신뢰도 쌓았다. 뿐만 아니라 나중에 영락제가 되는 연왕(燕王)과의 정치적 인연을 맺어 장차 조선-명나라 사이의 우호 기반을 닦았다.

그의 일하는 방식은 한마디로 "선발제지(先發制之)"라는 말로 집약할 수 있다. '먼저 나서 사태를 제압한다'는 뜻의 이 말은 정도전 제거 시기를 회상하면서 태종이 쓴 표현이다(《태종실록》, 1년 11월 20일). 실제로 그는 탁월한 정보력으로 사태를 파악한 다음, 상황을 유리한 쪽으로 이끌어나가는 데 귀재였다. 그럼에도 불구하고 귀국 후 이방원에게는 더 큰 도전이 다가오는데, 바로 당시 실권자 정도전이 사병을 혁파하려 할 때다.

네 번째 위기는 세자 자리를 놓친 세 번째 위기 때 이미 예상된 것이었다. 이방석을 세자로 세운(1392년 8월) 정도전은 이듬해에 중군·좌군·우군을 모두 아우르는 의흥삼군부(義興三軍府)를 설치하고 스스로 그 총책임자[府事·부사]가 되었다(1393년 9월). 그는 군제 개혁을 위해 여러 차례 상소를 올렸다. 그 상소의 핵심은 군의 최종 명령권을 국왕에게 두어야 한다는 점, 그리고 그 최종 명령권은 의흥삼군부라는 기관을 거쳐 행사되어야 한다는 내용이었다(《태조실록》, 4년 2월 19일; 정일태 2019, 185쪽).

정도전의 군제 개혁안은 국왕 이성계의 지지를 기반으로 《주례(周禮)》와 같은 고전, 그리고 당나라 사례 등을 참고하여 주장되었기 때문에 반박하기가 쉽지 않았다(《조선경국전》 상, 〈치전(治典)〉, 〈군관〉). 물론 일각에서는 정도전 등이 "병권(兵權)과 정권(政權) 모두를 장악하려 한다[旣掌兵權又掌政權 · 기장병권우장정권]"라고 지적하면서 "병권은 종친에게, 정권은 재상에게 있어야 한다[兵權宜在宗室 政權宜在宰輔 · 병권의재종실 정권의재재보]"라고 주장하기도 했다(《태조실록》, 3년 11월 4일). 하지만 종친과 공신들이 병권을 쥐고 있을 경우, 재상이 중심이 되어 국정을 효율적으로 이끌어가기가 어렵다는 정도전의 판단과, 무엇보다 자기 사후 병권을 쥔 종친(왕자)이 궁중 쿠데타를 일으킬 수 있다는 이성계의 우려 때문에 그 주장은 배제되었다(정일태 2019, 188쪽). 가장 예민한 문제였던 종친 휘하 사병을 혁파하는 일은 정도전이 아니라 정권과 병권의 분리를 주장했던 변중량(卞仲良)이 주도했다(《연려실기술》 1권, 122쪽). 국왕 중심으로 군제를 개편하다 보면 왕자들 소유의 사병 역시 불가피하게 국군화(國軍化) 되리라는 것이 정도전의 판단이었다.

실제로 정도전의 국군화 작업은 점차로, 그리고 빈틈없이 진행되었다. 이를테면 모든 무관이 오직 국왕만을 지키겠다고 다짐하는 의식인 둑제(纛祭)가 실시되었다. 둑제에 참석하지 않은 여러 절제사 휘하의 장무(掌務) · 진무(鎭撫)는 곧바로 태형(笞刑)을 받았다(《태조실록》, 3년 1월 28일). 진도(陣圖) 훈련도 같은 맥락에서 이해할 수 있다. 정도전은 1393년(태조 2년) 11월부터 진도 훈련을 건의해 이성계의 승인을 받아 1398년(태조 7년) 8월 '제1차 왕자의 난' 직전까지 꾸준히 실시했다(15회 실시). 진도 훈련을 제대로 따르지 않은 자는 지위 고하를 막론하고 처벌했다. 삼군 절제사를 비롯해 상장군 · 대장군 · 군관 등 292명이 대거 탄핵되었으며(《태조실록》,

7년 8월 4일), 지방 절제사 중에서 《진도》를 익히지 않는 사람은 곤장을 맞았다. 정안군(이방원)조차도 휘하 사람이 작은 곤장으로 볼기를 치는 태형을 받아야 했다(《태조실록》, 7년 8월 9일).

이처럼 정도전의 공세가 실력으로나 명분상으로 치밀하고 타당했기 때문에 이방원은 속수무책일 수밖에 없었다. 결국 1392년 4월의 '정몽주 척살' 때처럼, 이방원은 정치적 발톱을 모두 뽑힌 채 제거될 날만 기다릴 것인가, 아니면 정면 승부로 정도전 등을 제거할 것인가 하는 고뇌에 빠졌다. 이른바 '제1차 왕자의 난' 혹은 '무인년(戊寅年, 1398년) 사건'으로 불리는 이 사건은 《용비어천가》 등 여러 문헌에 상세히 묘사되어 있다. 1404년(태종 4년) 〈제릉 비문〉(신의왕후 비문, 권근 지음)을 비롯해서, 1409년(태종 9년) 〈건원릉 비문〉(이성계 비문, 권근 지음), 1424년(세종 6년)의 〈헌릉 비문〉(태종 신도비문, 변계량 지음) 등이 그것이다.

이들 텍스트에 공통적으로 나오는 내용은 이성계의 건강이 안 좋은 상태에서 정도전 등이 나라 권세를 제멋대로 하려고 음모 꾸미는 것을 정안군이 사전 제압했다는 점이다. 그런데 정도전은 정말로 음모를 꾸몄던 것일까? 태종과 그의 아들 세종 때 편찬한 기록임에도 불구하고, '정도전의 도모'보다는 '이방원의 선제공격'이 더 그럴싸하게 보이는 것이 사실이다. 하지만 600년도 더 지난 지금 "(정도전 등이) 그 기회를 이용해 난을 도모"했는지 여부를 가릴 방법은 없다. 중요한 것은 앞의 '정몽주 척살 사건'과 마찬가지로 정치가는 그 모든 것에 대비해야 한다는 점이다. '나는 정당한 방법으로 싸웠는데, 상대방이 비열한 방법을 사용해서 졌다'고 한들 아무 소용이 없다. 결과로써 평가받는 정치 세계에 사는 사람들이라면, 특히 간발의 차이로 모든 것을 잃을 수도 있는 위기의 정치가라면 정적들이 사용할 만한 사기, 기만, 변절 등까지도 미리 간파하고 대비해야 하지 않을까?

아버지 이성계가 조선을 건국한 지(1392년 7월) 6년이 지난 1398년에 그는 혁명 동지였던 정도전마저 척살한다(1398년 8월). 이후 이방원은 '제2차 왕자의 난'으로 다섯 번째 위기를 맞이하는데, 이 사건은 그 이전의 위기들에 비하면 오히려 싱거운 일이었다. 1400년(정종 2년) 1월, 이성계의 넷째 아들 이방간(李芳幹)이 개국공신 박포(朴苞)와 더불어 궁중 쿠데타를 일으키려다 정보가 새어나가 역으로 숙청당하여 '박포의 난'이라고도 불리는 이 사건은 여러 가지 의구심을 불러일으키는 역모 사건이다. 긴 얘기를 줄이면, 이 위기 역시 이방원의 탁월한 정보력과 결단력 덕분에 제압되었다. 중요한 점은 이 난을 계기로 마침내 사병 혁파가 추진된다는 사실이다.

'제2차 왕자의 난'을 제압한 지 3개월 만에 '세자' 이방원은 선제적으로 공신과 왕자들의 사병을 혁파했다. 황해도와 서북면의 군대를 맡고 있던 이방간이 공신 박포와 함께 쿠데타를 추진하다가 발각되어 유배를 간 직후였다. "사병을 두는 것은 한갓 난을 조장하는" 빌미가 될 뿐이라는 언관 상소를 받아들이는 형식으로 이방원은 사병 혁파 카드를 꺼내들었다. 사병 혁파 반대 움직임, 즉 이거이(李居易)·이저(李佇) 부자 등이 개인의 질병이나 재변을 이유로

태조 어진. 이성계의 불교신앙행위는 유교 국가 군주 이방원을 긴
장시켰다. 태종은 국법(=척불)과 효친(=신불)의 충돌을 지극한 효성
으로 극복하려 했다. (이미지 출처: 어진박물관)

사직을 요청하거나, 사병의 병적기록부[牌記·패기]를 제출하지 않는 등의 방식으로 저항했다. 이에 대해 태종은 그 특유의 선제적 제압 방식으로 대처해나갔다. 즉, 그들을 유배 보내거나(조영무), 외방에 안치하거나(이거이·이저 부자), 또는 파직(이천우)하는 등 강경 대응으로 무력화시켰다. 그런 다음 일이 마무리될 즈음 그들을 다시 불러서 서용했다(《정종실록》, 2년 9월 8일).

물론 이것으로 사병 혁파 작업이 끝난 것은 아니었다. 태종은 즉위한 다음 처음으로 무과 제도를 도입하거나(《태종실록》, 2년 1월 6일) 무예가 뛰어난 자를 천거받아(《태종실록》, 5년 3월 10일) 적소에 배치하는 인재 발굴책을 썼다. 뿐만 아니라 그는 각 도의 '발병호부(發兵虎符)', 즉 유사시 군령을 확인할 수 있는 제도를 도입하는가 하면 (《태종실록》, 3년 7월 22일) 주기적으로 왕 자신이 강무(講武)를 실시해 군사훈련과 무예 기술을 개발하게 했다(《태종실록》, 6년 2월 20일).

이처럼, 태종은 사병 혁파라는 결코 녹록치 않은 숙제를, 이론 투쟁이라는 '포효(咆哮: 호랑이의 외침)'와 위기 상황 조성이라는 '기호지세(騎虎之勢: 호랑이 등에 올라탄 것처럼 거침없이 나아감)'를 통해 해결해나갔다. 그리고 그것은 이씨 왕실을 탄탄한 기반 위에 올려놓았다.

비유컨대 태종은 '새를 울게 만드는 리더'였다. 일본의 역사 인물을 논할 때 흔히 인용되는 비유가 '새를 어떻게 울리는가'다. 울지 않으면 죽여버리는 오다 노부나가[織田信長·직전신장]와 울 때까지 기다리는 도쿠가와 이에야스[德川家康·덕천가강], 그리고 새가 울도록 만드는 도요토미 히데요시[豊臣秀吉·풍신수길]의 스타일이 그것이다. 그런데 생각해보면 우리 역사에도 비슷한 유형의 리더십이 있었다. 자신을 반대하는 김종서(金宗瑞)와 사육신을 척결하고 조카 단종마저 제거한 수양대군은 울지 않는 새를 '죽여버리는' 스타일이었다. 이에 비해 부왕 태종의 신뢰를 얻기까지 자기를 절제하고 학문을 닦으며 기다리다가 양녕대군이 세자에서 폐위되면서 왕위 계승권을 물려받은 세종은 새가 울 때까지 '기다리는' 유형이었다. 조선 건국 과정에서 기지와 순발력으로 부왕 이성계의 신뢰를 얻고 결정적인 순간에 스스로 왕위에 오른 태종은 새를 '울게 만드는' 인물이라고 생각한다.

1388년부터 1400년까지, 12년간의 중요한 고비마다 이방원이 관여한 일들은《태조실록》과《정종실록》외에《용비어천가》와《연려실기술》에 생생하게 기록되어 있다. 이 중에서 중요한 문헌이 《태종실록》의 '총서'다. '총서'는《태종실록》을 펴면 맨 처음 나오는 부분으로 태종 이방원은 누구이며, 어떻게 왕위에 올랐는가를 서술하고 있다.

'총서'를 보면 이방원의 생애는 크게 다섯 부분으로 이루어져 있다. 출생과 가족관계(①), 성장 과정(②), 정치가의 길(③), 왕위에 오르기(④), 전위와 여생, 그리고 죽음(⑤)이 그것이다. 그 주요 내용은 이방원이 평범한 변방의 무장의 아들로 살아갈 운명이었는데, 하늘 뜻[天意·천의]으로 왕위에 올랐고, 호랑이 등에 탄 것처럼[騎虎·기호] 앞만 보고 달리다가 스스로 내려왔다는 이야기다. 재위 말년 태종은 "나의 상(像)과 모양은 임금의 상이 아니다"라고 말했다. "나는 몸가짐과 행위가 모두 임금에 적합하지 않다"라고도 말했다(《태종실록》, 18년 8월 8일). 한마디로 자신은 아버지에게 옥좌를 물려받은 전형적인 임금이 아니며, 스스로 왕의 길을 만들어 간 '운명의 개척자'라는 얘기였다.

● 이방원이 만난 위기: 도전과 응전

- 1차 위기: 1388년, 요동 정벌
  → 대응: 위화도회군
- 2차 위기: 1392년 3월, 이성계 낙마
  → 대응: 정몽주 척살
- 3차 위기: 1392년 8월, 이방석 세자 책봉 후 곤경
  → 대응: 사대 외교로 정치적 위상 정립
- 4차 위기: 정도전 등의 사병 혁파 추진
  → 대응: 제1차 왕자의 난(정도전 제거)
- 5차 위기: 1400년 1월, 박포의 난
  → 대응: 제2차 왕자의 난(이방간 유배)

12년 동안 이방원이 겪은 다섯 차례 위기 중에서 그의 캐릭터를 잘 보여주는 것은 두 번째 위기, 즉 이성계가 황해도 해주에서 낙마했을 때다. 1392년(공양왕 4년) 3월 아버지가 낙마해서 중상을 입었을 당시 이방원은 앞서 언급한 것처럼, 어머니 신의왕후(神懿王后)

한씨 산소 곁에 있었다. 《세종실록》을 보면 그때 고려의 임금(공양왕)은 혼미하고 정치는 어지러웠는데, 이성계의 공이 높고 덕이 빼어남을 시기하는 정적들이 이성계가 말에서 떨어져 위독한 틈을 타서 급히 그를 처치하려 했다. 그러자 이방원이 "그 사실을 알고서 대의로 설득하며 계책을 결정했다[倡義決策 · 창의결책]《세종실록》, 4년 5월 15일)"라고 한다.

창의결책(倡義決策)이란 1392년 4월에 이방원 일행이 정몽주를 제거한 사실을 가리킨다. 정몽주 등이 이성계가 중상을 입은 틈을 타 뒤집기를 꾀했는데, "이방원이 기회를 노려 사태를 제압하고 그 괴수(魁首)를 쳐서 없애니[應機制變 討除渠魁 · 응기제변 토제거괴], 모든 음모가 와해되었다"라는 것이다(《태종실록》, 18년 11월 8일, '태종 신도비문'). 여기서 보듯이 《태종실록》과 《세종실록》에는 태종 이방원의 입장만 기술되어 있다. 이성계가 1392년 해주에서 낙마해 곤경에 처해 있는 사이에 정몽주("괴수")는 '이성계파'를 제거하려 했고, 그 정보를 입수한 이방원이 기습적으로 제압했다는 내용이다. 아마도 이성계의 해주 낙마를 기회로 삼아 정몽주가 조준과 정도전 등을 제거하기로 계획했다는 주장은 사실인 듯하다. 개경에 입성하는 이성계를 숙청할 준비까지 했었을 수도 있다. 정몽주 등은 실권을 쥐고 국왕을 좌지우지했으며, 무엇보다 정도전과 조준 등을 이미 유배 보낸 상태였기 때문이다. '제1차 왕자의 난' 때 정도전 등이 '여러 왕자를 해치려 한다'는 심증만을 가지고, 앞질러 제거한 것[炳幾殲除 · 병기섬제]과는 상황이 달랐다.

여기서 의문이 생긴다. 고려 말 혼란한 세상을 바꿔보려 했던 정몽주와 '이성계파'(정도전, 이방원)가 다른 길을 걷게 된 것은 언제부터였을까?《연려실기술》을 통해서 볼 때, 그 시기는 1392년 봄 무렵이었던 듯하다. 당시 이방원은 정몽주를 초대한 잔치에서 술을 권하면서 노래를 읊었다.

이런들 어떠하리 저런들 어떠하리
만수산 드렁칡이 얽어진들 어떠하리
우리도 이같이 얽혀져 백년까지 누리리라

정몽주는 답했다.

이 몸이 죽고 죽어 일백 번 고쳐 죽어
백골이 진토되어 넋이야 있고 없고
임 향한 일편단심이야 가실 줄이 있으랴

—《연려실기술》 1권, 〈태조조 고사본말〉 중

유명한 두 사람의 시조를 다시 읽으면서 새롭게 발견한 것은 격조 높은 '인문적 기풍'이다. 목숨을 건 정치 비판을 하면서도 자기 생각을 시의 운율에 실어서 표현하는 게 그 시대 사람들의 방식이었다. 당시 지식인들은 아무리 뜻이 옳고 벼슬이 높더라도 문학적 은유에 실어 표현하지 않으면 동류에 끼워주지 않았다(이혜순 2014).

이방원의 〈하여가〉와 정몽주의 〈단심가〉는 시퍼런 칼날을 앞에 둔 상황에서도 시조 문장으로 서로의 생각을 겨루는 사람들의 '인문적 전통'을 단적으로 보여준다.

정몽주는 자신의 마지막을 예견하고 있었을뿐더러 죽음 자체를 기다리고 있었던 것으로 보인다. 선죽교 사건 며칠 전에 그는 자주 가던 술친구의 집을 지나다가 들렀는데, 마침 그 친구가 출타 중이었다. 그럼에도 그 집에 들어선 그는 술을 청한 뒤, 뜰 안의 꽃들 사이에서 춤을 추었다. 그는 "오늘 풍색(風色)이 매우 사납도다" 하면서 연거푸 몇 잔의 술을 마시고는 나왔다고 한다(정몽주 2018, 520쪽; 《연려실기술》1권, 〈태조조 고사본말〉). 도대체 그가 목숨을 내걸면서 추구했던 가치는 무엇이었을까?

정몽주의 정신세계를 지배한 것은 단연 《춘추(春秋)》라고 할 수 있다. "춘추는 근본과 말단의 의(義)를 닦아서 재변과 사고에 대처하게 하고, 마침내 삶과 죽음의 의미까지도 통달하게 한다[春秋修本末之義 達生死之志·춘추수본말지의 달생사지지]"라는 구절은 정몽주가 스승 김득배(金得培)로부터 물려받은 삶의 지침이었다.

공자가 "자신을 알아주는 바도 춘추 때문일 것이요, 자신을 비난하는 바도 춘추 때문일 것"이라고 말한 것처럼, 시간을 초월하여 빛나는 의(義)의 정신이 《춘추》에는 담겨 있다고 그는 믿었다. "눈 오는 깊은 밤에 푸른 등불 켜고[靑燈·청등] 홀로 잠 못 이루며 《춘추》를 필삭한 공자의 정미한 뜻"을 궁리하고 또 궁구한 결과[冬夜讀春秋·동야독춘추], 그는 천민(天民: 하늘 백성)을 잘 기르는 게 지도자의 참된 의무라는 것을 깨달았다고 한다[浩然卷子·호연권자]. "하늘이 낳은 백성들 안에 있는 크고 굳센 기운을 잘 키우는 일, 그 일을 얼마나 잘 수행했느냐"야말로 역사에서 평가받는 궁극적인 기준이라고 생각했다(정몽주 2018, 293, 364, 396쪽).

　정몽주는 자신이 '춘추'의 뜻을 알고 그 역사의 길을 걷고 있다고 믿었다. 이러한 그의 자세는 '최후 변론'에 임한 소크라테스의 태도와 상통한다. 소크라테스가 자신을 심판대에 올린 소피스트 등 당대의 실세 정치가들에게 "오늘은 내가 재판을 받고 있지만, 영원한 역사의 법정에서는 너희들이 재판을 받을 것"이라고 당당히 말했듯이, 정몽주는 자신이 영원한 역사의 무대에서 재평가받을 것이라는 신념을 갖고 있었던 듯하다(플라톤 1995, 50~54쪽).

● 선죽교 위치 논란

정몽주는 정말 개경 선죽교에서 순절했나? 2016년 3월, 이기환 〈경향신문〉 선임기자는 선죽교 순절에 의문을 제기하는 여러 사람을 소개하면서 '정몽주가 선죽교에서 죽지 않았을 가능성이 크다'라고 주장했다(이기환, "선죽교의 핏자국은 정말 있는가", 〈경향신문〉, 2016년 3월 3일). 그가 소개한, 의문 제기자는 조선 전기의 채수(蔡壽)와 1877년(헌종 13년) 〈고려고도징(高麗古都徵)〉을 찬술한 한재렴(韓在濂), 그리고 1939년 개성박물관장을 지내던 고유섭(高裕燮) 등이다. 현대 학자들 중에도 문경현(1978), 김인호(2010) 등 여러 연구자들이 '선죽교 순절설'에 의문을 제기했었다. 이들은 정몽주의 피살을 다룬 당대의 기록(《고려사》, 〈용비어천가〉, 〈고려사절요(高麗史節要)〉 등)에 '선죽교'가 보이지 않는다는 점을 의문의 근거로 들었다. 그러다가 조선 중기부터, 즉 윤두수(尹斗壽)나 허균(許筠) 등의 글에서 '선죽교 순절설'이 슬그머니 등장한다는 게 이기환 기자의 주장이다. 실제로는 정몽주가 거주하던 동리인 개경 태묘동 입구에서 격살되었는데(1485년 남효온이 개성을 답사하면서 남긴 기행문이 그 근거), 원래 '선지교'였던 다리에 충성의 상징인 혈죽(血竹)을 추가해 선죽교 순절설을 만들어냈다는 것이다. 하지만 《태조실록》 '총서'를 보면 이미 이성계가 위화도회군 때 선죽교를 통해 개경에 입성했다고 기록되어 있다. 그 당시에 이미 선죽교란 다리가 있었다는 얘기다.

'선죽교 순절설'을 정치적 상징으로 만든 임금은 조선 후기의 영조다. 그는 1740년(영조 16년) 9월 3일 개경에 행차했는데, 선죽교에 이르러 직접 시를 써서 비석에 새겨 세우게 했다("도와 덕과 정과 충이 만고에 뻗어가는데[道德精忠亘萬古 · 도덕정충긍만고], 포은공의 높은 절개 태산처럼 높도다[泰山高節圃隱公 · 태산고절포은공]", 《영조실록》, 16년 9월 3일). 영조는 태종이 과거를 설행했을 때 문을 닫아걸고[杜門 · 두문] 나오지 않은 '두문동 고려 충신'을 기리기도 했다(《영조실록》, 16년 9월 1일). '경종 독살설' 등 국왕 정통성을 부정하는 세력들을 겨냥해 '자기를 돌보지 않는 순수한 충의[精忠 · 정충]'를 강조한 것이다. 어쨌든 정몽주가 피살된 장소는 선죽교일 수도 있고, 그렇지 않을 수도 있다. 이기환 기자의 말처럼, 선죽교 순절의 이야기가 진짜였다면 '이방원의 격살 장면'이 생생하게 그려지는 선죽교를 있는 그대로 기록하기란 조선 전기까지는 부담스러웠을 수도 있다. 무엇보다 '정몽주가 죽은 곳은 선죽교가 아니라 다른 어디'라고 확정할 만한 근거도 없다. 따라서 선죽교 위치 논란은 현재 하나의 해프닝으로 남아 있다.

2

이방원의 시대 진단과 목표

　태종 이방원은 자기 시대를 어떻게 인식하고 있었을까? 그가 즉위한 직후 조선왕조는 아직 창업기의 불안정함을 극복하지 못한 상태였다. 정종으로부터 태종이 왕위를 넘겨받았다는 말을 들은 태조의 첫 반응은 "강명한 임금이니 권세가 반드시 아래로 옮겨가지 않을 것이다[剛明之君 權必不下移 · 강명지군 권필불하이]《《태종실록》, '총서')"였다. 여기에서 "권신(權臣) 가운데 집안끼리 무리 짓고 붕당을 만들어 어린아이[幼孽 · 유얼]를 끼고 정권을 마음대로"《《태종실록》, 18년 11월 8일, 변계량의 〈신도비문〉) 하는 여말선초의 문제점을 극복하리라는 이성계의 기대를 읽을 수 있다.

　다른 한편, 태종의 즉위를 반대하는 세력들의 말 속에서도 그 시대의 불안함을 엿볼 수 있다. 즉위한 지 한 달 만에 변남룡(卞南龍)·변혼(卞渾) 부자는 "천변(天變)이 여러 번 나타나는 것은 무슨 까닭인가. 사직의 수명[歷年·역년]이 오래갈 수 있겠는가"라고 말하는가 하면, "불측한 변이 있을까 두렵다. 그러나 우리들이 태상왕(이성계)을 끼고 나오면 누가 감히 당하겠는가"라는 유언비어를 퍼뜨려 처형되었다(《태종실록》, 1년 2월 9일). 이 말은 비록 유언비어로 간주되었지만, 당시 반(反)이방원 세력의 정서를 반영하고 있었다. '조선왕조가 오래가지 못한다'는 말은 태종과 주요 신료들로 하여금 빨리 수성기로 전환해야 할 필요성을 절감하게 했다. 즉위하자마자 권근(權近)이 글을 올려 "대업이 이미 정해져서 수성(守成)할 때"가 되었다면서 태조에 대한 효도와 청정(聽政)·경연·절의 기리기[褒彰·포창] 등을 부지런히 해야 한다고 권고한 것은(《태종실록》, 1년 1월 14일) 이런 맥락에서 나왔다.

그러면 태종 자신은 이 시기를 어떻게 진단하고 있었으며, 어떤 처방을 내렸을까?

첫째, 부적합하고 불안정한 왕위 계승의 문제점을 바꾸려고 했다. 그는 부왕 태조와 몇몇 공신들에 의해 신덕왕후 강씨(이방원의 계모) 자식에게 왕위가 넘어갈 뻔한 상황을 목도했고, 또 이것을 저지하기 위해 '왕자의 난'까지 감행했다. 그런 이방원으로서 부적격자에게 왕위가 승계되는 일은 반드시 막아야 했다. 그가 생각하는 적격자는 적장자이거나 신민들의 추대를 받을 만큼의 '능력'을 갖춘 왕자였다. "나이로 보면[以年·이년] 진안군이요, 공로로 보면[以

功·이공] 정안군이 우선"인데, 술을 너무 좋아해 늘 소주(燒酒) 속에 묻혀 지낸 진안군 이방우(李芳雨)는 왕위 계승자로서 부적합했다. 따라서 정안군 자신이 왕위를 물려받아야 마땅하다는 게 이방원의 생각이었다(실제로 이방우는 막내 이방석이 세자로 책봉된 지 1년 만에 술병으로 죽었다). 그럼에도 불구하고 이방원이 '제1차 왕자의 난' 직후 옥좌를 사양한 것은 집권하기 위해 정변을 일으켰다는 혐의를 피하기 위해서였다(최승희 2002, 63쪽). 이를 위해 그는 실질적인 장남인 둘째 형 이방과에게 왕위를 계승케 한 다음, 다시 자신이 세자로 책봉되는 절차를 거쳐 왕위에 올랐다.

이때 정종이 열 살 연하의 아우 이방원을 왕세제(王世弟)가 아닌 세자로 삼은 것은 "이해할 수 없는 일"로 간주되기도 한다(최승희 2002, 64쪽). 하지만 그 조처는 이방원의 의도, 즉 자신이 '정종의 세제(世弟)'가 아니라 상왕인 '태조의 세자(世子)'이며, 따라서 태조 왕통이 자기에게 바로 내려왔음을 보여주려는 의도에서 나온 것으로 판단된다.

나중에 태종이 장자 이제(李禔: 양녕)의 여러 실망스런 모습에도 불구하고 마지막까지 그를 보호하다가, "부득이하게" 여러 신하들에 의해 "어진 사람"으로 추앙을 받은 충녕대군으로 세자를 교체하는 과정도 적격자(적장자 내지 능력자)에게 왕위를 계승시키려던 그의 신념을 보여준다.

둘째, 국왕 재량권의 확보다. 고려 말, 극심한 대내외적 혼란과 무질서를 겪은 태종은 '권세가 아래로 옮겨가는 것'을 중요한 정치적 위기로 보았다. 그는 종종 자신과 부왕 이성계가 "집안을 일으켜 국가를 세웠다[化家爲國·화가위국](《태종실록》, 9년 4월 13일)"라고 말하곤 했다. 이 말 속에는 새로운 이씨 왕조가 개창되었다는 의미와 함께 '국가의 차별성'에 대한 강조가 들어 있었다. 국가는 여러 가문들 중의 하나이거나 단순히 나라의 으뜸 가문[宗室·종실] 차원에 머무는 게 아니라, 몇 개의 가문을 희생해서라도 지킬 가치가 있고, 때론 왕 자신보다도 상위에 있는 존재라는 인식이 그것이다(이한수 2005, 제2장).

태종이 의정부서사제에서 육조직계제로 바꾼 일이나, 작은 현(縣)들을 병합하고 인구가 많은 군(郡)을 도호부로 승격시키는 한편, 군현 명칭을 개정하는 등 군현제를 정비한 조처(《태종실록》, 14년 8월 21일; 15년 3월 25일)는 중앙정부의 힘을 강화하려는 제도적 노력이었다. 또한 세자 시절에 '국가의 큰 권세인 병권을 국왕 밑에 통속(統屬)시키기' 위해 사병을 혁파한 일(《정종실록》, 2년 4월 6일) 역시 '공가지병(公家之兵: 국가의 군대)'을 통한 국왕 재량권 강화라는 목적하에 추진되었다.

셋째, 대외적 불안정 요소를 최소화하고 정치적 정당성을 획득해야 했다. 이를 위해서 그는 명나라에 지성사대(至誠事大) 외교를 했다. 태종은 즉위 초부터 계속되는 크고 작은 왜구의 침입과 여진족 침략을 막기 위해 명나라와 '강대국 동맹 노선'을 택했다. 그 자신이 이미 두 차례나 중원 대륙을 다녀온 경험에 따르면 아직 북방 사정은 몽골족 잔여 세력 때문에 다소 혼란스럽기는 하지만, 명나라에 의한 패권이 조만간 실현될 것이었다. 특히 두 차례 왕자의 난을 거치면서 왕위에 오른 태종에게 명나라의 적극적 지원은 정당성 획득 차원에서도 중요했다. 이 때문에 그는 세자 양녕으로 하여금 명나라를 방문하게 하였으며, 비록 실현은 되지 못했지만 세자 교체 후에는 세자 충녕의 명 황제 조현(朝見: 황제를 만남)을 추진하기도 했다. 그가 영락제 즉위를 적극 지원하고, 자진해서 말 1만 마리를 무역하고, 조선 처녀를 수차례나 공헌한 일, 그리고 명 사신들의 온갖 행패에도 불구하고 인내력을 가지고 대한 일도 그런 맥락에서 이해할 수 있다.

넷째, 고려 충신을 포창(襃彰: 아름다운 뜻을 기리고 선행을 드러냄)하여 체제를 공고히 한 일이다. 태종의 문형(文衡) 권근의 말처럼, "자고로 국가를 가진 자는 절의 있는 선비를 포창해 만세의 강상을 굳게" 해야 한다. 창업할 때와 달리 "대업이 일단 정해져서 수성할 때에 이르러서는 전대(前代: 고려)에 절의를 바친 신하들에게 상 주어 후세 인신(人臣)의 절의를 장려"해야 하기 때문이다(《태종실록》, 1년 3월 14일). 태종은 권근의 이 말을 받아들여 "섬기던 곳에 마음을 오롯이 한" 정몽주(《태종실록》, 1년 11월 7일)와 "고절(苦節: 고난 속에서 절개를 지킴)이 있는 선비" 길재(《태종실록》, 1년 1월 14일)를 복권시켰다. 이런 조치는 왕조의 정당성을 강화하는 일이자, 체제가 안정되었음을 대내외에 표방하는 일이었다.* 태종 재위 12년에 전(前) 사헌 장령 서견(徐甄)이 '백이(伯夷)의 도'를 말하면서 "고려의 왕업이 길지 못한 것이 한스럽다"라고 시 쓴 것을 의정부 관리가 탄핵했다. 태

숭의전(경기도 연천군) 모습. 숭의전은 고려 태조 등을 제향하던 사당이다. 1397년(태조 6년)에 왕명으로 묘(廟)를 세웠고, 1423년(세종 5년)과 1452년(문종 2년)에 중건되었다. 문종은 이곳을 '숭의전'이라 이름 짓고, 고려 충신 정몽주 외 15인을 제사 지내도록 했다.

종이 이 탄핵을 보고 "만일 이씨의 신하에 이와 같은 사람이 있다면 아름다운 일"이라면서 그 죄를 묻지 말라고 지시한 것도 그와 같은 취지였다(《태종실록》, 12년 5월 17일).

요약하건대 태종은 이러한 대내외적 도전과 위기를 넘어서 수성

---

* 정몽주 죽음에 대한 반응은 시대별로 달랐다. 태조시대에 민여익이 '정몽주는 죽어서는 안 될 사람인데 죽었다'라고 말한 일로 탄핵받았다(《태조실록》, 1년 10월 3일). 이런 분위기는 태종시대에 들어 크게 바뀌었다. 권근은 물론 태종까지도 정몽주를 '절의를 지킨 신하'나 '호방한 인물'로 평가했다. 특히 태종은 "부왕 때 양정(兩鄭)으로 일컬어진 정몽주와 정도전이 각각 고려에 충성을 다 바쳤고[盡忠·진충](정몽주), 태조께 있는 힘을 다했으나[竭力·갈력](정도전) '두 사람의 길이 다 옳다'"라고 말했다(《태종실록》, 3년 6월 5일).

기로의 안정적 진입을 추구했다. 충녕대군을 비롯한 여러 왕자들, 이른바 "(세자를 제외한) 왕자들[宗支·종지]을 모조리 전멸"하려는 (《태종실록》, 8년 10월 1일) 민씨 형제들을 공세적으로 제거한 일은 그 첫 번째 작업이었다.

3

전위 선언과
민무구·민무질 형제의 제거

    태종이 통속력 있는 국가를 만들기 위해 넘어야 했던 첫 번째 고비는 왕의 외척 제거였다. 태종 즉위 과정에 중요한 공로를 세웠던 민무구·민무질 형제는 군권(軍務)을 왕에게 빼앗길 위기에 처하자 휘하 장졸들을 동원해 반대 여론을 조성했다. 진명례(陳明禮) 등 100여 인은 민무질이 "군정(軍政)을 장악한 지 여러 해 되어, 군사들을 위무(慰撫)하는 데 은혜가 있다"라면서 교체를 반대하는 글을 올렸다. 그러자 태종은 "장수도 모두 공가(公家)의 장수요, 사병도 모두 공가의 사병이다. 너희들은 이미 궁궐 호위병[禁兵·금병]으로서 여성군(민무질)이 있음은 알고, 유독 내가 있음을 어찌 모르느냐 (《태종실록》, 6년 8월 16일)"라고 꾸짖었다. 그리고 사흘 후에 전격적으로 민무질의 군 지휘권[軍柄·군병]을 박탈했다(《태종실록》, 6년 8월 19일).

그에 앞서 태종은 "재이(災異)가 자주 나타난다"라면서 갑자기 왕위를 세자에게 전위하겠다고 선언했다(《태종실록》, 6년 8월 18일). 당시 왕의 나이가 40세 장년이었고, 태상왕(태조)과 상왕(정종)이 모두 살아 있을 뿐만 아니라, 세자는 겨우 13세로서 왕위를 물려받을 만한 조건이 되지 않은 상태였다. 따라서 조정의 공신과 의정부 및 육조, 그리고 언관들이 태종의 전위를 모두 반대하고 나섰다.

그런데 불과 하루 만에 '전위 철회'를 말하다가 다시 전위 의사를 표명하는 등 왕의 진정성이 의심되었다. 선위를 바라는 반왕 세력을 노출시키려는 왕의 의도가 분명해 보이는 이 '함정'에 걸려든 사람은 바로 민무구 형제였다. 권력에 눈먼 자들은 늘 실제 모습을 보지 못한다. 공신들이 지적한 '민씨 형제의 죄'는 한마디로 "어린 아이(세자)를 끼고 위복(威福)을 마음대로 하고자 한 것"이었다. 영의정부사 이화(李和) 등이 올린 상소에 따르면, 민무구 등은 "지난해에 전하께서 장차 내선을 행하려 할 때, 온 나라 신민이 마음 아프게 생각하지 않는 이가 없었는데" 오히려 기뻐하는 빛을 얼굴에 나타냈으며, 다시 왕이 여론[輿望·여망]에 따라 복위를 하자 도리어 슬퍼했다고 한다.

특히 태종이 왕실의 자손들을 영구히 보전토록 할 계책을 묻자 민무구는 "옆에서 끼고 부추기는 사람이 없다면 그렇게 하실 수도 있습니다"라고 말했다. '옆에서 부추기는 자', 즉 세자 이외의 왕자들을 없애야 왕실 보전이 가능하다는 얘기였다. 태종이 이 말을 듣고 "그러면 제왕은 적장자 이외에는 다른 아들이 없는 게 좋다는 말이냐", "임금에게 반드시 아들 하나만 있어야 좋겠느냐"라고 되묻자 민무구는 "신의 뜻이 그렇습니다"라고 대답하여 태종의 마음을 서늘하게[竦然·송연] 만들었다. 이러한 민무구의 생각은 거의 확신에 가까웠던 듯하다. 그는 다른 기회에 "세자 이외에 왕자 가운데 영기(英氣)가 있는 자*는 없어도 좋습니다"라고 말하거나 "제왕의 아들이 영기 있는 자가 많으면 난을 일으킨다"라고 말하기도 했다(《태종실록》, 7년 7월 10일).

태종이 이 말을 듣고 섬뜩한 느낌을 가진 것은 당연한 일인지도 모른다. "어린아이(방석)를 끼고 국가를 좌지우지하려던" 정도전 일파를 제거한 지 불과 십여 년이 지났을 뿐인데, 지금 동지이자 처남인 민씨 형제가 그와 똑같은 일을 벌이려 하고 있었다. 태종은 민무구에게 다시 다음과 같이 말했다. "하지만 나는 세자에게 왕위를 물려준 다음, 세자가 여러 아우들과 더불어 집을 죽 늘어세우고 우애롭게 사는 모습을 보고 싶다(《태종실록》, 8년 10월 1일)." 자식 세대에서는 제발 골육상쟁의 비극이 없었으면 하는 것이 태종의 간절한 바람이었다. 하지만 그런 태종의 마음을 분질러버리듯이 민무

---

* 여기서 '영기 있는 자'란 대체로 충녕대군을 지칭하는 것으로 보인다. "우리 아이 아무개(세종의 어릴 때 이름)가 글씨 쓴 종이 한 장을 내어 돌려보냈더니" 민무구가 "술 취함을 빙자하여 발광(發狂)하였다"라는 태종의 말이 그 근거다(《태종실록》, 7년 9월 18일).

구는 이렇게 대답했다. "왕자 본인은 비록 원하지 않더라도 옆에서 부추기고 꾀는 자가 있을 것입니다. 마땅히 나무의 곁가지를 쳐내 듯 왕자들을 모두 없애버리셔야 합니다(《태종실록》, 7년 9월 18일)."

1407년의 어느 가을날 안국동에서 자신의 처남과 이 대화를 나누면서 태종은 어떤 생각을 했을까? 그것은 아마 민무구 형제를 제거하지 않는 한 제3, 제4의 '왕자의 난'을 막을 수 없다는 생각이 아니었을까? 유약한 임금을 끼고 정권을 농단하려는 자들의 시도는 역사에서 수없이 발견된다. 이때 태종은 '정치 세계의 비정함', 즉 조카들까지 가차 없이 제거해서라도 권력을 지켜내려는 민무구 등의 권력 의지를 보았다. 태종이 누차 "정치하는 데 싫증이 난다 [倦于勤·권우근](《태종실록》, 7년 7월 28일)", "어느 때나 이 무거운 짐을 벗을 수 있겠는가[何時可得釋此重負·하시가득석차중부](《태종실록》, 9년 8월 13일)" 또는 "내가 어찌 임금 자리를 즐겁게 여기겠는가[予豈以君位爲樂乎·여기이군위위락호](《태종실록》, 7년 9월 18일)"라고 말한 것은 이런 정치에 대한 혐오에서 비롯된 것으로 보인다. 결국 태종은 "대역지심(大逆之心)"을 품은 민무구 형제를 법대로 처단하라는 여론에 따라 이들을 유배를 보냈다가 자진(自盡)케 하는 방식으로 제거했다(《태종실록》, 10년 3월 17일).

민무구 형제의 제거 과정은 석연치 않은 구석이 있다. 민씨 형제 자신들이 혐의를 완강히 부인했고 대부분의 혐의 내용이 태종의 말을 통해서 나왔다는 점, 사후 불과 9개월 만에 그들을 복권시켰다는 점(《태종실록》, 10년 12월 18일), 그리고 뒤의 심온(沈溫) 사건에서 보듯 자신의 정치적 걸림돌을 선제적으로 제거하는 태종의 통치 스타일 등을 고려할 때 민무구 형제의 '대역지심'은 다분히 확대 재생산된 것일 수 있다.

어쨌든 권좌에 앉은 지 10여 년에 가까워지자 태종에게 왕관은 무거운 짐으로 느껴졌던 것 같다. 반복되는 국가 행사 역시 왕이라는 직위를 따분하게 느끼게 했다. 궁궐에 들어오기 전에 자유롭게 살았던 이방원은 모든 언행이 공개되고 기록되며, 온갖 정무[萬機·만기]를 살펴야[親覽·친람] 하는 왕의 존재를 '고급 노예'와 비슷하다고 생각했다. "이제 그만 왕의 수레에서 내려오고[脫駕·탈가] 싶다"라는 태종의 말에 대해서 이숙번(李叔蕃)은 "나이 오십이 되어야 기력이 비로소 쇠퇴하니 그때까지는 기다려달라"라고 말하기도 했다(《태종실록》, 9년 8월 13일). 결국 이숙번의 '50세 전위론'은 태종의 전위 시기를 못 박는 셈이 되었다.

● 이숙번

이숙번은 '제1차 왕자의 난' 때 안산군지사로 이방원(태종)을 도와 경복궁에 병력을 출동시켜 정도전·남은·심효생(沈孝生) 등을 제거하는 등 공을 세웠다. 1400년 '제2차 왕자의 난' 때 박포가 군사를 일으켰을 때와, 1402년(태종 2년) 안변부사 조사의(趙思義)가 반란을 일으켰을 때도 출정하여 진압했다. 1406년부터 겸중군총제(兼中軍摠制) 등 여러 군사 요직을 두루 거친 뒤 1413년에 병조판서가 되었다. 1415년 안성부원군에 봉해졌는데 자기 공이 워낙 크다고 자만하다 탄핵을 받았다. 1417년 경상도 함양에 유배되었는데, 세종 때《용비어천가》를 지을 때 개국 초의 사실을 자세히 알고 있는 그를 불러 편찬에 참여시켰다. 하지만 편찬이 끝나자 다시 유배지에 보내졌고 이숙번은 그곳에서 생을 마감했다.

최승희 교수는 1416년 6월 태종이 이숙번에게 '불충·무례의 죄'를 씌워 황해도 연안으로 내쫓은 이유를 '50세 전위론' 때문이라고 보았다. 50세가 된 태종은 '나이 오십이 되면 그때 가서 전위하시라'고 했던 이숙번이 부담스러워졌고, 그 때문에 그를 '거세(去勢)'했다는 것이다. 최 교수는 여기서 더 나아가 태종이 왕위 보존 명분을 세자 이제(양녕)의 실행(失行)에서 찾았다고 주장했다(최승희 2002, 83~84쪽). 이런 주장은 태종을 왕권 강화와 자신의 권좌 유지를 위해 수단과 방법을 가리지 않는 대권 추종자로 보는 최 교수의 관점을 보여주는데,《태종실록》의 내용과 동떨어져 있다.

결과적으로, 전위라는 덫을 이용해 반왕 세력을 제거한 이 조치는 자칫 "삭제(削除)"될 뻔했던 충녕대군 등을 구해냈다는 점에서 성공적인 권도(權道)의 발휘라고 볼 수 있겠다. 그런데 이 과정에서 주목되는 것은 민무구 형제의 동생들(무휼·무회)을 불러놓고 한 태종의 말이다. 태종은 먼저 "너희들은 옛날 주공이 불충한 형을 베고 주나라에 충성을 다한 사실을 아느냐?"라고 물었다. 주공의 형 곽숙과 동생 채숙이 주공을 모함하고 반란을 일으켰을 때 '베임[斬·참]'을 당했는데, 지금 유배를 가 있으며 '베임'을 당할 처지에 있는 너희 형들의 상황을 알고 있느냐는 말이었다.

태종은 계속해서 말했다. "너희 두 형이 죄를 지어 지방에 귀양가 있는데, 그 마음에는 반드시 '내가 무슨 불충한 마음이 있는가?' 생각할 테고, 너희들도 또한 '우리 형이 무슨 불충한 죄가 있는가?' 말하고, 너희 부모의 마음도 또한 그러할 것이다. 지금 내가 그 까닭을 자세히 말할 테니, 너희들은 가서 부모에게 고하라"라고 했다. 태종에 따르면 자신이 왕자였을 때 처남들이 "쌀쌀맞고 야박하게 군다면 그것은 불목(不睦 : 화목하지 않음)이지 불충(不忠)이 되지는 않는다. 하지만 지금 내가 일국의 임금이 되었는데도 저희가 그런 감정을 품는다면 이것은 참으로 불충"이라고 말했다(《태종실록》, 7년 9월 18일).

똑같은 행동이라도 일가 차원에서는 용납될 수 있지만 국가 차원에서는 용서할 수 없는 죄가 된다는 이 말의 의미는 심중(深重)하다. 누구나 자기감정을 표출할 수 있고, 더 잘 살고 싶은 욕망이 있다. 하지만 그 욕망이 공동체의 존립을 위협할 경우는 상황이 달라진다. 태종의 말처럼 민무구 형제와 자신 사이가 처남과 매부 관계인 것은 여전히 변함이 없다. 하지만 자신이 국왕의 자리에 오른 순간 그 관계는 공적인 영역으로 들어선다. 대통령의 형제와 일가친척의 일거수일투족이 지나칠 정도로 감시되고 비판받는 이유다. 거기서부터는 '가정의 법'이 아니라 '국가의 법'이 적용된다.

고려 건국자들이 '종친불사(宗親不仕)' 원칙을 만든 이유는 그 문제를 깊이 인식했기 때문이다. 통일신라 때 왕족인 진골(眞骨)이 관직을 독점하면서 생긴 폐단을 경험한 그들은 왕의 친인척은 존귀하게 살게 하되 그들에게 책임 있는 자리를 맡기지 않는다[尊位重祿 不任以事·존위중록 불임이사]는 원칙을 세웠다. 이 원칙은 조선시대에 들어와 국왕 친인척 전담기관인 종친부(宗親府)를 설치하게 했고(세종 12년), 《경국대전》에 반영되기에 이르렀다.

왕의 친인척이 특별 관리의 대상이 되는 것은 그들이 공(公)과 사(私)의 경계선에 서 있기 때문이다. 그들은 공적인 관계를 이용해 사적인 욕망을 채우기가 쉬운 사람들이다. 잠재적인 대권 후보자인 그들에게 어느 누구도 함부로 대할 수 없다. 태종은 민무휼(閔無恤)과 민무회(閔無悔)에게 "임금의 가까운 친척에게는 장차가 없어야 한다[君親無將·군친무장]"라는 《춘추공양전(春秋公羊傳)》의 한 구절을 들어 처남들의 잘못을 말했다. 《춘추》의 해석서인 《춘추공양전》의 〈장공(莊公)〉 32년조에는 "군친무장(君親無將) 장이필주(將而 必誅)"라고 하여 '장차를 꾀하는 자는 베임[誅·주]을 당한다'라고 되어 있다. 태종은 '너희 형들이 장차를 꾀했으니 불충한 짓을 한 것이고[有將則是不忠·유장즉시불충], 따라서 베임을 당하리라'고 암시와 위협을 동시에 했다(민씨 형제들은 그 암시와 위협을 이해하지 못했고, 결국 4형제가 모두 처형되었다).

왕의 친인척이 불충한 일을 해놓고도 살아난 경우도 있었다. 순(舜)임금 이복동생 상(象)이 그 예다. 상은 제위(帝位)에 오르기 전에 순임금을 죽이기 위해 날마다 도모했지만 결국 목숨 보전은 물론이고 벼슬까지 받았다. 주공과 순임금의 대조적인 행위, 즉 형제를 죽이는 결단과 자기 원수를 용서한 이야기는 조선시대 내내 사람들에 의해 회자되었다. '순임금과 주공의 행적은 비록 달랐지만 그 도(道)는 같았다'는 평가가 그것이다. 이 평가를 어떻게 해석해야 할까?

송나라 범조우(范祖禹)의 해석이 인상적이다. 범조우에 따르면 주공과 순임금의 행적이 다른 이유는 두 가지 논리로 설명될 수 있다. 첫째, 순임금의 동생 상이 끼쳤던 화(禍)는 순(舜) 한 사람에게만 미쳤을 뿐, 그 나라[唐虞·당우]를 위태롭게 하지는 않았다. 이를 태종의 경우에 적용해보면, 제위에 오르기 전의 순은 정안군 시절의 이방원이었고, 그 시절에 처남들이 함부로 하는 것은 화목하지 못함(불목)의 잘못이었을 뿐 조선이라는 나라를 위태롭게 하는 죄는 아니었던 것이다.

둘째, 범조우는 관숙과 채숙이 일으킨 유언비어와 변란은 주공을 위태롭게 했을 뿐만 아니라, 주나라를 위험에 빠뜨렸다는 점에 주목했다. 그들은 패망한 이웃 나라 지도자 무경과 손을 잡고 주나라를 무너뜨리려 했었다. 태종이 언급한 불충의 죄, 즉 '한 나라의 임금'에게 함부로 함은 곧 "불목이 아니라 불충"이 된다는 말은 그런 맥락에서 이해할 수 있다.

4

일가와 개인을 넘어선,
태종의 국가절대론

　태종이 가(家)와 국가를 구분한 것은 국가를 절대적 존재로 여긴 그의 생각을 보여준다. 가정 안에서의 문제, 즉 형제간의 불목(不睦)은 상대적인 잘못이지만, 국가 질서를 위협하는 행동[不忠·불충]은 용서가 안 된다는 게 그의 생각이었다. 이 말은 똑같은 행동이라도 일가(一家) 차원에서는 용서할 수 있지만 국가의 차원에서는 용납될 수 없는 죄가 된다는 뜻이다. 국가는 그 자체로 숭고하고 독자적인 실체다. 따라서 국가를 위해서라면 때로 군주는 공신과 친지, 가족까지 숙청할 수 있다. 그뿐 아니라 국왕 자신의 몸까지 바칠 수 있는 신성한 존재가 곧 국가라는 게 태종의 국가관이었다.

　태종의 이런 국가관은 그보다 250여 년 뒤에 활동한 영국의 정치철학자 토머스 홉스의 '정치 공동체(body politique)'를 연상시킨다. 홉스는 당시 영국 정치의 분쟁과 내란 위기 원인이 '주권의 결여'에 있다고 보고, 주권(sovereignty) 개념을 새로이 제시했다. 홉스가 보기에 인간은 '신체적으로 평등하게 태어났다.' 남보다 더 강한 육체적 능력을 지닌 사람도 이따금 있고, 두뇌 회전이 남보다 빠른 경우도 더러 있지만, 모든 점을 종합해보면 인간 사이의 능력 차이는 없다는 게 그의 생각이었다. "육체적으로 아무리 약한 사람이라도 음모를 꾸미거나, 같은 위험에 처해 있는 약자들끼리 공모할 경우 제아무리 강한 자도 충분히 쓰러뜨릴 수 있다"라는 것이 그의 통찰이었다. 그러다 보니 자연 상태, 즉 정치 공동체가 만들어지기 이전의 상태에서 인간은 '모든 사람이 모든 사람과 맞서 싸워야 한다.' 이른바 '만인의 만인에 대한 전쟁'인데, 홉스가 보기에 이보다 더 나쁜 상태는 없다. 이 상태에서는 예술이나 학문도 없고, 땀 흘려 일한 데 대한 보상도 불투명하다. 무엇보다 모든 존재에게 최악 상태인 "삶과 죽음의 갈림길"에 서야 할 때가 많다.

이 상태를 벗어날 수 있는 해법으로 홉스는 두 가지를 제시한다. 첫째는 사회계약(social contract), 즉 사람들이 각자의 생명 보호권(자연권)을 다수결에 의해 정치 공동체에 양도하는 일이다. 이른바 '코먼웰스(common wealth)'라고 불리는 사회(society)의 성립이다(토머스 홉스 2009, 176쪽). 둘째는 강력한 주권국가, 즉 리바이어던(The Leviathan)의 출현이다. 개인은 물론 교회까지 아우르는 주권이라는 공통 권력을 국가에 위임해야 할 필요에 대해 홉스는 "그들 모두를 위압할 수 있는 힘(power able to overawe them all)이 없는 곳에서 인간은 친구를 사귀는 기쁨을 누리지 못하기 때문"이라고 말했다(토머스 홉스 2009, 130쪽). 홉스에 따르면 "칼(sword)을 갖지 않는 계약은 단순한 말(word)"에 불과하다. 국가라는 강력한 주권자의 처벌 위협을 통해 평화와 안전을 보장해야 한다.

국가의 기원과 권력의 기초를 생명까지 위협받는 전쟁 상태에서 찾았다는 점에서 홉스와 태종은 비슷하다. 두 사람 모두 국내 정치 혼란과 대외적 침략으로 도탄에 빠진 백성 삶을 관찰하고 그 해법을 모색한 점도 공통된다. 홉스가 통찰한 것처럼, 사람들은 두 개의 렌즈를 가지고 있다. 하나는 정념과 자기애만을 확대해서 보는 현미경(multiplying glass)이다. 현미경만 들여다보는 사람은 온통 불평, 불만투성이다. 자신 혹은 가문 이익을 지키는 일에 혈안이다.

또 하나의 렌즈는 망원경(prospective glass)이다. 망원경으로 들여다보는 사람은 인류가 쌓아온 지식의 힘과 정치 공동체 윤리라는 관점에서 세상일을 바라본다. 이들은 지금 당장의 불편함을 넘어서 미래를 대비한다(토머스 홉스 2009, 188쪽). 큰일을 행하기 위해서는 작은 폐단을 감내해야 하고, 개인이나 가문을 희생시켜서라도 정치 공동체와 국가를 제대로 세워야 한다고 구성원을 설득하고 강요한다. 태종이 몇몇 공신과 외척들을 대할 때의 태도가 바로 그랬다. 그런 태종에 의해서 희생된 사람들은 누구였고, 그들은 또 어떤 생각을 가졌을까? 이에 대해서는 장을 바꾸어 살핀다.

제2장

왕의 여자들과
인간 이방원

1

왕비 원경왕후 민씨

《태종실록》을 읽으면서 얼른 납득이 안 되는 대목이 있다. 왕비와 민무구 형제를 대하는 태종의 태도가 나오는 부분이다. 왕위에 오른 후 태종은 여러 차례 왕비 원경왕후(元敬王后)의 기대를 저버렸다. 후궁을 연속해서 들인 일이나, 처남들을 제거한 일 등이 그랬다. 그런데 재위 15년째인 1415년 12월 15일에 태종이 한 일은 참으로 이해하기 힘들다. 그날 태종은 변계량(卞季良)을 불러 13년 전 기억을 되살려서 왕비 민씨의 잔혹 행위를 받아쓰게 했다. 자신과 왕비의 몸종 김씨 사이에 태어난 아들(경녕군)을 죽이려고 한 왕비의 만행을 상세히 말하고는 "역사책에 써서 후세에 밝게 보여야" 한다고 했다. 도대체 태종은 무엇을 위해 13년 전 '민씨 가문의 음흉한 일'을 소환했을까?

조선 역사에서 가장 억울한 여성 두 명을 들라면 나는 주저 없이 태조의 계비(繼妃: 임금이 다시 장가가서 맞은 아내) 신덕왕후와 태종의 왕비 원경왕후를 꼽는다. 두 사람 모두 자기 능력과 친정의 힘을 빌려 남편을 왕으로 만들었으나 사후에 혹은 살아 있는 동안 철저히 외면당했다. 신덕왕후 강씨는 함흥 출신 무장 이성계를 건국 군주로 만들었고 정비(正妃) 신의왕후 소생의 다섯 아들을 모조리 제치고 자신이 낳은 아들을 세자로 책봉시킨 조선 최초의 왕후다. 하지만 그녀 사후에 무덤은 파헤쳐지고 이장되었으며 신위는 종묘에 오르지도 못했다.

태종은 1410년 태조를 종묘에 올릴 때 부왕의 계비였던 그녀를 종묘에 모시지 않았다. 1416년에는 신하들에게 '계모의 의미'를 물은 다음 "나는 신덕왕후에게 갚아야 할 은혜와 의리[恩義·은의]가 조금도 없다. 나는 친어머니 집에서 자랐고 장가 들어서는 따로 살았으니, 어찌 은의가 있겠는가?"라고 말하기도 했다. 부왕의 계비라 하더라도, 자기 계모로는 인정하지 않겠다는 태도였다(《태종실록》, 16년 8월 21일). 태종의 그런 태도는 워낙에 완강해서 세종을 비롯해 후대 어느 군신도 한동안 이의를 제기하지 못했다. 선조 때 이르러 그녀를 종묘에 모셔야 한다는 이이(李珥) 등의 요청이 있었으나 선조의 반대로 무산되었다. 이 요청은 결국 현종 때에야 받아들여졌다. '신덕왕후에 대한 능침 의례와 절차[儀節·의절]에 손상이 있고 배향하는 예가 오래도록 결손되어 태조께서 기뻐하지 않을 것'

이라는 송시열(宋時烈) 등의 말을 왕이 받아들인 것이다. 그녀 사후 270여 년 만의 일이었다.

원경왕후 민씨 역시 태종 즉위에 결정적 역할을 한 여성이다. 그럼에도 불구하고 그녀는 왕비 자리에 있는 내내 소외되고 고통받았다. 왕위에 오른 직후 태종은 '왕비 민씨의 공이 유씨의 제갑(提甲: 갑옷을 입힘)보다 크다'며 칭찬했다. 왕건(王建)의 부인 유씨가, 궁예(弓裔)와의 일전을 망설이는 왕건에게 갑옷을 입히고 나가 싸우도록 한 일('유씨제갑')보다 뛰어나다는 말이었다. 하지만 후궁을 들이는 일로 태종 부부는 격렬히 다투곤 했다(《태종실록》, 1년 6월 18일). 태종은 조선 국왕 중 연산군(14명)과 성종(11명)에 이어 세 번째로 많은 후궁을 두었다(10명). 이는 왕비 가문인 여흥 민씨를 견제하려는 의도도 있었겠지만, "오로지 색(色)만은 끊을 수가 없다[惟色雖不可絶·유색수불가절](《태종실록》, 13년 12월 14일)"라는 태종 자신의 말처럼 성(性)을 즐기는 기질에서 연유한 듯도 하다.

원경왕후가 후궁 중에서 특히 미워했던 여자는 앞에서 말한 효빈 김씨였다. 김씨는 원래 왕후가 집에서 부리던 여자아이였는데, 태종의 총애를 받아 1402년(태종 2년) 5월에 임신했다. 원경왕후는 김씨를 궁궐에서 내쫓아 왕비의 친정 행랑방에 가두고 감시했다. 그리고 그해 12월 즈음 출산하는 그녀를 왕후는 방문 밖으로 내보내 얼려 죽이려 했다. 주위의 도움으로 겨우 아이가 태어나자 그녀는 산모와 아이에게서 요와 이불을 빼앗았다(김씨 모자는 바람과 추위와 핍박을 이겨내고 끝내 살아남았다)(《태종실록》, 15년 12월 15일). 이처럼 남편의 여자를 잔혹하게 대한 것은 일차적으로 투기 때문일 것이다. 하지만 그보다는 남편이 준 배신감과 상처 입은 자존심, 즉 그동안 거느리고 살던 여종과 자신이 비슷한 처지에 놓이게 된다는 사실이 그녀를 더욱 못 견디도록 괴롭게 만든 것으로 보인다.

태종이 권홍(權弘)의 딸을 후궁으로 맞이하려 할 때 그녀는 정면으로 맞섰다. 태종을 찾아가 옷을 붙잡고 "어찌하여 예전 뜻을 잊었느냐"라며 놓아주지 않았다. 그녀는 어려운 시기를 함께 이겨내고 더불어 화란(禍亂)을 겪어내며 마침내 국가를 차지했는데 어쩌면 이렇게까지 자신을 무시할 수 있느냐면서 울부짖으며 음식 먹기를 거절했다. 여기서 보듯이 원경왕후는 자신이 신혼 초기 어려운 시기를 '함께' 이겨내고[同守艱難·동수간난], 정적의 위협으로부터 큰 도전을 받았을 때 '더불어' 겪어내었으며[共經禍亂·공경화란], 마침내 왕위에 오르게 만든[乃有國家·내유국가] 결정적인 존재라고 여기고 있었다(《태종실록》, 2년 3월 7일).

하지만 태종이 보기에 왕비와 처가는 왕실에 위협적인 존재였다. 왕위에 오르는 데 결정적인 도움을 받았지만, 그 때문에 그들과 국가를 공유할 생각은 없었다. 왕위에 오른 태종의 제일성이 '민무구 등 처남에 대한 경고'였던 것에서 보듯이(《태종실록》, 1년 1월 1일), 권세가 아래로 옮겨가는 것[權綱下移·권강하이]을 태종은 가장 경계했다. 권세 전횡으로 정치가 사사화(私事化)되는 사례를 원의 고려 내정 간섭기 부원(附元) 세력에서부터 고려 말 이인임(李仁任) 등에 이르기까지 여러 번 봐왔기 때문이다. 그럼에도 불구하고 민무구 형제는 (그의 아버지 민제가 그토록 경계했던) '교만함'을 감추지 못하고 끝내 정치적 희생양이 되었다.

왕비는 동생 민무구 등이 전위 파동이라는 '태종의 덫'에 걸렸을 때 모종의 계획을 세웠던 것 같다. 태종이 민무구 형제를 불충 죄로 몰아가던 1407년 10월경, 왕비는 강무행차로 왕이 궁궐을 비운 사이에 민무질 부인을 몰래 입궐시켰다. 밤새 무슨 이야기를 나눈 후 그녀를 돌려보냈는데, 아마도 궁중 쿠데타를 일으켜 남편 태종을 제거하고 아들 양녕을 왕위에 오르게 하려던 것으로 짐작된다(이 계획은 태종의 정보망에 걸려 좌절되었다)(《태종실록》, 7년 11월 10일).

그동안 여러 연구와 드라마에서는 여흥 민씨의 몰락을 '왕비의 질투'와 처남들의 섣부른 정치 개입이 부른 화(禍)로 묘사해왔다. 그런데 《태종실록》을 거듭 강독하면서, 이 일을 '태종의 렌즈'로만 보아서는 안 된다는 생각이 들었다. 민씨는 어떻게 왕명을 어기고 무기를 집안에 숨길 생각을 했으며, 정도전 세력과 박포 등을 선제적으로 제거하라고 남편 등을 떠밀었을까?(제1, 2차 왕자의 난) 남편 대신 아들로 왕위를 바꾸려던 그녀는 어떤 사람이었을까?

원경왕후와 그녀의 시어머니 신덕왕후는 전형적인 '고려 여자'였다. 선행 연구에 따르면 '고려 여자'들은 적어도 가족·친족 제도상으로는 '동시대 남성 부럽지 않았다'(노명호 1981). 또한 남성 중심적 시대라는 전통 시대의 한계가 분명히 있었지만, 천추태후나 기황후 등에서 보듯, 태후·후비·공주 등 고려 여성들의 정치적 활동은 조선시대 여성보다 훨씬 컸다(이명미 2018, 47~48쪽).

원경왕후 민씨는 1382년(우왕 8년)에 당시 동북면 도지휘사였던 이성계의 다섯째 아들 이방원과 혼인했다. 개경에서 나고 자란 명문가 출신 민씨(18세)가 두 살 연하인 변방 무장의 아들 이방원(16세)과 결혼한 것은 '파격적인' 일이었다. 민제의 장기적 안목이 없었으면 불가능했다. 이성계는 비록 변방 무장 출신이지만 당시 최영과 함께 고려 병권을 쥐고 있었으며, 무엇보다 이방원이 젊은 나이(16세)에 최고 국립대학인 성균관에 입학하는 등 전도가 양양했다. 바로 그 점을 보고 당시 성균관 사성(부총장)이던 민제가 갓 입학한 이방원을 사위로 낙점했다.

이방원은 혼인한 후 한동안 그 당시 (장가가는) 풍습에 따라 처가에서 살았다. 나중에 그는 "내가 어렸을 때 민씨에게서 자라서 은혜와 사랑을 많이 받았다"라고 회고했는데, 아내인 민씨에게는 이 시기가 가장 보람된 때였다. 이 시기 민씨는 남편을 대신해 살림과 자녀 교육을 도맡아 했다. "(이방원이) 젊어서부터 세상 경영할 뜻을 두고 경사(經史) 공부에만 마음을 쓰며 집안 살림은 돌보지 않았는데, 태후(민씨)가 능숙히 살림을 이끌고[能給於治家·능급어치가] 주부로서 음식을 잘 만들어[謹於主饋·근어주궤] 남편이 공을 이룩하도록 도왔다"라는 기록이 그것이다. '박자안(朴子安) 사건'에서 보듯이 경복궁 서편 이방원의 집에는 사람들의 발길이 끊이지 않았는데, 그 배경에는 민씨의 음식 솜씨도 한몫했었다(《세종실록》, 2년 8월 24일, '헌릉 지문').

● '박자안 사건'으로 본, 왕이 되기 전 태종 집 분위기

박자안은 고려 말의 무장으로 경상도와 전라도 일대 왜구를 격퇴하는 데 여러 번 공을 세웠다. 1389년(창왕 1년)에는 원수로서 경상도원수 박위(朴葳) 등과 함께 대마도를 정벌하기도 했다. 그런 그가 1397년 2월 경상·전라 도안무사로 근무할 때였다. 그해 4월에 왜인 수장 나가온(羅可溫)이 80여 명을 이끌고 관찰사 이지(李至)에게 나아왔다. 그는 그들을 왜구로 오인해 군선을 끌고 가서 엄습했다. 이때 많은 왜인들이 죽거나 일본으로 도망쳤다(《태조실록》, 6년 4월 6일).

당시 조정에서는 왜구 침입 방지책으로 왜인들을 포용하고 귀화시키려 노력하고 있었다. 박자안의 이 실수는 그런 정책에서 벗어나는 일이었다. 왜인들의 오해를 풀기 위해서라도 박자안에게 '지휘 책임'을 물어 처형하지 않을 수 없었다. 다만 그때 박자안이 왜적과 대치 중이었고, 일이 군사에 관계된 것이었기 때문에 선불리 처결할 수는 없었다. 조정에서는 다른 장수를 비밀리에 파견해 진포(鎭浦: 충남 서천군 남쪽 소재)에 있는 박자안을 체포해 군중 앞에서 참형하라고 명했다(《태조실록》, 6년 5월 18일).

이 소식을 들은 박자안의 아들 박실(朴實)은 부랴부랴 정안군 이방원 집을 찾아갔다. 1397년 5월 18일의 일이다. 마침 종친들을 마중하기 위해 집 밖으로 나온 이방원에게 그는 울면서 아버지 사정을 이야기하며 구해달라고 간청했다. 하지만 이방원은 "국가의 큰일을 내가 어찌하겠느냐"라며 물리치고 들어가버렸다. 한참 후 종

친들이 돌아갈 때가 되어 배웅 차 이방원이 대문 밖으로 나왔다. 그때까지 기다리고 있던 박실은 땅에 엎어져 통곡하며 그 아비를 살려달라고 애원했다. 그의 처지를 불쌍하게 여긴 이방원이 사람들에게 대궐에 들어가 요청해보면 어떻겠느냐고 물었다. 모두들 "이것은 국가 기밀 사안인데, 상감께서 어떻게 알게 되었느냐고 추궁하시면 어찌하려느냐"라며 회의적으로 대답했다. 그러자 이방원은 "그 책임은 내가 지겠다"라면서 곧 종친들을 이끌고 입궐했다.

아니나 다를까. 이방원 등의 말을 들은 태조 이성계는 처음에 화를 내면서 "너희들은 박자안에게 죄가 없다고 생각하느냐"라고 꾸짖었다. 하지만 잠시 후 태조는 생각을 바꾸어 중추원에 "급히 말잘 타는 관리[知印·지인]를 보내 박자안의 죄를 경감한다는 명령을 전달하라"고 지시했다(참형 면제). 왕명을 받은 중추원 관리가 곧장 말을 달렸으나 워낙 출발이 늦은 데다가 급히 서두르느라 도중에 낙마하고 말았다. 그는 다른 역리(驛吏)에게 왕명을 사형 집행장으로 대신 전해달라고 말했다. 바야흐로 그때 진포 군중에서는 박자안을 처형하기 위해 그의 얼굴에 칠을 하고, 옷을 갈아입힌 다음, 칼날까지 갖추고 있었다.

이윽고 사형을 막 집행하려던 관리가 우연히 들판을 바라보았는데, 넓은 들 멀리에서 어떤 사람이 갓을 휘두르며 달려오고 있었다. 이상하게 여긴 그가 잠시 칼을 내려놓게 하고 기다려보니 그것은 "박자안 목숨을 살려주라"는 왕명이었다(《태조실록》, 6년 5월 18일).

세종이 태어난 지 한 달 만에 생긴 일이다. 집 앞에서 박실의 간청으로 시작된 박자안 구명 운동과 드라마틱한 에피소드는 당시 이방원의 집에 많은 사람들이 드나들고 있었다는 사실과, 그냥 무시할 수도 있었던 박실의 간청을 받아들여 이방원이 반대를 무릅쓰고 태조에게 건의해 관철시켰음을 알려준다. 무엇보다 곤경에 처한 박실을 불쌍히 여겨 "내가 책임지겠다"라면서 대궐에 나아가는 왕자 시절 이방원의 모습이 인상적이다.

변계량이 지은 '헌릉 지문'에는 원경왕후가 "여러 아들을 가르쳐서 옳은 데로 따르게 했다[敎誨多男 俾循義方·교회다남 비순의방]"라고 되어 있다. 실제로 그녀가 낳은 양녕 이후의 아들들은 대체로 장수했다. 14세에 병사한 넷째 아들 성녕을 제외하면 큰아들 양녕은 69세까지, 둘째 효령은 무려 91세까지 장수했다. 셋째 충녕(세종) 역시 54세까지 살았다. 무엇보다 그녀가 낳은 자식들은 세자 교체의 우여곡절에도 불구하고 형제들끼리 서로 싸우지 않고 끝까지 우애롭게 지냈다. 그녀가 낳은 4남 4녀 중 셋째 아들 충녕은 공부도 잘했고, 나랏일도 잘 처리했으며, 무엇보다 부모에게 효도가 극진했으니, 그녀의 자식 농사는 훌륭했다고 하겠다.

흥미로운 것은 셋째 아들 충녕을 낳을 무렵이 민씨에게 가장 안정된 결혼 시기였다는 사실이다. 그즈음 이방원은 정도전의 압박을 받아 정치판에 설 자리가 없었고, 따라서 주로 집에서 시간을 보내야 했다. 그러다 보니 부부가 함께 보내는 시간이 많았다. 둘째 아들 효령을 낳은 지 1년 만에 셋째 충녕을 낳았다. 태종에 따르면

"정축(丁丑, 1397년)에 지금 주상(세종)이 태어났다. 그때는 정도전 무리가 나를 꺼리며 용납하지 않던 형세였다. 나는 정말로 언제 죽을지도 모른다고 생각하여 늘 심사가 울적하기도 하고, 할 일이 없어 무료하기도 했다. 그래서 나는 대비(원경왕후)와 번갈아 가며 갓난아기를 안기도 하고 업어주기도 하며 무릎에서 떼어놓지 않았다"라고 한다. 한마디로 다른 아이들과 달리 "끔찍이 사랑받고[慈愛最篤·자애최독]" 자란 아들이 충녕이라는 이야기다(《세종실록》, 1년 2월 3일).*

그 때문인지 왕위에 오른 충녕은 부모에게 각별히 효도했다. 재위 2년째인 1420년 어머니가 학질에 걸리자 세종은 수라도 들지 않고 침소에도 들지 않으며 항상 어머니 곁에서 친히 병간호를 계속했다. 실록을 보면 "임금이 밤낮으로 모셔 잠시라도 곁을 떠나지 않고, 탕약과 음식을 친히 맛보지 않으면 드리지 않고, 병환을 낫게 할 수 있다는 말이 있으면 어떠한 일이든지 하지 않는 것이 없었

* 국사편찬위원회는 이 대목을 "나는 대비와 더불어 서로 양녕을 안아주고 업어주고 하여, 일찍이 무릎 위를 떠난 적이 없었으며"라고 번역했다. 그런데 원문을 보면 "양녕을 안아주었다"라는 말이 없다. 번역자가 '양녕을'이라는 구절을 의역해 넣었으나 원문의 맥락을 보면 업힌 대상은 '양녕'이 아니고 '충녕'이다. 《세종실록》, 1년 2월 3일 원문 기사 "丁丑 主上生. 于時我爲鄭道傳輩所忌 勢不見容 實慮餘日無幾 常懷鬱悒無聊 我與大妃更相抱負 未嘗離于膝上"를 번역하면 다음과 같다. "정축년에 주상을 낳았다. 그때 내가 정도전 일파의 시기로 말미암아 형세가 용납되지 못하게 되니, 실로 남은 날이 얼마 없지 않나 생각되어 항상 가슴이 답답하고 아무런 낙이 없었다. 그래서 나는 대비와 더불어 (주상을=충녕을) 서로 안아주고 업어주고 하여, 일찍이 무릎 위를 떠난 적이 없었다." 나는 이 오류를 발견해 신고했으나(2021년 10월 29일) 아직 수정되지 않았다.

다"라고 한다.

원경왕후의 삶은 시대 전환기를 사는 사람들의 당혹감을 연상시킨다. 앞으로 나아가던 그네가 뒤로 물러나는 순간 어지럼증을 느끼듯이, 고려에서 조선으로 전환하는 시기에 그녀는 극심한 혼돈을 느꼈을 것이다. '고려 여자'들이 그래왔듯이 그녀는 국가보다는 가문, 특히 친정을 중심으로 생각했고, 전력을 다해 남편을 왕위에 오르게 했다. 왕건의 부인 유씨나 천추태후, 그리고 시어머니 신덕왕후 강씨를 롤모델로 삼았을 수도 있다. 하지만 남편 태종은 새로운 나라 조선에서 고려 유습을 지우려 했다. 외척과 공신에게는 명예를 주되 정치 개입을 금지시켰다.

왕비는 나랏일에 사사롭게 간여하지 말아야 하며[絶幹謁之私·절간알지사], 후궁 등 아랫사람에게까지 은혜를 베풀어야 했으며[有逮下之恩·유체하지은], 절대 왕을 의심하거나 투기하지 않는[無所疑忌·무소의기] 모범적인 국모여야 했다. 이 세 가지는 뒷날 세종이 왕비 소헌왕후에 의해 잘 실천되었다고 칭찬한 덕목이다(《세종실록》, 28년 6월 6일). 소헌왕후는 아마도 자기 시어머니 원경왕후를 반면교사로 삼았던 것 같다.

2

며느리 소헌왕후 심씨

    소헌왕후 역시 평탄하지 않은 삶을 살았다. 그녀는 두 달간의 짧은 영화를 누린 다음, 친정 가문이 풍비박산되는 아픔을 겪었다. 왕비 자신까지도 쫓겨날 위기에 처하기도 했다. 그럼에도 불구하고 그녀는 "스스로를 타이르고 삼가면서[戒飭·계칙]" 자녀를 교육하고 왕실을 화목하게 만들었다. 그녀는 전별연과 양로연 등 백성들과 동고동락하는 일에 정성을 기울였다. 그리고 도성 대화재 사건이 발생했을 때 탁월한 지휘력을 발휘해 국왕과 신민들의 신뢰를 얻었다. 이 일로 그녀는 친정 가문의 명예를 회복시켰고, 남편 세종으로부터는 "내조(內助)에 크게 힘입었다"라는 칭찬을 들었다. 나아가 명실상부한 최고의 국모로서 존경받는 왕비로 자리매김했다.

'강상인(姜尙仁) 옥사(獄事)'(1418년 7월)로도 불리는 심온 숙청 과정은 외척을 제거하기 위한 태종의 작심한 듯한 태도와 냉혹한 권력의 성격을 잘 보여준다. 상왕 태종은 세종에게 전위한 지 겨우 보름가량 지난 8월의 어느 날, 병조참판 강상인 등을 의금부에 잡아가두라고 명했다. 자신이 전위할 때 "군국(軍國)의 중요한 일은 친히 청단(聽斷)하겠다"라고 말했음에도 강상인은 임금에게만 아뢰고 태종 자신에게 보고하지 않았다는 게 그 죄목이었다.

사실 강상인은 태종이 즉위하기 전부터의 가신(家臣)으로, 30여 년 동안 태종을 보좌해온 측근 인사였다(《세종실록》, 즉위년 8월 29일). 그런 그를 태종은 '죽지 않을 만큼 고문'해 "국가의 명령은 한 곳에서 나와야 한다"라고 심온이 말했음을 자백하게 했다(《세종실록》, 즉위년 11월 22일). 사은사(謝恩使)로 중국에 갔던 심온은 귀국하자마자 강상인의 이 자백 때문에 수모자(首謀者: 역적 모의의 괴수)로 몰려 사사(賜死)되었다. 심온이 천거한 사람과 그를 좇던 사람들도 모두 파면되었다.

소헌왕후에게 유일한 희망이 있다면 남편 세종의 발언뿐이었다. 그런데 세종은 자기 장인인 심온이 죽음에 다다른 상황에서도 어떠한 의견도 말하지 않았다. 사건은 시종 상왕인 태종에 의해 주도되었다. 심지어 박은(朴訔) 등 여러 신하가 "그 아비에게 죄가 있으니 그 딸을 왕비로 둘 수 없다(《세종실록》, 즉위년 11월 23일)"라고 하여 왕비 폐출을 주장할 때까지도 세종은 침묵으로 일관했다. 그는 이 기간 동안 거의 매일 태종에게 문안하고 경연에 나가거나 성균관에 거동하는 등 일상적인 업무를 수행했다. 세종은 몸이 좋지 않은 상태에서도 부왕 및 신하들과 연회에 참석하여 밤늦게까지 춤을 췄다(《세종실록》, 즉위년 12월 24일). 태종의 일처리를 묵인했을 뿐만 아니라 동조 내지 승인하고 있다고 볼 수밖에 없는 태도였다. 자기 신상에도 영향을 미칠 수밖에 없는—왕비와의 사이에서 태어난 왕자들을 생각할 때—'폐비의 문제'에 대해 국왕인 세종이 어떤 의견을 표명했다면 상왕이라도 결코 무시할 수는 없었으리라(결국 왕비는 자리를 보전했다).

세종의 이런 태도를 어떻게 보아야 할까? 며느리 소헌왕후는 시아버지 태종의 언행을 어떻게 이해했을까? 앞에서 국가의 절대성에 대해 살폈지만, 태종은 그것을 '화가위국(化家爲國)'이라는 말로 표현하기도 했다. 예컨대 세자 시절인 1400년 6월 이방원은 《대학연의》를 읽다가 "고려 말에 부왕 이성계가 병권을 잡았기 때문에 [握兵之故·악병지고], 능히 화가위국 할 수 있었다[能化家爲國·능화가위국]"라고 말했다. 당나라 황제 숙종(肅宗)이 환관 이보국(李輔國)에게 병권을 맡겼다가 오히려 두려워하는[畏·외] 대목을 읽을 때였다(《정종실록》, 2년 6월 20일). 국가는 여러 가문 중 하나가 아니라 모든 가문을 통속하는 존재이고, 때로는 몇몇 가문을 희생시킬 필요도 있는데, 그러려면 국가 중심인 국왕에게 병권이 오롯이 주어져야 한다는 말이었다.

태종이 보기에 세종을 제외하면—심지어 부왕 태조까지도—'가문을 변화시켜 국가를 만든다'는 말의 뜻을 이해하지 못하고 있었다. 많은 사람은 이 말의 의미를, 왕씨 가문이 차지했던 옥새를 이씨 가문이 얻은 것 정도로 이해하거나, 자신들이 지지하던 이성계 일파가 모든 가문의 으뜸 자리[宗室·종실]를 차지한 일쯤으로 생각했다. "아무도 그 의미를 제대로 깨닫지 못하고 있다[皆莫能悟·개막능오]"라는 태종의 개탄이 그 점을 말해준다. 오직 "세자(이방원)의 가르침을 미처 깨닫지 못했던 게 한"이라고 말했던 조영무(趙英茂)만이 그 의미를 이해하고 있다고 태종은 아쉬워했다. 세종 역시 그 의미를 알고 있었던 것으로 보이는데, 심온 제거 때 침묵으로 부왕의 조처에 동조한 사실이 그 근거다.

물론 정도전을 비롯한 몇몇 정치가들은 새로운 문명국 조선 건국의 역사적 의미를 알고 있었다. 그러나 그들조차 '집안을 일으키는 일'과 '국가를 만드는 일' 사이에 놓인 중대한 격절점을 제대로 이해하지 못했던 것 같다. 조선왕조의 설계자 정도전만 해도 나라를 설계하고 그 의미를 부여하는 데는 뛰어났지만 국가의 실제성(reality)에 대한 인식은 약했다.

정도전이 태조 뜻을 따라 적장자 이방우가 아니라 서자 이방번이나 이방석을 왕위 계승권자로 내세울 때, 명의 지나친 요구(표전문 사건)에 대해 요동 정벌 기도[攻遼企圖·공요기도]로 맞설 때의 태도가 그 증좌다. 이방원의 관점에서 볼 때 정도전은 집안을 가지런히 만드는 일(齊家·제가, 장자상속)은 물론, 유능한 자에게 왕위를 계승해야 한다는 원칙도 깨뜨린 정치가였다. 그는 재상 중심의 정치[冢宰論·총재론]를 고집한 나머지, 국가가 재상이나 국왕과 같은 정치 행위자나 심지어 유교 이념보다 초월적 존재임을 깨닫지 못했다.

1400년 6월 '대학연의 세미나' 이야기를 좀 더 해보자. 태종의 개탄을 들은 좌보덕(左輔德) 서유(徐愈)는 천하를 평정한 송나라 태조가 궁궐에서 장상(將相)에게 잔치를 벌였을 때 일을 이야기했다. 서유에 따르면 "잔치에 참여한 장상들이 '천하가 평정되었으니 즐기심이 마땅합니다'라고 하자 송 태조는 '나는 즐겁지 않다'라고 대답했다. 장상들이 '천하가 이미 정(定)해졌는데 폐하께서는 왜 즐겁지 않으십니까'라고 물었다. 그러자 송 태조는 '애초에 경들이 병권을 쥐고 나를 능히 추대하여 천자로 삼았다. 내가 두려워하는 점은, 경들의 휘하 장사(將士)들도 경들을 추대하여 장상 삼기를, 경들이 짐(朕)을 추대함 같이 할 것이기 때문'"이라고 말했다. 그러자 공신과 장상이 머리를 조아리고 절하여 사례하고 즉일로 인수(印綬)를 올리고 병권을 내놓았다는 게 서유의 말이었다(《정종실록》, 2년 6월 20일). 국가를 만든다[爲國·위국]는 말의 정치적 의미와, 병권 장악이야말로 화가위국의 제일 조건임을 잘 보여주는 대화라고 하겠다.

다시 소헌왕후로 돌아와서, 그녀는 과연 시아버지 태종을 이해할 수 있었을까? 단정하기 어렵지만, 아마 그녀도 '화가위국'의 의미를 파악하지 못했으리라. 강상인이라는 태종 심복의 거짓 자백을 통해서 자기 가문이 하루아침에 곤두박질친 것은 소헌왕후 입장에서 억울하기 짝이 없는 일이었다. 그럼에도 불구하고 그녀는 자기에게 닥쳐오는 고난을 묵묵히 받아들였다. '강상인 옥사' 이후 8년이 지난 1426년(세종 8년)에야 어머니 안씨와 생존해 있던 형제들이 가까스로 천민 신분에서 벗어났다. 그때까지 소헌왕후는 세종 표현처럼 "스스로를 타이르고 삼가는" 모습으로 일관했다(《세종실록》, 28년 6월 6일). 정작 중요한 친정아버지 심온은 세종 재위 동안 끝내 명예 회복을 하지 못했지만, 온유함을 잃지 않았다. 그녀는 차마 참을 수 없는 것을 묵묵히 견뎌내며 왕비로서의 역할을 해냈다. 그 점이 바로 그녀를 "조선 최고의 국모"라고 일컫는 이유다. 아울러 그녀는 시할머니 신덕왕후 강씨나 시어머니 원경왕후 민씨와는 또 다른 '조선 여인'의 전형을 보여주었다.

3
후궁 가희아

　태종은 정안군 시절부터 궁인 여러 명을 곁에 두었다. 이는 앞에
서 살폈던, 성(性)을 즐기는 그의 기질과 무관하지 않은 듯하다. 그
런 기질은 즉위 초반 언관 이지직(李之直) 등이 "전하께서 성색(聲
色)을 즐겨 하심이[聲色之娛·성색지오] 여전하다"라고 말한 것에서도
확인된다(《태종실록》, 2년 4월 1일). 그 때문인지 태종은 조선 국왕 중
세 번째로 후궁을 많이 두었다(10명).

　태종은 간택 후궁, 즉 가례색 제조로 하여금 후궁 후보의 사주단
자를 오가게 하는 등 정식 절차를 거친 궁첩을 총 7명 두었다. 이
중 4명은 태종 재위 중 뽑혔고, 상왕 시기(세종시대)에 3명이 간택되
었다. 앞에서 잠깐 살폈듯이, 태종은 1402년 1월 권홍의 딸을 후궁

으로 간택하려다가 왕비의 강한 반발로 가례색 설치 없이 입궁시켰다. 그로부터 9년이 지난 1411년 9월에는 '1빈(嬪) 2잉(媵)' 제도를 제정해 한꺼번에 후궁 세 명을 두었다(《태종실록》, 11년 9월 19일).[*] 이때 김구덕(金九德), 노구산(盧龜山), 김점(金漸)의 딸이 입궁했다. 당시 간택된 후궁들은 모두 친정아버지가 전·현직 벼슬에 있는 사람들이었다.

태종은 그즈음 일반인도 1처(妻=嫡·적)·1첩(妾)을 두는 법을 만들되, 다만 첩을 처로 만드는 일은 《춘추》 규정에 따라 엄하게 금지시켰다. 처첩이 서로 다투고 소송하는 경우가 많았기 때문이었다(《태종실록》, 13년 3월 10일). 하지만 조정 관료들은 여전히 부인을 여러 명씩 거느렸으며, 이를 비판하는 언관들의 상소가 계속 올라왔다. 그때까지도 고려식 다처제가 계속되고 있었다(이미선 2021, 122쪽).

가희아(可喜兒)는 태종의 사랑을 받은 여성 중에서 조금 특이한 경우다. 그녀는 당대 최고의 악기 연주자이자 춤꾼[上妓·상기]이었다. 그녀의 미모와 예능은 일차적으로 무신들의 마음을 사로잡았다. 태종 재위 7년째인 1407년 겨울, 서울 도성 안에서는 웃지 못할 일이 벌어졌다. 동짓날 맞이 궁궐 잔치 공연[內宴·내연]을 마치

---

[*] '비(妃)'는 정식 혼인 절차인 가례(嘉禮)를 거친 왕비를, '빈(嬪)'과 '잉(媵)'은 왕이나 왕세자의 아내(세자빈) 또는 첩을 가리킨다. 이 중에서 '빈'은 가례를 거치는 경우도 있고, 그렇지 않은 경우도 있다. 이에 비해 '잉'은 가례를 거치지 않은 왕·왕세자의 후궁을 일컫는다(이미선 2021, 63~97쪽).

구분	태조	정종	태종	세종	성종	연산군	광해군	숙종	영조	정조
선원보략	0	6③	10①	5	9②	·	·	3	4	2
왕조실록	6	6	10③	8	11②	14①	10③	8	4	4

조선 왕들의 여자(후궁)*

고 집으로 돌아가는 상기 가희아를 납치하려는 시도가 있었다. 납치 시도를 한 사람은 총제 김우(金宇)와 그의 부하 군사와 종들이었다. 가희아는 대호군 황상(黃象)의 집에 살면서 첩 노릇을 하고 있었는데, 김우와도 정을 통하고 있었다. 귀가하는 가희아를 놓친 김우는 황상의 집에 들어가 수색했다. 하지만 끝내 그녀를 찾지 못했다. 사건은 다음 날 터졌다. 말을 타고 저자에 나가는 가희아를 탈취하기 위해 김우가 또 길목에서 기다린다는 첩보를 들은 황상이 몽둥이를 들고 김우 등이 있는 곳으로 말을 타고 달려갔다. 가희아를 둘러싸고 황상과 김우가 대결하는 장면을 보기 위해 구경꾼이 담장처럼 늘어섰다.

대체 가희아가 누구이길래 중앙군 장군(대호군)이 그녀를 첩으로 삼으려 하고, 참모총장 격인 총제가 탈취하려 한 것일까? 그녀는 원래 충청도 보천(甫川)의 기생이었다. 지방 관아에서 선출되어

* 《선원보략》은 숙종 때부터 편찬된 조선 왕실의 족보로, 자식을 낳지 못한 후궁은 기록에서 제외되었다. 그러므로 《조선왕조실록》의 기록을 봐야 정확한 수치가 파악된다. 동그라미 속 숫자는 그 순위를 매긴 것이다.

[選上·선상] 한양으로 올라왔는데, 11~12세 무렵부터 이미 탁월한 춤 솜씨와 노래 실력, 그리고 빼어난 미모로 도성 사람들 사이에 소문이 자자했다. 앞의 1407년 해프닝은 그런 상황에서 발생한 일이었다. 태종 역시 그녀를 보고 싶어 했다. 5년 뒤인 1412년 실록 기록을 보면 태종은 그녀를 자신의 후궁 명빈전(김구덕의 딸)의 시녀로 뽑아, 다른 두 시녀들과 함께 거문고, 비파, 가무 등을 가르쳤다(《태종실록》, 12년 10월 28일). 또한 이듬해인 1413년에는 한성부 관리들이 쓰는 의막(依幕)을 내려주기도 했으며(《태종실록》, 13년 1월 7일), 1414년에는 아예 후궁으로 만들어 혜선옹주라는 작위를 내려주었다(《태종실록》, 14년 1월 13일).

1407년 해프닝에 대해 사헌부에서 올린 보고에 따르면, 동짓날 저녁에 김우 등은 황상의 내실(內室: 여자들이 거처하는 안방)까지 들어갔으나 가희아를 찾지 못했다. 다음 날 가희아가 저자에 나간다는 소식을 들은 김우는 하인들을 시켜 붙잡아 오게 했는데, 뒤쫓아 간 황상과 수진방 동구(지금의 조계사 근처)에서 충돌했다. 황상이 몽둥이를 들고 쫓아온다는 말을 들은 김우가 직접 30여 명의 휘하 군인과 종을 동원해 달려왔는데, 싸우는 중에 김우 휘하의 군인이 황상을 쳐서 허리에 차는 은대(銀帶)를 부수기까지 했다.

흥미로운 것은 이 보고를 들은 태종의 반응이다. '황상은 파직시키고, 가희아는 장(杖) 80대에 해당하는 벌금을 물게 하며, 김우는 공신이니 거론하지 말라'는 게 태종의 지시였다. 신하들은 대낮에 큰길 한복판에서 휘하 군인을 시켜 사사로운 싸움을 벌인 김우를 파직시키고, 황상은 정직시킬 것을 요청했다. 하지만 태종은 황상을 더 중하게 처벌했다. '궁궐 잔치에 나오는 기생을 제 집에 숨겨두고 자기 첩이라고까지 한 죄'가 더 무겁다고 했다. 김우에 대한 처벌이 너무 가볍다는 언관의 상소를 태종은 궁중에 두고 일체 대응하지 않았다(pocket veto).

태종은 왜 이렇게 김우를 비호했을까? 일차적으로는 가희아를 개인 첩으로 만든 황상을 김우가 혼내주었기 때문일 것이다. 다른 한편으로 태종은 자기에게 충성한 사람은 끝까지 보호하려 했다. 광포한 행동을 일삼는 권희달(權希達)을 파직했다가도 다시 서용하곤 했듯이, 김우 역시 불법적인 행위를 여러 번 했으나 처벌하지 않았다. 평안도 희천의 토호(土豪) 출신인 김우는 정안군 시절부터 태종을 따랐고, 제2차 왕자의 난 때 공을 세웠다. 태종은 그 점을 잊지 않았다(《태종실록》, 18년 2월 19일).

또 한 가지 궁금한 것은 상기(上妓), 즉 궁궐 잔치에 참여하는 기생을 관리가 사사로이 첩으로 만들 수 있는가 하는 점이다. 실록을 보면 공신이나 세자가 상기를 개인 첩으로 만든 사례가 여럿 나온다. 공신 이거이가 상기 중천금(重千金)을 임의로 데리고 놀았다는 기록이나(《정종실록》, 2년 6월 1일), 완평군 이조가 상기 숙진(淑眞)을 숨겨놓았다는 기록(《태종실록》, 1년 2월 7일), 그리고 세자 양녕이 사사로이 상기 초궁장(楚宮粧)·승목단(勝牧丹)을 가까이했다는 기록(《태종실록》, 15년 5월 13일; 17년 3월 5일) 등이 그 예다. 아무래도 궁궐 공연에 참여하는 기생들에게 공신과 왕실 가족이 눈독을 들이는 경우가 많았던 듯하다. 어쨌든 가희아의 경우에서 보듯이, 태종은 하고 싶은 것은 반대가 있더라도 꼭 하는 성격이었다.

교외에 기러기 떼가 날아오른다는 말을 들으면 그는 혼자서 말을 타고 가서 몰래 사냥하기도 했다. 이에 대해 대간이 탄핵하자 그는 자신이 '구중궁궐에서 나고 자란 사람이 아니다'라고 대답했다. 자기는 무가(武家)의 자손으로 어려서부터 오로지 말달리고 사냥하는 것을 일삼았는데, 지금 왕위에 있으면서 할 수 있는 일이 없다면서 이해해달라고도 했다. '지금 매를 놓기에 좋은 때'라서 심심하고 적적함을 달래기 위해 다녀왔다는 기록을 보면(《태종실록》, 3년 10월 1일) 그는 상당한 로맨티스트였던 것 같다. 연꽃이 피면 신하들과 꽃구경을 갔고(《태종실록》, 11년 6월 14일), 모란과 작약을 감상하기도 했다(《태종실록》, 12년 4월 1일; 12년 4월 12일).

태종의 캐릭터와 관련해 인상적인 점은 유난히 잦은 그의 눈물이다. 그는 개경에 있는 아버지 집을 찾아갈 때면 길에서부터 비오듯 눈물을 흘렸고[雨泣不絶·우읍부절] 아버지와 대화를 나누다가도 갑자기 느낌이 있으면 크게 울어서 좌우 사람까지도 눈물짓게[感愴·감창] 만들곤 했다(《태종실록》, '총서'). 오랜만에 아버지를 만난 그가 왜 울었는지에 대해서는 기록되어 있지 않다. 다만 이성계가 우는 아들의 효심을 칭찬했다는[稱其孝·칭기효] 것으로 보아 아버지 곁에서 멀리 떨어져 있음을 아쉬워하는 마음 때문이 아니었을까 싶다. 태종은 가뭄이 들거나 홍수가 내리는 등 기후가 안 좋으면 '자격 없는 내가 왕위에 있기 때문'이라면서 눈물을 지으며 반찬 수를 줄이곤 했다(《태종실록》, 2년 7월 4일; 4년 7월 20일).

태종은 기상이변을 하늘의 꾸짖음으로 여기고 괴로워했다. 재위 후반인 1416년 4월에 경상도와 충청도 등 여러 곳에서 지진이 발생했고, 5월에는 초여름인데도 충청도 지역에 우박과 서리가 내렸다. 이 보고를 들은 태종은 "하늘이 나를 꺼려하고 노여워하여 가뭄의 재이를 자주 보인다"라고 말했다. 더불어 하늘의 견고(譴告: 꾸짖으며 알려줌)로 인해 밤낮으로 걱정하고 두려워하고 있다면서 말하는 도중 큰 소리로 슬프게 울었다. 눈물과 콧물이 턱 사이에 범벅되어 말을 잇지 못할 정도였는데, 태종에 따르면 왕위에 오른 뒤 그는 "하루라도 스스로 편안할 적이 없고, 하룻밤이라도 편안하게 잠잘 적이 없었다." 그는 그 고통은 몸소 겪어본 자 이외는 아무도 모른다고 했다. 어떤 이는 왕이 되어서 좋은 옷 입고 맛있는 음식 먹는 것을 부러워할지 모르나 "옷은 추위를 가릴 정도면 되고, 음식 역시 배고프지 않을 정도면 충분하다"라는 게 그의 생각이었다. 진정 다복한 자는 편안히 잠자고 뜻대로 평생을 사는 사람인 바, 자신은 그런 사람을 진심으로 부러워한다[欽羨·흠선]고도 말했다. 아침이면 눈감고 내내 잠이나 잤으면 하는 바람이 간절하다고도 말했다(《태종실록》, 16년 5월 20일). 이처럼 태종은 하늘의 뜻이 자신에게서 떠나간 게 아닌가 하는 두려움에 힘들어 했고, 그럴 때면 눈물을 흘리곤 했다. 실록의 이러한 기록들을 볼 때, 태종을 피도 눈물도 없는 냉혈한으로 묘사하는 드라마나 글은 그의 실제 모습에서 크게 동떨어진 것이라고 할 수 있겠다.

제3장

'태종 재상 3인방'
이야기

1

왜 하필 이방원이었을까?

왕위에 오르기까지 태종이 보여준 진전(進展)과 반전(反轉)의 과정을 보면서 떠오른 의문은 '왜 이방원이었을까'였다. 고려 말부터 조선 건국기까지 우리 역사에는 빼어난 인재들이 수없이 등장했다. 이성계만 해도 적자와 서자를 포함해 아들을 여덟 명이나 두었다. 그런데 그중에서 왜 이방원이 최종 승자가 될 수 있었을까?

1388년부터 1400년까지 12년간의 《고려사》와 《조선왕조실록》의 기록을 보면 이방원은 다섯 번의 큰 위기를 만났다. 1388년 5월 위화도회군 때부터 1400년 1월 '제2차 왕자의 난(이방간의 난)'까지 곤경에 처할 때마다 이방원은 노련한 외과 의사처럼 위험 요소를 제거하여 사태를 반전시켰다.

이처럼 큰 위기를 겪으면서 이방원이 배운 것은 무엇일까? 태종 사후인 1422년(세종 4년)에 작성된 '태종 행장'에는 "비상간난 통식 정위(備嘗艱難 洞識情僞)"라고 되어 있다(《세종실록》, 4년 5월 10일). 간 난(艱難)한 과정, 즉 몹시 힘들고 고생스러운 일을 겪으면서 일과 사람의 허실을 꿰뚫어보는[洞識情僞·통식정위] 안목이 생겼다는 말 이다. "사람은 경험한 만큼 볼 수 있다." 나폴레옹의 이 말은 이방 원에게도 해당된다. 위기의 순간들을 거치면서 이방원은 앞으로 나 아갈지 아니면 물러서서 상황을 관망할지, 그리고 저 사람과 일을 함께 할지를 깊이 생각했고, 그 과정에서 탁월하고 날카로운 판단 력이 생긴 것이다.

구분	생애	태종 나이와 비교
조준	1346년(충목왕 2년)~1405년(태종 5년)	+21
하륜	1347년(충목왕 3년)~1416년(태종 16년)	+20
권근	1352년(공민왕 1년)~1409년(태종 9년)	+15
이방원	1367년(공민왕 16년)~1422년(세종 4년)	

왜 꼭 이방원이었을까? 조준은 태종보다 21세 연상이었고, 하륜 (河崙)은 20세, 권근은 15세 연상이었다. 모두 이방원의 아버지뻘에 해당하는 사람들이었다. 그런 그들로 하여금 태종은 어떻게 나라를 위해 헌신하게 만들었을까?

'왜 이방원이었을까'에 대한 또 다른 대답은 《태종실록》 총서'에 있다. 이방원은 "능히 아래 선비에게도 몸을 굽히는[折節·절절]" 사람이었다고 한다. 한마디로 그는 인재를 스승 대하듯 공경했고, 좋은 말 듣기를 목마른 사람처럼 했다. 이방원이 몸을 낮춘 이유에 대해서 실록 편찬자는 "세상을 구제할 뜻을 품었기" 때문이라고 했다. 사실 이방원은 아래 선비들에게 몸을 굽힐 필요가 없는 사람이었다. 아버지 이성계는 국내외적으로 유명한 최고 명장이었고, 자신은 그 어렵다는 과거시험에 합격한 엘리트였다. 게다가 그의 장인은 당대 최고 지식인이자 정치적 영향력까지 보유한 여흥 민씨 민제였다. 그런 그가 몸을 낮춰 하찮아 보일 수도 있는 선비들의 말에 귀 기울였다. 바로 그 겸손함 때문에 그의 곁으로 항상 인재들이 모여들었다.

2

조준,
왕이 공들여 모셔온 정승

하륜이 제 발로 태종을 찾아가 섬긴 재상이라면, 조준은 태종 자신이 '스승 대하듯' 공들여 맞아들인 정승이다. 조준과 태종을 연결시킨 사람은 물론 이성계다. 송당(松堂) 조준이 자기보다 21세 연하인 이방원에게 관심을 가진 것은 1392년 정몽주 척살 사건 때, 즉 정몽주 등에 의해 자신이 유배형에 처해지는 등 위기에 몰렸을 때였다. 절체절명의 순간에 이방원이 "괴수(정몽주)"를 척살함으로써 그는 겨우 되살아났다. 하지만 제1차 왕자의 난 때, 즉 이방원 등이 정도전을 제거하고 세자 이방석을 없앨 때 조준은 "사태를 방관"하며 선뜻 이방원 편에 서지 않았다. 그럼에도 불구하고 이방원은 그를 반란 평정 공신, 즉 정사공신(定社功臣)으로 책봉해 대우했다(《태종실록》, 5년 6월 27일, '조준 졸기'). 조준이 사병 혁파를 반대했다는 혐의로 곤경에 처했을 때도 그가 세운 개국 공로를 이야기하며 풀어주었다(《정종실록》, 2년 2월 13일). 태종은 왕위에 오른 뒤에는 그의 아들 조대림(趙大臨)을 자기 둘째 딸과 결혼시키고, 영의정으로 삼는(《태종실록》, 3년 7월 16일) 등 파격적으로 조준을 포용했다.

왜 그랬을까? 왜 태종은 조준을 적극 포용하려는 마음을 먹었을까? 일차적으로 태조 때의 '조준·김사형의 좌·우정승 체제(김윤주 2011, 44쪽)'를 완전히 허물지 않으려는, 그래서 부왕의 마음을 안심시키려는 의도를 들 수 있다. 부왕의 절대적 신뢰를 받았던* 정승한 명을 포용함으로써 부왕 뜻을 받들면서도 다른 한편으로 정치적 구심점을 만들어 정책의 연속성을 살리는(하륜의 '무악 천도설' 대신 '경복궁 위치 고수' 등) 효과를 거둘 수 있다고 보았다.

또한 태종은 조준을 중용함으로써 경륜과 학식이 뛰어난 정치스승 내지 멘토와 대화할 기회를 가질 수 있었다. 가령 1404년 9월의 대화에서 보듯이 태종이 '건문제는 관대하고 어진데도 망했고, 영락제는 형살(刑殺)을 많이 행했는데도 흥한 이유'를 물었을 때, 조준이 기강(紀綱) 세움의 중요성을 대답한 것은 그들이 얼마나 고품격의 정치 담론을 나누었는지를 보여준다.

---

* 태조는 조준을 탄핵하는 언관에 대해서 "그를 비판하는 것은 곧 조선을 욕함"이라고 물리쳤으며, '조준에게 반역할 뜻이 있다'고 무고한 자를 "한강에 침장(沈葬: 물에 가라앉혀 죽임)"시키는(《태조실록》, 7년 10월 28일) 등 조준에 절대적인 신뢰를 보냈다.

태조와 태종이 조준을 그렇게 아낀 이유는 무엇보다 그의 혁혁한 치적과 공로 때문이다. 조준은 과거에 합격한 후—조준은 이방원보다 9년 앞서(1374년) 과거에 합격했다—중앙과 지방 관리로 뛰어난 성과를 거두었다. 그는 왜구를 토벌한 공로까지 세웠다. 그야말로 '출장입상(出將入相: 전시에는 싸움터에 나가 장군으로 활약하고, 평시에는 재상이 되어 국정을 운영)'의 조건을 갖춘 인재였다. 그뿐만이 아니다. 그는 1391년 중국에 가서 아직 연왕이었던 영락제의 야심과 인물됨을 꿰뚫어 보고 신뢰를 쌓았다. 기록을 보면 조준이 귀국길에 베이징[北平府 · 북평부]을 지날 때 후일 영락제가 될 연왕 주체(朱棣)가 사저에 초대해 '극진히 대접했다'고 한다(〈조준 졸기〉).

주체와 헤어진 후 조준은 '연왕이 큰 뜻을 품고 있어서 지방 번왕(藩王: 황제에게 위탁받은 봉토를 다스리는 왕)으로 머물러 있지 않을 인물'이라고 사람들에게 말했다. 3년 뒤 정안군 이방원 역시 베이징을 지날 때 주체를 만났다. 연왕 주체가 마침 주원장의 부름을 받아 출발하던 때라 조준에게 했듯이 이방원을 극진하게 대접하지 못했다. 하지만 두 사람이 길가에서 수레를 세우고 '한참 동안 온화한 대화를 나눈 것'은 그 이전에 조준을 통해 서로에 대해 알고 있었기 때문으로 추정된다.

조준은 우왕 말년, 이인임 등 권간(權奸)의 발호에 실망하여 4년 동안 은둔하면서 경전과 역사[經史 · 경사]를 공부했다. 그러한 공부가 뒷날 태종에게 "이 책《대학연의》을 읽으면 나라를 다스릴 수 있습니다[可以爲國 · 가이위국]"라고 제왕학 공부를 추천할 안목을 갖게

했다. 조준은 태종에게 《대학연의》 읽기를 권하면서 '관대하고 어
짊을 베풀더라도 기강을 세우지 않아서 망했던[寬仁而亡·관인이망]'
명나라 건문제의 일화를 나누며 나라 기강을 세우는 일의 중차대
함을 설명했다.

● 태종과 조준의 대화

태종 대저 인심은 어짊을 베푸는 이를 좋아하는데, 건문제는 관대
하고 어진데도 망했다[寬仁而亡·관인이망]. 반면 영락제는 형
살을 많이 행하였는데도 흥했다. 그 이유는 무엇인가?[多行刑
殺而興·다행형살이흥]

조준 (건문제가) 다만 관대하고 어진 것만을 알았을 뿐[徒知寬仁·
도지관인], 기강을 세우지 않았기 때문입니다[紀綱不立·기강
불립].

—《태종실록》, 4년 9월 11일

마지막으로 조준을 중용해서 얻을 수 있었던 또 다른 효과는 '개
국파'에 의해 권근과 하륜 등 '비개국파'를 견제할 수 있다는 점이
었다. 하륜과 권근은 조준과 달리 개국공신에 책봉되지 못했고, '왕
자의 난' 이후에 정안군이 권력을 잡으면서 공신 반열에 올라간 '비
개국파'였다. 태종은 '개국파'와 '비개국파'를 함께 재상직에 두어
서로 대립·견제하게 하여 어느 한 계파가 정권을 천단(擅斷)할 수
없도록 만들었다(최승희 2002, 82쪽). 이러한 태종의 용인술 때문에

조준은 "다시 정승이 되어 일을 해보려고 했으나, 번번이 자기와 뜻이 다른 자에게 방해를 받아 어찌할 수가 없었다"라고 한다(《조준 졸기》). 이 말은 비록 그가 영의정이 되었지만 하륜이나 권근의 지원을 받지 못했음을 뜻한다.*

태조가 권좌에서 물러나자 '태조의 신하'인 조준도 함께 숙청시켜야 한다는 분위기가 있었다. 이방원과 동서지간이었던 조박(趙璞)은 개국공신·좌명공신·정사공신 3관왕의 세력가였다. 그런 그가 책임자(대사헌)로 있던 사헌부에서 일곱 가지 죄목을 들어 조준을 탄핵했다. "안으로는 간사하고 음험한 생각을 품고 오랫동안 나라 권세를 잡고 널리 당여(黨與)를 심었다"라고 비판했다. 그 결과 "앞잡이(爪牙·조아: 손톱과 어금니)와 측근(心腹·심복: 가슴과 배)들이 조정 안팎에 널려 있으므로, 위복(威福) 생살(生殺)이 모두 그의 손아귀에 있다"라고도 말했다. 심지어 권근 등 다수 언관들과 태종의 장인 민제마저도 조준의 죄를 조사해 처형할 것을 요청했다. 그럼에도 불구하고 태종은 끝까지 그를 보호했다. 오히려 조박을 무고 혐의로 유배 보냈다(《정종실록》, 2년 2월 4일).

조준을 집요하게 공격한 조박은 누구일까? 조박은 태종의 손윗

* 야사(野史)이지만, 강원도 양양에 가면 하조대(河趙臺)라는 현판이 걸린 작은 육각정이 있다. 해변에 기암절벽이 우뚝 솟고 노송이 그에 어울려서 경승을 이루고 있는데, 하륜과 조준은 그곳에서 만년을 보내며 청유(淸遊)했다고 전해진다. 서로 협력하면서도 경쟁했던 두 사람이 노년을 그곳에서 함께 지냈다고 사람들이 전승한 이유는 무엇일까?

동서로 '제1차 왕자의 난' 때 이방원과 동지로서 함께 움직인 공신이었다. 하지만 그는 결정적인 순간에 이방원을 배신하려 했었다. 조박은 정종이 왕위에 오르자 왕이 되기 전 정종(이방과) 첩이었던 유씨를 수소문해서 찾아냈다. 유씨는 당시 이방과와 헤어진 후 다른 사람과 결혼해 죽주(竹州: 경기도 안성)에서 10살 된 불노(佛奴)라는 아들과 함께 살고 있었다. 조박은 정종에게 그 사실을 알렸고, 왕명을 받아 유씨 모자를 궁궐로 데려왔다(1399년 11월). 조박이 그렇게 한 이유는 유씨의 아들을 원자로 책봉해서 대권 후보자로 만들기 위해서였다. 실제로 정종은 조박의 말을 따라서 유씨를 후궁으로, 불노를 원자로 삼았다(《태조실록》, 7년 11월 7일).

사태의 위험성을 인지한 사람은 이숙번이었다. 이숙번은 정안공 집으로 찾아가 '사직을 안정시킨 지가 몇 달 안 되었는데, 조박의 마음이 조금 변했다[稍變·초변]'고 일렀다. 태종은 겉으로는 터무니없는 말을 한다고 이숙번을 꾸짖었지만 그야말로 '다 된 밥에 코 빠뜨리는' 일이 일어날 수도 있음을 감지했다. 동서지간이고 동지였지만 정치 세계에서는 누구나 언제든지 적으로 돌변할 수 있음을 실감했다.

설상가상으로 불노를 원자로 책봉한 지 두 달 만에 정종은 조박의 아들 조신언(趙愼言)과 이방간의 큰딸을 혼인시키라는 명령을 내렸다(《정종실록》, 1년 1월 9일). 조박은 아내의 초상을 치르는 중이었음에도, 즉 아들이 모친상 중이었음에도 결혼을 강행했다. 이로써 조박은 국왕 정종에게 원자를 세우는 공을 세웠고, 종친 이방간

과는 사돈 관계를 맺었다. 입지가 탄탄해진 그는 거기서 한 걸음 더 나아가 이방원의 동지이자 사돈인 이거이와 그 아들 이백경(이저= 이애)을 모함해서 제거하려 했다. 모함의 내용은 '그들 부자가 한 여자와 관계한 일을 조박이 폭로시키려 하자, 밤을 타서 몰래 군사를 일으켜 조박을 죽이려 한다'는 것이었다. 이방원의 큰사위인 이백경은 정종에게 나아가 억울함을 호소했다. 그 호소를 들은 정종은 앞에서 언급했듯이, 이방원을 의식해서 곧바로 조박을 ('조준 무고 사건'과 연루시켜) 귀양을 보냈다(《정종실록》, 2년 8월 1일).

다시 조준 이야기로 되돌아가보자. 그동안의 연구에서 조준의 활동은 대부분 이성계 시대까지만, 즉 고려 말에서 태조시대까지만 조명되었다. 태종시대 조준의 활동은 거의 드러나지 않았다. 조준은 고려 말 이성계파 신흥 유신으로서 전제(田制) 개혁을 주도했으며, 조선 건국 후 같은 개국공신으로서 정도전과 비슷한 길을 걸었다. 하지만 두 사람의 정책 노선은 달랐다. 명문대족 출신인* 조준은 상대적으로 한미한 집안 출신이었던 정도전과 달리 토지 개혁 등에서 온건한 입장을 취했다. 조준의 전제 개혁안이 수조권(收租權) 정비를 통해 대지주의 겸병 폐해를 없애려 한 데 비해, 정도전은 여기서 더 나아가 토지 소유권 자체를 국가에 귀속시키려 했다 (이익주 2006). 결정적으로 태조 말년(1397년) 정도전이 요동 공벌을

---

* 조준의 가문 평양 조씨는 원래 이름 없는 집안이었다. 그런데 증조부 조인규가 몽골어를 잘해 역관(譯官)으로서 출세했고, 충선왕의 국구(國舅: 임금의 장인)가 되면서 평양 조씨 가문은 명문가로 성장했다.

추진할 때 조준은 '좋지 않은 민심'과 '군량 사정'을 들어 반대했다('요동에 도착하기도 전에 요동 공벌 세력이 스스로 무너지고 나라까지 패망에 이를 것'). 이러한 태도가 '제1차 왕자의 난' 때 사태를 방관하여 어정쩡한 입장에 섰음에도 불구하고 이방원이 그를 자기편으로 끌어들인 이유로 판단된다. 따라서 조준의 역할을 태종 이전과 이후로 나눠서 살펴볼 필요가 있다.

건국기 조선의 기강 세우기

조준은 어떤 사람이었나? 〈조준 졸기〉에 나오듯이, 그는 어릴 때 책을 겨드랑이에 끼고 궁궐 앞을 지나다가 공민왕 눈에 띄어 궁궐에서 일하게 됐다. '보마배지유(寶馬陪持諭)'라는 궁궐 말단 무관으로 살아갈 뻔한 그의 운명을 바꾼 것은 어머니의 탄식이었다. 어느 날 과거 급제자의 유가(遊街), 즉 "물렀거라" 하는 길 안내를 받으며 걸어가는 합격자 모습을 본 조준의 어머니 오씨는 "내 아들들이 많으나 한 명도 과거에 급제한 자가 없으니 무슨 소용이냐"라며 한탄했다. 6형제 중 5남이었던 조준은 그 한탄을 듣고 즉시 무릎을 꿇고 맹세한 다음 공부에 전념했고 1374년(공민왕 23년) 드디어 과거에 합격했다(《고려사》 26, 〈조준 열전〉).

과거 합격 후 조준은 앞에서 짧게 언급한 것처럼, 강원도 안찰사, 사헌장령, 전법판서 등 내·외직을 두루 거치며 민생과 국사에 실제로 도움이 되는 정치를 펼쳤다. 1382년(우왕 8년) 6월 왜구가 치성한 경상도에 체찰사로 갔을 때 머뭇거리며 싸우지 않는 장수 한 명을 참수해서 모두가 힘껏 싸워 승리를 거두게 한 일은 유명하다. 《고려사》를 보면 조준이 집중해서 한 일은 나라 기강 세우기였다. 경상도 군사들로 하여금 "차라리 왜구에게 죽을지언정 조공(趙公= 조준) 위세에 거슬려서는 안 된다"라는 마음을 갖게 만들었는데, 이는 그가 군대 기강 잡기에 성공했음을 보여준다(《고려사》 26, 〈조준 열전〉).

조준이 바로잡은 또 다른 국가 기강은 토지제도였다. 그는 1388년 (우왕 14년)부터 그다음 해까지 세 차례에 걸쳐 전제 개혁 상소를 올렸다. 수조권, 즉 관리들이 땅에서 거두는 세금[租·조]을 정비해 국가의 토지 관리권을 대폭 강화하려는 그의 개혁안은 기득 세력들의 강한 반대에 부딪혔다. 하지만 위화도회군의 주역 이성계의 지원 속에 1388년 8월에 시작된 전제 개혁은 1389년에 완료되었다 [己巳量田·기사양전].

다음으로 조준이 겨냥한 대상은 공직 기강이었다. "몇 년 이래로 공직 기강이 해이해져서 주와 현의 아전 가운데 전공을 내세워 거짓으로 관직을 받은 자도 있고, 권세가에 청탁해 관직 품계를 분수에 넘게 올린 자도 있다"라면서 바로잡을 것을 상소했다. 그에 따르면 "임금의 직분은 재상들의 우열을 따지는 것뿐이고, 재상의 직분은 군자를 천거하고 소인을 물리쳐서 백관을 바로잡는 일"에 있다. 그런데 당시 재상 중에는 일하지 않는 자가 너무 많을뿐더러 자기 자녀들을 부당하게 관직에 임명하는 데에만 급급했다. "근년에 간악하고 흉포한 자들이 번갈아 정권을 잡고서 뇌물 다과에 따라 관직을 조정하며, 또 자기에게 빌붙는가를 보아서 사람을 죽이기도 살리기도 하는" 상황에서 직무에 충실한 관리가 나올 수 없다는 게 조준의 진단이었다. 이외에도 지휘 능력이 없는 자를 군 지휘관으로 임명한 일, 환관에게 벼슬 주기, 불법적인 감옥 행정, 빈민 구휼 제도인 상평창(常平倉)의 비정상적 운영 등 고려라는 나라는 곳곳이 안으로부터 무너져내리고 있었다.

조준이 제시하는 대안은 두 가지였다. 하나는 제대로 된 상벌이다. "상벌은 나라의 큰 권한인데" 공을 세우고도 상을 받지 못한 경우도 있으며, 죄를 지었는데도 처벌받지 않아서 선을 권면하고 악을 징계하지 못하는 상황의 개선을 촉구했다. 그가 제안한 또 다른 대안은 학교를 통한 풍속 교화다. "근래 병란으로 학교가 무너져서" "경서에 밝고 행실이 올바른 선비를 양성하려는" 본래 취지를 살리지 못하고 있었다. 하지만 조준이 보기에 "나라의 치란과 정치의 득실은 모두 학교에서 비롯"되었다. 따라서 이제부터는 근면하고 명민하고 박학한 자를 교수관으로 삼아 5도에 한 명씩 파견시켜 "실제 쓰일 수 있는 인재를 양성해야" 한다는 게 조준의 처방이었다(《고려사》 26, 〈조준 열전〉).

조준은 왜 이렇게 기강을 강조했을까? 그에 따르면 "옛적에 나라 다스리는 자는 반드시 기강을 먼저 세웠다." 왜냐하면 나라 기강은 몸의 혈맥과 같아서 "혈맥이 없으면 몸에 기가 통하지 못하듯이, 나라에 기강이 없으면 법령이 행해지지 않으며 법령이 행해지지 않으면 나라가 나라답지 못하게 되기" 때문이다《고려사》 26, 〈조준 열전〉). 나중에 그는 자기 사명을 "공도(公道)를 밝게 펴고 무너진 기강을 바로 세우는 것[昭布公道 振起頹綱·소포공도 진기퇴강]"이라고 말하기도 했다. 바로 이 때문에 태조는 건국 후에 그를 재위 기간 내내 정승으로 삼아 국정 운영을 주도하게 했다. 갓 건국된 조선이 명나라의 압박과 '왕자의 난'이라는 내우외환에도 불구하고 기틀을 잡아간 배경에는 조준이라는 명재상의 헌신이 있었다.

죽음의 고비를 넘기다

그런 조준도 태조가 왕위에서 물러난 다음, 큰 고비를 넘어야 했다. 그 고비는 바로 조준이 55세가 되던 1400년(정종 2년)에 찾아왔다. 대사헌 조박과의 악연 때문이었다. 앞에서 언급했듯이, 조박은 1400년 2월에 일곱 가지 죄목을 들어 조준을 탄핵했다《정종실록》, 2년 2월 4일). ① 건국 초기 세자 책봉 때 정승으로서 '서얼(이방석)을 세워서 나라가 뒤집힐 뻔한' 위기를 만들었다는 점, ② '제1차 왕자의 난' 때 "배회하며 이럴까 저럴까 망설이며 길흉을 점치면서 변을 방관"한 죄, ③ 임금을 속이고 법을 어지럽히면서 사사롭게 원망을 갚았다는 점, ④ 조준의 역모를 고변한 그의 기생첩 국화(菊花)를 남몰래 모의해 죽여서 그 입을 막은 점, ⑤ 한양에 천도(遷都)

할 때에 사갓집 짓기를 극히 장려(壯麗)하게 하는 등 임금을 속이고 사람을 해친 죄, ⑥ '제2차 왕자의 난' 때 사태를 방관하다가 사위를 보내 이방간을 돕고자 하던 차에, 관군에게 저지당하여 되돌아간 죄, ⑦ 그 외 음란 사치하고 무도하여 전택(田宅)을 널리 점령하고, 남의 노비를 빼앗은 죄 등이 조준이 저지른 잘못이었다. 이 중 ⑥번은 역도로 처형당해야 하는 큰 죄목이었다. 하지만 정종은 '이것은 충량(忠良)한 사람을 해치는 짓'이라고 일축하면서 조준을 종1품의 판문하부사(判門下府事)에 재임명했다(《정종실록》, 2년 2월 13일).

이렇게 해서 1차 고비를 넘기는가 싶었던 조준에게 2차 고비가 닥쳤다. 일곱 가지 죄목을 들어 그를 고발했던 사헌부는 6개월이 지난 그해 8월 재탄핵을 했다. 이때 역시 조박이 탄핵을 주도했다. 조박은 당시 가장 예민했던 사안인 사병 혁파를 조준이 반대했다고 비판했다. 그런 말을 한 적이 없다면서 감옥에서 우는 조준의 모습을 보면 '내부 공격'이 얼마나 고통스러운지를 실감한다. 조선 건국의 동지로서 나랏일을 함께 했고, 집안 경사에 후하게 선물을 주었던 조박이 개인적 감정으로 자신을 곤경에 빠뜨린 점도 마음 아팠을 것이다. 그에게 더욱 고통스러운 일은 권근과 박은 등 태종의 손발에 해당하는 사람들까지도 탄핵에 앞장섰다는 사실이었다. 그야말로 조준 생애 최대의 위기였다.

조박은 도대체 왜 그를 죽이려 했을까? 대사헌 조박은 실권자인 세자 이방원과 동서지간으로 시종일관 이방원 노선을 추종했다. 그 덕분에 조선 건국 후 개국공신 1등, '제1차 왕자의 난' 때 정사공신

1등, 1401년(태종 1년) 태종을 옹립한 공로로 좌명공신 3등에 봉해졌다. 그는 고려 말부터 당대의 세력가를 공격하는 '저격수'로 유명했는데, 1389년(공양왕 1년) 12월에 판문하부사 이색과 권신 이인임을 탄핵하여 이색 부자를 파면시켰다. 위화도회군의 공동대장 조민수(曹敏修)를 공격해 서인으로 만들기도 했다. 다음 해 5월에는 '윤이(尹彝)·이초(李初)의 고변'에 의거하여 소를 올려 이색 일파에게 일대 타격을 가했다. 1399년(정종 1년) 5월에 '제1차 왕자의 난'으로 주살된 이방석의 기생첩을 이저(李佇)가 취했는데, 그 여자는 그전에 이저의 아버지 이거이와도 관계했었다고 폭로하기도 했다.

그런 그가 조준을 겨냥한 것이다. 기록을 보면 조박과 조준은 애증의 관계였다. 그는 1398년 12월에 겸대사헌으로서 좌정승 조준과 함께 《사서절요(四書節要)》를 찬술했으며, 1399년(정종 1년) 3월에 대사헌으로서 조준과 함께 (이름뿐인 관청인) 집현전 제조관이 되기도 했다. 조박의 눈에 조준은 기회주의자로 비쳤을 수도 있다. 이방석을 세자로 책봉할 때 기어코 거절하지 않고 태조 뜻에 따른 일이나, '제2차 왕자의 난' 때 사태를 방관한 태도가 그런 빌미를 주었다. 이제 이성계가 왕위에서 물러났으니 정종이나 정안군 모두 조준 제거를 원할 것으로 조박은 판단한 듯하다.

• 조박과 조준, 그 애증의 관계

조박이 조준에게 하는 것을 보면 정조시대 정약용(丁若鏞)과 이기경(李基慶)의 관계가 연상된다. 이기경은 정약용과 같은 남인 사람이다. 그런 그가 1787년에 '반회 사건', 즉 성균관 근처에서 정약용 등이 천주교 서적을 읽었다고 고변했다. 정약용은 그 이유를 "이기경의 시기하는 마음 때문"이라고 말했다. 이 말을 전해 들은 이기경은 "내 마음은 그를 사랑하는데, 그는 그렇게 말하는가"라고 서운해했다(《정조실록》, 15년 11월 13일). 정약용의 이기경에 대한 감정도 복합적이다. 이기경이 남인 영수 채제공(蔡濟恭)을 비판했던 일로 경원에 유배를 갔을 때 정약용은 "이기경의 집에 찾아가 그의 어린 자식들을 어루만져주었고 그의 어머니 제사 때는 천금의 돈으로 도와주었다"라고 기술하고 있다. 그럼에도 불구하고 이기경은 정약용에게 서로 "용납 못할 짓"을 계속했다(정약용 1985, 16쪽). 인간세계에서 시기와 경쟁심은 합리적 설명을 뛰어넘는 풍토병임을 조준과 조박, 그리고 정약용과 이기경은 보여준다.

조박의 조준에 대한 재차 공격은 어떻게 되었을까? 이때 실록을 보면 정종의 대응 방식이 조금 특이하다. 탄핵 소장이 올라오자 정종은 일단 그것을 궁중에 두고 세자(이방원)의 반응을 살폈다. 권근 등이 다시 상소를 올리고 대궐에 나아가 조박의 폭로가 사실인지 여부를 조사하자고 강하게 요청하자, 왕은 그제야 조준을 옥에 가두었다. 이어서 순군만호(巡軍萬戶) 이직(李稷), 윤저(尹抵), 김승주(金承霍) 등에게 조사하라고 지시했다. 자신은 그런 말을 하지 않았다면서 울면서 혐의를 부정하는 조준의 말이 맞는지 확인하기 위해 조준과 이거이와 친한 전시(田時)를 합주(陝州: 경남 합천)에서 불러

올렸다.

그때 권근 등이 조사 방법에 대해 이견을 냈다. 조준, 이거이, 조박, 전시 등을 한곳에서 조사하지 말고 여러 곳에 흩어놓고 국문(鞠問)해야 한다고 주장했다. 한곳에 모아놓고 대질신문까지 갈 경우 조준이 그 발언을 했는지 여부가 금방 밝혀질 가능성이 컸다. 반대로 여러 곳에 유배 형태로 보내놓고 조사하면 취조하고 전달하는 과정에서 조사하는 사람의 뜻이 반영될 수 있다. 한마디로 조준을 죄인으로 몰아가기 위해서는 흩어놓고 조사해야 한다고 보았다. 이에 대해 왕(정종)은 화를 내면서 "죄상이 드러나지 않았는데 어떻게 갑자기 (유배) 형(刑)을 가할 수 있겠는가?"라며 그 제안을 거부했다. 아울러 순군 관리로 하여금 이거이와 조박을 잡아오도록 명령했다.

이때 중요한 것은 실권자 세자(이방원)의 뜻이었다. 그가 조준을 버리겠다고 마음먹을 경우 얼마든지 역모로 몰아갈 수 있었다. 불과 6개월 전에 사헌부에서 이미 조준을 일곱 가지 죄목으로 탄핵한 상태였다. 이방원이 조사관인 순군만호 윤저를 불렀다. 그는 태조가 개국하고 정종이 승계하기까지 조준의 공이 얼마나 컸는지에 대해 말했다. 아울러 그런 공신을 언관의 탄핵 상소만 믿고 죄를 줄수는 없다고 '수사 방향'을 일러주었다. 이 말을 들은 윤저 등이 어떻게 조사했을지는 충분히 짐작할 수 있다.

언관들은 거듭 조준 관련자들을 여러 곳에 유배 보내놓고 조사해야 한다고 강력히 요청했다. 하지만 수사는 이방원의 뜻대로 진행되었다. 수사 결과는 '조박이 개인감정으로 조준을 무고했다'는 싱거운 것이었다. 그렇게 단기간에 수사 결론을 내릴 수 있었던 배경에는 조준을 배척하지 않고 포용하려던 이방원의 의지가 있었다. 조박은 결국 그해 8월에 '무고죄'로 재차 유배되었다.

태종은 앞에서 언급했듯이, 왕위에 오른 뒤 조준의 아들 조대림을 자기 둘째 딸과 결혼시키고, 영의정으로 삼는 등 적극적으로 조준을 포용했다. 조준 역시 자기를 살려준 태종을 위해 마지막 소명을 담당했다. 한양 재천도가 바로 그 일이다.

조준이 발휘한 '상향리더십', 한양 재천도

태종시대의 재천도, 즉 환도(還都)는 태종 재위 4년째인 1404년 7월에 시작되어 그 이듬해인 1405년 10월에 마무리된 15개월간의 큰 프로젝트였다. 조준에게 이 프로젝트는 멀리서 보면 자기 말이라면 '따르지 않은 바가 없었던[言無不從·언무불종]' 태조 이성계의 뜻을 살리는 길이었고, 가까이에서 보면 태종에게 자기 능력을 보여줄 기회였다. 태종은 1404년 9월 원자 이제를 세자에 책봉한 후 본격적으로 재천도를 추진했다(김윤주 2011). 15개월 사이의 실록을 보면 조준은 국왕이란 때로 원치 않는 일이라도 해내야 하는 존재라는 점을 일깨우는 지혜로운 참모였다. 무엇보다 그는 환도 프로젝트의 처음 목표('부왕을 기쁘게')를 잘 이루도록 상향리더십을 발휘한 재상이었다.

상향리더십은 미국 펜실베이니아대의 마이클 어셈(Michael Useem) 교수가 제창한 용어다. 상향리더십은 "모든 사람의 본성에 존재하는 '최선'을 이끌어내기 위한 하나의 요청(a call to building on the best in everybody's nature)"으로 정의된다. 어셈에 따르면, 상향리더십은 상사와 조화를 이루어 일상 업무를 잘 처리하는 '상향 관리(managing up)'나, 과제는 팽개친 채 상사와의 관계만을 중시하는 '아첨(currying favor)'과 다르다. 상향리더십은 임무 수행 과정에서 아랫사람이 상사와의 신뢰를 바탕으로 그에게 전략적 식견과 적절한 조언, 그리고 현실적인 대안을 제공하여 팀 전체의 목표를 달성하도록 하는 '돕는 리더십'이다(마이클 어셈 2001).

환도 추진 과정에서 가장 큰 반대는 대신들의 반대였다. 대신들 모두가 한양으로 돌아가기를 싫어했다. 한양에 있는 종묘까지 개경으로 옮겨와 개경을 수도로 삼아야 한다고 주장했다. 태조가 처음 한양으로 수도를 옮기려 했을 때와 똑같이 '개경 고수론'이 지배적이었다. 따라서 왕의 한양 환도 천명은 곧 태종 리더십이 시험대에 올랐음을 의미했다. 결과적으로 태종의 환도 프로젝트는 성공적이었고, 이후 한양은 흔들림 없는 조선의 수도로 자리를 잡았다. 경복궁은 경회루 건립(태종 12년 4월 2일 완공)으로 으뜸 궁궐[法宮·법궁]이 되었다. 종로의 좌우 시전 상가 역시 볼만하게[可觀·가관] 들어서서 "국가 모양이 갖춰졌다[國家有模樣·국가유모양]"라는 평가를 받았다(《태종실록》, 12년 4월 3일). 1404년 7월부터 9월까지 진행된 환도 논의의 특징과 성공 요인을 조준의 역할에 초점을 맞춰 살펴보면 다음과 같다.

첫째, 태종은 의정부에 지시해서 여러 종친들과 삼부(三府: 의정부 [議政府]·사평부[司平府]·승추부[承樞府])의 원로들로 하여금 모여서 도읍에 관한 일을 의논하게 했다. 가까운 사람들에게 한양 환도의 취지를 설명하고 지지를 끌어내려고 했다(《태종실록》, 4년 7월 10일). 하지만 대다수가 개경 유임을 선호했다. 이때 좌정승 조준이 주나라 때 양경(兩京) 제도, 즉 호경(鎬京)이라는 서쪽 도읍과 낙읍(洛邑)이라는 동쪽 도읍 두 개를 운영했음을 들어 한양을 부(副)도읍지로 삼을 것을 제안했다. 그러자 태종도 "한경은 태조가 창건한 땅이고, 또 종묘가 있는 곳이니, 혹은 가기도 하고 혹은 오기도" 해야 한다고 하면서 양도(兩都)를 모두 유지하자고 한발 물러섰다(《태종실록》, 4년 7월 10일).

둘째, 태조 이름을 들어 환도의 타당성을 말하고 환도 추진 조직을 만들었다. 양도를 모두 유지하자고 이야기한 지 두 달 후인 1404년 9월 1일에 태종은 "태조 뜻을 계승하는 효도"를 언급했다. 한양은 부왕 태조가 수도로 창건했으며, 그곳에 사직과 종묘가 있으니 환도해야 하지 않겠느냐는 말이었다. 태종이 이렇게 다시 환도의 취지를 말한 이유는 부왕 태조의 권고, 즉 "송도는 왕씨 구도(舊都)이니 그대로 거주할 수" 없는데, "지금 왕이 다시 이곳에 도읍하는 것은 시조(始祖) 뜻"을 어기는 일이라는 의견 표명이 있었기 때문이다. 부왕의 인정을 매우 중시한 태종으로서 이 '의견 표명'을 무시할 수 없었다. 그래서 그는 선조(先祖) 뜻을 계승하여 "명년 겨울에는 내가 마땅히 (한양으로) 옮겨 거주하겠다"라고 천명했다. 그 일을 구체화하기 위해 그는 한양에 이궁(離宮)을 조성하는 도감(都監)을 만들고 그 책임자[提調·제조]로 성산군 이직 등을 임명했다(《태종실록》, 4년 9월 1일).

셋째, 왕이 직접 현장에 가보고 전문가들의 찬반 의견을 들은 다음에 한양 천도를 최종 결정했다. 태종은 개경을 떠나기로 결심했지만 한양의 어느 곳으로 옮길지를 결정하지는 못했다. 백악 아래 경복궁 자리에서는 '왕자의 난' 등 여러 차례 정치 변고가 생기는 등 "하나도 좋은 일을 경험하지" 못했었다. 풍수지리적으로도 적합하지 않다는 의견이 많았다. 태종 자신의 안목으로 보더라도 경복궁 자리는 물이 없어서 명당이 아니었다. 하륜이 추천한 무악(毋岳)의 남쪽 일대(지금의 연세대, 이화여대, 서강대 등이 있는 곳)가 도읍지로 더 적합해 보였다("여기가 도읍하기에 합당한 땅이다"). 그럼에도 불구하고 그는 환도의 애초 목적, 즉 '선조 뜻을 계승하여 부왕께 효도하기 위함'이라는 목적에 부합되도록 경복궁 자리를 최종 도읍지로 정했다.

이 과정에서 조준의 역할이 컸다. 조준은 태종의 신뢰를 받고 있는 성석린(成石璘), 조영무 등과 함께 왕을 찾아가 경복궁 자리가 아니면 '부왕의 뜻'을 받드는 게 아님을 확인시켰다. 이 말을 들은 태종은 마지막으로 직접 무악에 올라가 풍수지리 전문가들과 토론을 벌였다. 경복궁 자리와 무악 아래 터 중 어느 쪽이 더 좋은지를 직접 현장에서 살폈다. 그 후 태종은 경복궁 자리를 최종 선택했다. 물론 '이미 지어놓은 궁실을 제쳐놓고 새로 토목공사를 벌임은 적절치 않다'는 실용적 판단도 있었다. 하지만 환도의 처음 목표('부왕을 기쁘게')를 달성하려는 뜻이 가장 크게 작용했다.

최종 결정과 선포하는 장면이 인상적이다. 태종은 종묘 앞에 여러 신하들을 모이게 한 후 다음과 같이 말했다. "내가 송도에 있을 때 여러 번 수재(水災)와 한재(旱災)의 이변이 있었다. 그래서 구언(求言)을 하교했었다. 정승 조준 등 신도(新都: 한양)로 환도하는 게 마땅하다고 말한 자가 많았으나, 신도도 또한 변고가 많았다. 그러다 보니 도읍을 정하지 못하여 인심이 안정되지" 못한 상태라고 상황을 말했다. 이어서 그는 "이제 종묘에 들어가 송도와 신도와 무악을 고하고, 그 길흉을 점쳐 길한 데 따라 도읍을 정하겠다"라고 선언했다. 각각의 장단점이 있으니 점을 쳐서—논의 끝에 고려 태조 왕건이 도읍을 정할 때 했던 방식대로 동전 세 개를 던져서 정하는 척전점(擲錢占)으로—정하겠다고 말했다. 실제로 좌정승 조준 등이 종묘 안에 들어가* 동전을 던졌다. 그 결과 신도(경복궁)는 2개의 길(吉)과 1개의 흉(凶)이 나왔고, 개경과 무악은 2흉 1길이 나왔다. 태종은 이 결과에 따라서 경복궁 자리를 최종 도읍지로 정했다.

* 이때 종묘에 들어간 사람은 좌정승 조준을 비롯해 완산군 이천우(李天祐), 대사헌 김희선(金希善), 지신사 박석명(朴錫命), 사간 조휴(趙休)다. 하나같이 태종의 목표('경복궁')를 잘 알고 있는 사람들이었다.

아울러 향교동(鄕校洞) 동쪽, 즉 지금의 창덕궁 자리에 이궁을 짓기로 했다. 부왕의 뜻을 존중하되 자기가 거처할 궁궐은 스스로 정하겠다고 결정한 것이다(《태종실록》, 4년 10월 6일).

최종 결정을 내린 다음부터는 흔들림 없이 나아가는 게 태종 스타일이다. 그 이듬해인 1405년 1월에 태종은 조준을 영의정부사로, 하륜과 조영무를 의정부 좌·우정승으로 임명하는 인사를 단행했다. 의정부 찬성사 자리에 권근을, 참찬의정부사에 이숙번을 앉혀서 경복궁 환도 등을 추진하게 했다(《태종실록》, 5년 1월 15일). 인사권을 갖는 이조판서와 병조판서는 이직과 남재(南在)에게 맡겼다. 더불어 육조(六曹)의 신하들로부터 보고를 직접 받은 왕이 친히 결단하는 '육조직계제'를 통해 새로운 한양시대를 열겠다는 구상을 천명했다. 태종은 개각 단행 후 한양으로 가서 연화방에 있던 조준의 집에 머물면서 그런 의지를 확인시키기도 했다(《태종실록》, 5년 2월 1일).

그러는 가운데 1405년 6월 조준이 사망했다. 태조에서 태종으로 이어졌던 창업의 사명, 즉 조선이라는 나라의 초석 놓는 일(한양천도)을 마무리한 상태였다. 그의 투철한 책임 의식을 존중한 태종은 항상 조준을 "조정승(趙政丞)"이라 칭하고 이름을 부르지 않았다고 한다. 공신 초대 잔치에서 술잔이 조준 앞에 이르면 왕이 일어서서 그의 장수를 빌기도 했다. 조준이 사망한 이후에도 태종은 뛰어난 정승[賢相·현상]을 논할 때면 늘 '풍도(風度)와 기개(氣概)에서 조준이 으뜸'이라고 말했다(《태종실록》, 5년 6월 27일).

3

하륜,
태종의 '내 몸 같은' 재상

호정(浩亭) 하륜은 태종을 맨 처음 알아보고 제 발로 찾아간 사람이다. 《태종실록》 '총서'를 보면, 하륜은 민제를 통해 이방원을 만나 대화를 나눈 후에 "드디어 마음을 기울여 섬겼다"라고 한다. 태종보다 스무 살 연상인 하륜은 의기를 투합한 이후로 까다롭고 힘든 일들을 도맡아 했다. 정적을 제거할 때나(공신 이거이 제거), 언관들의 반대가 심한 일(《태조실록》, 《고려사》 편찬 및 개수)을 추진할 때, 하륜은 항상 태종의 귀와 입 역할을 했다. 1408년 12월 '맹사성(孟思誠) 위기' 때처럼 왕이 자칫 큰 실수를 하려 할 때 왕을 찾아가 바로잡은 사람도 하륜이었다. 이 때문에 태종은 노년의 그에게 고기를 내리며 "우리 두 사람이 건강해야 나라가 편안해진다[我二人安 然後

國家安矣 · 아이인안 연후국가안의]《태종실록》, 15년 12월 9일)"라고 격려하는 등 최고로 예우했다. 하륜이 건강이 안 좋은 상태에서도 함경도에 있던 왕실 능침(陵寢)을 돌보러 다녀오다가 길에서 사망(순직)한 사실은 그가 자기를 알아주는 주군을 위해 신명을 바치는 인재였음을 보여준다.

● 맹사성, 죽을 고비를 넘기다

1408년 12월의 '맹사성 위기'는 고발 문화가 사람 심성에 미치는 악영향과 인재(맹사성)를 구하기 위해 위험도 무릅쓰는 그 당시 기풍을 보여준다. '조대림 사건'은 '목인해(睦仁海) 옥사(獄事)'라고도 불리는데, 태종의 둘째 사위이자 조준의 아들인 조대림 집에 출입하던 목인해라는 자가 출세를 노리고 "조대림이 역모를 꾀한다"라고 무고함으로써 발생했다(고발 문화의 폐해). 세자 스승 조용(趙庸)의 적절한 조언과 국왕 비서실장 황희의 변호 등에 힘입어 무고 사건임을 가려낸 태종은 목인해를 시가에서 팔과 다리를 찢어 죽이는 환열형(轘裂刑)에 처했다('조대림 사건' 1라운드)(《태종실록》, 8년 12월 9일).

당시 사헌부 대사헌이었던 맹사성은 비록 무고라 하더라도 역적 모의 고발이 있었으니 조대림을 옥에 가두고 조사해야 한다고 말했다. 태종은 조대림이 꾀한 바가 없는데도, 옥에 가두고 조사하려는 것은 '왕실 약화를 노리는 행위[謀弱王室 · 모약왕실]'라고 규정 짓고, 맹사성 등을 투옥시켰다. 또한 모약왕실이란 말을 자백할 때까지 고문하라고 지시했다. 더 나아가 맹사성의 아들까지 죽이려고 했다('조대림 사건' 2라운드). 태종은 자기 딸들의 남편, 즉 큰사위 이백경이나 둘째 사위 조대림을 보호하는 데는 각별했지만 눈 밖에 난 사람이나 그 가족에게는 야멸찼다.

위기에 빠진 맹사성을 구명하기 위해 놀랍게도 당대 최고 지식인과 정치 실세들이 한결같이 나섰다. 이숙번과 하륜이 용기 있는 발언을 했고, 권근도 와병 중이었음에도 글을 올려 맹사성 살리기에 동참했다(《태종실록》, 8년 12월 11일). 맹사성은 결국 무죄로 풀려났다. 흥미롭게도 맹사성은 이 사건을 계기로 유연하고 포용적인 인물로 거듭났다. 《연려실기술》 등에 실려 있는 '맹고불 이야기' 등은 '조대림 사건' 이후 변화된 맹사성의 모습이다.

1416년 11월 하륜의 사망 소식을 듣고 왕이 한 말을 보면 태종에게 그가 어떤 존재였는지를 알 수 있다. "높고 밝으며 정대한[高明正大·고명정대] 학문으로 몸을 일으켜 문명국[華國·화국]의 큰 문장가[雄文·웅문]가 되었고, 충성스럽고 중후한[忠信重厚·충신중후] 자질을 토대로 국가 경영의 큰 꾀주머니[經世之大猷·경세지대유]" 역할을 했다는 게 태종의 평가다(《태종실록》, 16년 11월 6일). 지적인 측면이나 인품 모두 탁월했다는 말이다. 태종에 따르면 하륜은 "잘 도모하고 능히 결단하여 계책 세움에 빠뜨림[遺策·유책]이 없었고, 사직을 안정시키고 천명 구현을 도운[定社佐命·정사좌명]" 큰 인재였다. 함경도에 있는 왕실 능침이 마음에 걸려 노년의 하륜에게 부탁했는데도 꺼리지 않고 스스로 다녀오다가 죽은 일을 태종은 더욱 마음 아파했다. 태종은 "철인(哲人)의 죽음은 나라의 불행이다[哲人之萎 邦之不幸 · 철인지위 방지불행]"라면서 "이제부터 국가의 큰일[大事 · 대사]에 나아가고 크게 의심되는 일[大疑 · 대의]을 결단하면서도 얼굴 표정이나 음성이 변하지 않을 사람, 국가를 반석의 편안한 데 올려놓을 인재를 어디서 찾을 것인가?"라며 몹시 안타까워했다.

사관의 평가를 보면 하륜은 타고난 자질이 중후하고 온화했다. 또한 말수가 적어 "급하게 말하거나 서두르는 일이" 전혀 없었다. 하지만 "관복을 입고 관청에 나가 의심난 일을 결단하고 계책을 정할 때는 해당 인물의 평판에 얽매이지" 않고 분명히 말했다. 정승이 되어서는 나랏일의 대체(大體)를 살리기 위해 힘썼고[務存大體 · 무존대체] 탁월한 계책을 내거나 비밀스럽게 의논해 왕의 마음을 일깨운 일[嘉謀密議 · 가모밀의]이 대단히 많았다. 집에 물러 나와서는 국가 기밀을 일체 누설하지 않았는데, 그 점 때문에 태종은 그를 더욱더 신뢰했다. 가장 인상적인 대목은 "인재(人材) 천거하기를 항상 못 미친 듯이[不及 · 불급] 하였으나, 조금이라도 잘한 게 있으면 반드시 취하고 작은 허물은 덮어주었다"라는 구절이다. 이 점은 조준에게서도 공통적으로 발견되는데, 그 시대 일류 재상들이 얼마나 인재 얻기에 갈급해 했는지를 보여준다.

헌신하면서 대안을 제시하는 재상

하륜은 '태종시대 재상 3인방' 중에서 왕의 총애를 가장 많이 받은 사람이다. 조준이 태종에게 어렵고 조심스러운 '외경(畏敬) 재상'이라면, 권근은 왕의 존경을 받는 석학(碩學) 재상이었다. 이에 비해 하륜은 '내 몸 같은' 재상이었다. 내 몸에 더러운 것이 묻거나 상처가 났을 때 바로바로 씻어내고 치료하는 것처럼, 하륜이 곤경에 처하거나 탄핵을 받으면 태종은 곧바로 해명해주고 '살길'을 열어주었다.

1407년 11월 하륜이 큰 실언을 했을 때가 그랬다. 1년 전인 1406년 태종이 '세자에게 전위하겠다'고 선언했을 때 민무구 형제는 세자 양녕으로 전위를 기정사실화했다. 아울러 '나무의 곁가지를 잘라내 듯이[剪支·전지] 양녕을 제외한 아들 모두를 없애라'고 태종에게 제언했다. 태종은 민무구의 그 발언을 폭로하면서 '양녕을 끼고 정치를 좌우지하려 한다'며 그를 유배 보냈다. 언관들은 매일 민무구 형제의 불충불경(不忠不敬)한 죄를 들어 극형(사형)을 요청했다.

이때 태종은 하륜의 의견을 물었다. 민무구 형제의 처벌 수준을 묻는 왕에게 하륜은 '이들이 세자를 제거하고자 한 게 아니라 여러 아들을 제거하려고 했으니, 그리 큰 죄가 아니다'라고 대답했다. 이 대답은 태종 생각과 정반대되는 말이었다. 태종은 '세자를 비롯해 여러 자식들이 나란히 사이좋게 살아가는 것'을 소망하고 있었다. '비서실장' 황희를 통해 하륜의 그 말을 전해 들은 태종은 '너는 빨리 (하륜에게) 다시 가서 그 말을 절대 입 밖에 내지 말게 하라'고 하면서 황희에게도 입단속을 시켰다. 황희에게 왕의 말을 전해 들은 하륜은 땅에 엎드려 두 손을 모으면서 "살길을 가르쳐 보여주시니, 몸 둘 곳이 없습니다"라고 바짝 엎드렸다(《태종실록》, 7년 11월 11일).

도대체 태종은 왜 그렇게 하륜을 아꼈을까?

첫째, 하륜은 다들 꺼려 하지만 나라를 위해 꼭 필요한 일을 자청하고 나섰다. 1402년 영락제 즉위 축하 사신을 보내야 했을 때 정승들이 모두 '병으로 갈 수 없다'고 했다. 석 달 이상 걸리는 길고 험한 사행을 가고 싶은 사람은 없었다. 이때 하륜은 자청하여 "신이 가겠습니다"라고 말해서 태종을 감격시켰다[上喜而泣下 · 상희이읍하](《태종실록》, 2년 10월 4일). 하륜이 마지막 순간에 함경도의 왕실 능침을 돌보러 갔다가 도중에 순직한 일 역시 그의 헌신적인 태도를 보여준다(《태종실록》, 16년 11월 6일).

둘째, 하륜은 위기의 순간에 대안을 제시해서 상황을 반전시키는 "국가 경영의 큰 꾀주머니"였다. 그가 1398년 '제1차 왕자의 난' 때 (군사 동원력을 가진) 충청도 관찰사로서 이방원을 도운 일은 잘 알려져 있다.* '제2차 왕자의 난' 때도 하륜은 모책을 내어 대량 인명 살상을 막고 정안군의 승리에 기여했다. 1400년 정월, 이방간의

---

* 하륜은 정도전의 공격을 막기 위해서는 "먼저 일을 일으켜 (그 무리를) 제거해야 한다[先事擊除 · 선사격제]"라고 말했었다. 실제로 1398년 '무인정변' 소식을 듣자마자 그는 군사를 이끌고 서울로 들어와 정적들을 제압했다(《태종실록》, 16년 11월 6일, 〈하륜 졸기〉).

군사와 이방원의 군사가 팽팽히 대치하고 있을 때 하륜은 당시 국왕이던 정종에게 교서를 내릴 것을 제안했다. "내 동생 이방간이 이간하는 말에 현혹돼 이런 일이 벌어졌으나, 군대를 해산하고 집으로 돌아가면 목숨을 보전해주겠다"라는 왕의 편지를 하륜은 직접 작성해서, 윤허를 받았다. 그 편지는 결정적인 순간에 이방간에게 전달되었고 대치 상태를 끝내게 만들었다(《정종실록》, 2년 1월 28일).

정종 말년 개경 수창궁에 화재가 발발했을 때도 그랬다. 하륜은 즉시 화재 현장에 나가 불 끄는 일을 지휘했다. 화재가 진압된 후에 그는 '왕궁이 불탔으니 천도해야 한다'는 공론을 조성해 한양 천도론을 이끌어냈다(《정종실록》, 2년 1월 28일; 2년 12월 22일). 《태조실록》 편찬을 대다수 신하의 반대에도 불구하고, 태종 재위 기간 내에 해야 한다고 설득한 것도 마찬가지였다. 춘추관의 사관 송포(宋褒) 등은 실록의 객관성을 확보하기 위해 3대가 지난 다음에, 즉 세 명의 왕이 바뀐 다음에 편찬해야 한다고 주장했다. 이에 대해 하륜은 "예전 법을 상고해보면" 왕위를 이은 다음 국왕이 바로 전왕의 실록을 편찬했다고 반박했다. '객관성 확보'와 관련해서 그는 "지금 대간(臺諫: 사헌부와 사간원 관리)들이 정승 허물도 과감히 비판하는데 하물며 글로 잘잘못 평가하기[褒貶·포폄]를 꺼리겠는가"라고 말했다. 하륜에 따르면 무엇보다도 실록 편찬은 문헌(文獻)을 바탕으로 이뤄지는데, 문(文)이란 역사 기록이지만, 헌(獻)은 노성한 사람의 말을 가리키는 바, 태조 때 살았던 노성한 사람들이 생존해 있는 지금을 놓치면 안 된다고 말했다. 한마디로 그는 당대에 실록 편찬을 마쳐야 하는 근거를 조목조목 제시해서 《태조실록》 편찬을 추진케 했다.

셋째, 하륜은 주군(이방원)의 마음을 헤아려 용기 있게 발언하는 충성된 신하였다. 1400년 2월 하륜은 정종에게 이방원을 세자로 책봉하기를 요청했다. 아무리 정종이 이방원에 의해 세워진 임금이라지만 왕위에 오른 지 1년밖에 안 된 국왕에게 대권 후보자를 "세제(世弟)"가 아닌 "세자(世子)"로 책봉하자고 요청하는 일은 상당한 모험이었다. 불과 며칠 전에 항복하고 지방으로 유배 간 이방간과 그 추종 세력이 '세자 책봉'을 어떻게 볼 것인지, 특히 태상왕 이성계가 어떻게 받아들일지 알 수 없는 상황이었다. 그런 상황에서 왕에게 세자 책봉 제안을 처음 한 사람이 하륜이었다.

태종 재위 초반에 이거이 부자 제거 과정에서 하륜이 보인 '물귀신 작전'도 그랬다. 이거이는 장남과 차남을 태조와 태종의 딸에게 시집보낸 외척이었고, '제1차 왕자의 난' 때 이방원 편에 선 정사공신이었다. 그런데 이거이는 정종 2년(1400년) 때 사병 혁파를 가장 반대한 사람으로 꼽혔다. "불평불만을 품고[怏怏·앙앙] 밤낮으로 같이 모여서 격분하고 원망함이 많았다"라는 기록이 그것이다(《정종실록》, 2년 4월 6일). 그럼에도 태종은 즉위 후에 그를 좌정승에 임명해 잠시 기쁘게 해주었는데, 사관에 따르면 그는 '눈치 없이 오래 앉아 있으려' 했다.

이때 그를 물러나게 하는 방식이 흥미롭다. 우정승 하륜이 가뭄을 이유로 정승 자리를 사직했다. 그러자 좌정승 이거이도 그대로 있을 수 없어서 다음 날 사직서를 냈다. 태종은 예외적으로 둘 모두를 파면시키고 각각 진산부원군(하륜)과 서원부원군(이거이)으로 삼아 현직에서 물러나게 했다(《태종실록》, 1년 3월 29일; 1년 윤3월 1일). 한 달 뒤 태종은 하륜을 영의정 격인 영삼사사(領三司事)로 승진시켜서 다시 불렀지만(《태종실록》, 1년 4월 6일) 이거이는 끝내 소외되었다(정확히 말하면 1402년에 잠시 영의정부사로 임명했으나, 곧 교체시키고 줄곧 공신으로만 대우했다).

이처럼 헌신적이고 대안을 제시하는 재상 하륜을 태종은 시종일관 아끼고 보호했다. 태종 자신의 뜻과 어긋나게 양녕을 명나라의 황녀와 혼인시키려고 했을 때는 물론이고(《태종실록》, 7년 6월 8일), 사사로운 이익을 취하다 탄핵당했을 때도 그를 너그럽게 포용하고 보호했다.

비방 감내하고 개혁 추진

하륜 역시 일을 추진하는 과정에서 역사 속 많은 인재들처럼 뭇사람들의 비방과 저주를 받았다. 세종 때 김종서 역시 "예부터 일을 이룩하는 신하는[建事之臣·건사지신] 비방과 헐뜯음을 많이 당한다[多招謗毁·다초방훼]"라면서 그게 세상의 이치이고 일의 형세[理勢使然·리세사연]라고 말했다(《세종실록》, 22년 1월 17일).

하륜은 많은 개혁안을 제안하고 추진했다. 그는 개간한 땅의 면적에 따라 부역을 다르게 매기는 개혁안을 내고(《태조실록》, 7년 12월 2일), 동서 양계의 토지를 다시 측량했다(《태종실록》, 13년 1월 7일). 호패법 실시를 주장하고(《태종실록》, 4년 4월 1일), 현직 관료들로 하여금 강제로 시험을 치르게 하는 중시(重試) 제도를 도입하기도 했다(《태종실록》, 6년 5월 13일). 지금의 태안반도 안흥량 주변에 운하 파는 일을(《태종실록》, 12년 11월 16일) 주도한 사람도 하륜이었다. 기득세력들이 하륜에 대해서 익명서로써 비방하고 헐뜯는 것은 어쩌면 당연했다(《태종실록》, 6년 윤7월 6일). 심지어 태종의 장인 민제까지도 "온 나라 사람들이 하륜을 정도전에게 비유한다"라면서 "조만간 환난(患難)을 당할 것"이라고 저주할 정도였다(《태종실록》, 2년 1월 17일). 그럴 때마다 태종은 언제나 하륜을 보호했고 오히려 영의정으로 승진시켰다. 하륜이 다른 사람과 노비 상속 문제로 신문고에 이름이 오르고(《태종실록》, 4년 1월 12일; 4년 8월 11일), 정릉(貞陵: 신덕왕후릉) 주변 땅을 사위들과 함께 선점했다는 비난을 받을 때도(《태종실록》, 6년 4월 7일) 개의하지 않았다. 중요한 나랏일을 하는 대신(大臣)을 작은 허물 때문에 내칠 수 없다고 보았기 때문이다.

마지막으로, 하륜에게는 재상에게 절대적으로 필요한 리더십 덕목이 있었다. 그것은 중요한 사안을 최고 권력자로 하여금 받아들이게 하는 화법이다. 하륜은 경연 개최나 간언(諫言) 수용 등 태종이 귀찮아하고 싫어하는 일을 왕으로 하여금 기분 나쁘지 않게 받아들이게 하는 데 탁월했다. 궁실 건축을 반대한 언관을 죄주려는 태종에게 하륜은 "임금의 다움[德·덕]은 넓게 포용하는 것"이라고 간언하면서 다른 공신들도 간언에 동참하도록 이끌었다. 그러자 진노하던 태종이 웃으면서 "공신들이 이같이 극진히 말하니 내 어찌 듣지 않겠느냐"라고 말했다(《태종실록》, 1년 7월 23일). 또한 태종이 언관을 죄주라고 판하(判下)한 시점이 하루도 안 되어 고칠 수 없다고 말하자 하륜은 역사 사례를 들어 "허물을 알고 즉시 고치는 게 임금의 큰 다움"이라고 설득했다(《태종실록》, 3년 윤11월 19일).

하륜이 그렇게 할 수 있었던 저력은 어디서 나왔을까? 여러 가지가 있지만, 역사와 고전, 합리적 추론에 근거하여 말하는 그의 능력을 꼽고 싶다. 앞에서 말한 《태조실록》 편찬 때가 그랬고, 신문고 설치를 놓고 찬반 논란이 일자 역사 사례를 들어 설득한 일도 그 비슷한 예다(《태종실록》, 1년 11월 16일). 합리적 추론의 예로는 "봄에 비 오고 천둥 번개가 치는 현상은 변괴의 징조가 아닌가"라고 두려워하는 왕(정종)에게 "봄의 우레는 요괴가 아니라 만물의 진동일 뿐"이라고 깨우친 사실을 들 수 있다. 하륜에 따르면, 천둥과 번개가 칠 때 국왕이 꼭 해야 할 바는 혹시 사람 쓰기를 잘못하고 있는 것은 아닌지를 점검하는 일이다(《정종실록》, 2년 3월 18일).

그런 하륜이 사망했을 때 태종은 나랏일을 더불어 의논할 철인(哲人)이 떠났다고 슬퍼했다. 하륜이야말로 태종의 오른팔이자 "국가를 반석의 편안한 데에 올려놓았던[措國家於盤安·조국가어반안]" 큰 재상이었다.

4

문장으로 업(業)을
경영해간 재상, 권근

"노성하고 진실한 수재[老實秀才·노실수재]."

1397년(태조 6년) 명나라에 간 양촌(陽村) 권근에게 황제 주원장
이 한 말이다. 주원장이 조선에서 보낸 외교문서를 트집 잡아 정도
전 등을 명나라로 압송하라고 했을 때('표전문 사건') 사행 길을 자청
한 권근을 어떻게 보아야 할까? 함께 갔던 정총(鄭摠) 등이 처형된
사실에서 보듯이 사행은 위험천만한 일이었다. 태조 이성계조차도
'황제가 보내라고 한 명단에 그대 이름이 없으니 갈 필요 없다'고
만류할 정도였다. 하지만 권근은 고려 말 죽을 지경에 처한 자신을
살리고 벼슬까지 제수한 태조 이성계의 '재조(再造) 은덕(恩德)에 보
답하고 싶다'며 기어코 중국행을 고집했다. 그는 왜 위험한 길을 선

택했을까?

우선 그의 '변절'에 대한 주변 시선을 들 수 있다. 스승 이색이 조선 건국 세력에 의해 투옥되고(1389년) 추방되었다가(1392년) 끝내 피살되는(1396년) 상황에서 '이성계 편에 선' 이색의 수제자 권근이 겪어야 했던 마음고생은 컸다. 조선 중기 지식인 신흠(申欽)의 기록을 보면 '당시 선비들은 스승을 배신한 권근에게 침을 뱉고 외면했다'고 한다. 고려 말 유신 운곡 원천석이 황제 권력을 찬탈한 왕망(王莽)을 칭송했던 양웅(揚雄)을 권근에 빗대었다는 기록도 있다(《국역 연려실기술》1권, 156쪽, '태조의 문형').

하지만 《연려실기술》의 이런 기록들을 그대로 믿을 수는 없을 듯하다. 다분히 조선 중·후기 지식인들에 의해 윤색되었기 때문이다. '정몽주 - 길재 - 김숙자(金淑滋) - 김굉필(金宏弼)·정여창(鄭汝昌) - 조광조(趙光祖)'로 이어지는 사림의 계보를 중시한 조선 중·후기 지식인들은 권근을 '실절(失節)한 지식인'으로 낙인찍기에 집중했다. 이들은 조선 전기까지 문묘배향 리스트에서 들어 있던 권근을 도통에서 빼고 그 자리에 길재를 넣었다. 그들에게 도통의 기준은 "실력이나 공적이 아닌 절의"였기 때문이다(유성운 2021, 74쪽).

권근이 활동했던 시기의 기록을 보면, 그를 '변절자'로 낙인찍는 분위기가 거의 없다. '표전문 사건' 때 혼자 돌아온 것에 대한 의혹이나, 사병 혁파를 주창해 관철시켰을 때 사람들이 격분하고 원망 대상으로 삼았던 일, 노비 소송 중에 권근 부자를 '역적모의'로 무고했던 소송에서 보듯이, 의혹이나 원망과 무고는 모두 나랏일이나 개인적 이해관계로 제기되었다. 스승 이색에 대한 의리를 지키지 못했다거나 고려에 대한 절조를 저버렸다고 비난받은 일이 없다. 오히려 권근은 세종 때 "유학의 으뜸[儒宗·유종]"으로 존경받으며 문묘에 배향시켜야 할 인물로 여겨지기까지 했다(《세종실록》, 1년 8월 6일).

그럼에도 권근 스스로는 스승을 저버린 건국 세력과 손잡는 일이 영 마음에 걸렸던 듯하다. 그는 자기 가문인 안동 권씨를 조정으로 끌어들이려는 태조 이성계의 손을 선뜻 잡지 않았다. 태조는 정안군(태종)의 셋째 딸 경안공주의 배필로 권근의 아들 권규(權踵)를 맞아들였고, 권희에게 당부해 그의 아들 권근의 출사를 재촉했다. 기록을 보면 충주 양촌(지금의 충북 음성군)에 있던 권근은 아버지의 독촉을 받아 부득이 출발했지만 빙빙 돌아서 수원까지만 갔다. 더 이상 올라오지 않는 아들에게 아버지가 재차 사람을 보내 독촉하자 권근은 그제야 궁궐에 들어가 태조를 만나 '명승지를 기리는 글[記·기]' 몇 개만 쓰고 다시 충주로 내려갔다.

충주로 내려가면서 권근이 '고려 충신 정몽주를 표창하고 증직시킬 것'을 제안한 일에 대해 어떤 사람은 고려에 대한 절의 때문이라고 보기도 한다. 하지만 권근은 고려에 대한 절의나 스승에 대한 미안함 때문에 '고려 충신들의 명예 회복'을 요청할 사람은 아니다. 그가 1401년(태종 1년)에 정몽주 등의 추증을 요청하면서 올린 글이 그 근거다. 그는 "섬기던 곳에 마음을 오로지하고 그 절조를 변하지 않아서 생명을 잃는 데에 이른" 사람들을 높여야 나라가 굳건히

뿌리내린다(《태종실록》, 1년 1월 14일)고 믿고 있었다. 의리나 미안함 때문이 아니라 조선왕조를 뿌리내리게 하는 데 도움된다고 판단해서 고려 충신들의 명예를 회복시키려 한 것이다.

실제로 이 시기에 권근은 이미 조선왕조에 참여하려는 결심을 굳힌 것으로 보인다. 이성계의 요청을 받고 찬술한 '환왕(桓王: 이성계의 아버지 이자춘) 신도비명'에서 그는 조선 건국 세력들이 추진한 사전 개혁을 '고려 적폐를 없앤 잘한 일'로 극찬했다(강문식 2008, 67쪽). 개국공신 교서를 비롯한 국왕의 여러 교서와 종묘의 악장 등 국가와 왕실을 찬양하는 글을 지은 사실도 그러한 결심의 증좌로 볼 수 있다. 1396년 9월 주원장 앞에서 쓴 시에서 보듯이 그는 '오백년 유지되던 고려의 패망을 하늘의 뜻'으로 받아들였다(권근 1999, 93쪽).

그럼에도 불구하고 '고려 이색의 제자'라는 낙인 때문이었는지, 권근은 실직(實職: 실제로 일을 맡아 수행하는 자리)을 받지 못하고 임시직 내지 겸직을 전전해야 했다. 그의 관직에 붙은 첨서(僉書), 검교(檢校) 등의 이름이 그것이다. 결국 중요한 정치적 역할을 하기 위해서는 당시 실권자 정도전의 신뢰를 얻어야 한다는 게 권근의 판단이었다(강문식 2008, 68쪽). 1396년 '표전문 사건' 때 정도전을 대신해서 명나라에 가겠다고 나선 일은 바로 그런 맥락에서 이해할 수 있다. 그의 사행 길은 인생 전부를 건 선택이자 모험이었다.

인문 외교로 황제를 감탄시키다

명나라에 간 권근은 어찌 되었을까? 결론을 미리 말하자면 '노성하고 진실한' 권근의 실력은 황제 앞에서 빛을 발했다. 권근은 우선 조선 사신들을 억류하려는 주원장에게 조선이 얼마나 진정으로 명나라에 사대(事大)하고 있는지를 말하고, 다만 '우리 임금의 충성을 황제 귀에까지 전달하지 못한' 자신들이 잘못했으니 처벌해달라고 요청했다. 국왕 대신 자신이 처벌받겠다는 권근의 말에 마음이 조금 누그러진 주원장은 시제(詩題)를 내어 실력을 시험해보았다(《태종실록》, 9년 2월 14일, 〈권근 졸기〉).

시제를 받은 권근이 한 편씩 시를 지을 때마다 좌중이 모두 긴장했는데, 황제는 감탄하고 또 감탄했다. 이때 총 18편을 지었는데, 황제는 그에게 주찬(酒饌)을 준비하고 기악(妓樂)까지 갖추어 기쁨을 나누었다. 황제 자신도 장률시(長律詩) 세 편을 친히 지어 화답했다. 황제의 배려로 권근은 명나라 최고 지식인 그룹인 한림학사(翰林學士)들과 교유할 기회를 가졌다. 그는 기회가 있을 때마다 조선이 왜 위화도에서 회군했는지, 그리고 조선 국왕이 얼마나 사대에 극진한지를 말하곤 했다. 그의 지성에 감동한 주원장은 권근을 특별히 '노실수재(老實秀才)'라고 일컫고, 고국으로 편안히 돌아가게 했다(《태종실록》, 9년 2월 14일).

그즈음 태조 이성계의 계비 신덕왕후 강씨가 사망했다. 그 소식을 들은 조선 사신들은 고민에 빠졌다. 국상을 당했으니 조선 예법에 따라 흰색 상복을 입어야 하는지, 아니면 황제가 내려준 채색(彩色)옷을 입을 것인지가 문제였다. 이때 권근은 흰색 상복을 입은 정총과 김약항(金若恒) 등과 달리, 황제가 내려준 채색옷을 택했다. 외교 사신으로서 황제와 관계가 더 중요하다고 판단했기 때문이다. 그 결과는 알려져 있듯이, 정총 등은 우여곡절 끝에 처형되었고 권근만이 살아서 귀국할 수 있었다.

권근의 성공적인 인문 외교에도 불구하고, 귀국 후 그를 기다리고 있는 것은 탄핵이었다. 함께 갔던 정총 등은 모두 구류되었는데 그 혼자만 석방되어 돌아왔다는 이유로 대간들은 그의 죄를 물었다. '국가 기밀을 누설해서 상을 받고 황금까지 얻었다'는 혐의까지 씌웠다. '자청해 중국에 가서 황제 진노를 풀고 온 공이 큰데 무슨 죄줄 게 있느냐'는 태조의 보호가 없었더라면 권근은 자칫 큰 곤욕을 치를 뻔했다(《태조실록》, 6년 4월 20일).

인상적인 것은 자신의 정치적 위상을 높이려는 권근의 집념이다. 그는 자신을 향한 공신 세력들의 견제에도 불구하고 벼슬에서 물러나기는커녕 정치적 입지를 강화하기 위해 더욱 노력했다. 명나라에서 돌아온 이듬해인 1397년 12월에 그는 자신을 원종(原宗)공신에 책봉해주기를 바라는 상소를 올렸다. 비록 정(正)공신은 아니지만 '문장 짓는 일로 왕실의 공덕을 포장하는' 일을 했으니 정공신 아래의 원종공신을 하사해달라는 권근의 요청을 태조는 받아들였다(《태조실록》, 6년 12월 24일).

여기서 보듯이 권근은 자신의 문장 능력에 대한 믿음이 있었고,

그것을 통해 태조 이성계를 설득시켰다. 나아가 명나라 황제의 마음까지도 움직였다. 그러면 구체적으로 그는 어떻게 문장을 지었을까?《조선왕조실록》에 있는 그의 글을 중심으로 살펴보기로 한다.

문장정업(文章定業), 글로 운명을 경영하다

분석 대상으로 삼은 글은 총 여섯 개다. ① 자신을 원종공신에 책봉해달라는 요청 상서(《태조실록》, 6년 12월 24일), ② 사병 혁파 상소처럼 심한 반발이 예상되는 문장(《정종실록》, 2년 4월 6일), ③ 한 문장이라도 실수하면 큰 오해를 살 수 있는 정종 선위 교서(《정종실록》, 2년 11월 11일), ④ 정치적으로 아주 예민한 내용, 즉 '왕자의 난'을 설명해야 하는 이성계의 첫째 왕비 신의왕후 한씨 〈제릉 비문〉(《태종실록》, 4년 2월 18일), ⑤ 1403년(태종 3년) 왕의 재이 구언에 대해 올린 상언(《태종실록》, 3년 8월 21일), ⑥ 태종의 속마음을 잘 헤아려야만 하는 전위 취소 요청 상서(《태종실록》, 6년 8월 24일) 등이 그것이다.

여섯 개의 글에서 공통적으로 발견되는 첫 번째 특징은 권근이 '두괄식' 문장을 잘 사용한다는 점이다. 가령 ① 자신을 원종공신에 책봉해달라는, 매우 쑥스러운 글에서 '자신이 원종공신 수백 인의 반열에 들어갈 자격 있다'는 말을 먼저 했다. ② 사병 혁파 상소에서도 첫 문장으로 "병권은 국가의 큰 권세이니, 마땅히 통속함이 있어야 하고, 흩어서 주장할 수 없는 것"이라고 말해 글의 요지를 분명히 했다. ③ 정종 선위 교서 역시 '왕위는 마땅히 이방원에게 갔어야 했다'라고 선언하고 있다. ⑤ 재이 구언 상언 역시 '재앙을 그치게 하는 방도는 오직 전하의 한 가지 마음'이라고 하여 지도자의 마음 자세를 강조했다.

권근 글쓰기의 두 번째 특징은 두괄식 문장 다음에 숫자를 말해서 독자의 관심을 집중시킨다는 점이다. 가령 ⑤ 재이 관련 상언에서 그는 왕의 마음 자세를 이야기한 다음, "그 요점은 네 가지 일에 지나지" 않는다면서 하늘을 섬기는 일, 어버이 섬기는 일, 자기를 책하는 일, 백성 편안히 하는 일을 열거했다. 여기 선정한 여섯 가지에는 안 들어가지만, 1399년(정종 1년) 7월 일본국 육주목 의홍(義弘)에게 토지를 주는 사안에 대해 권근은 "불가한 점이 일곱 가지"라면서 그 내용을 조목조목 설득했다(《정종실록》, 1년 7월 10일).

셋째, 권근은 고전 근거와 역사 사례를 자유롭게 인용하는 경사(經史)의 글쓰기를 잘했다. ②의 사병 혁파 상소에서 권근은 두괄식으로 자기주장을 한 다음, 공자의 말과 《예기》 등에서 근거를 제시했다. 그런 다음에 그는 여러 역사 사례를 들고, 태조의 원래 취지가 변질된 조선 사례를 지적한 다음, 마지막으로 사병 혁파라는 결론을 내린다. 이어서 그는 "이제부터 서울에 머물러 있는 각 도의 여러 절제사를 모조리 혁파하고, 서울과 외방의 군마를 모두 삼군부(三軍府)에 붙여 공가(公家)의 군사를 삼아서, 체통(體統)을 세우고 국권을 무겁게" 하라고 하여 구체적 방안(대안)을 제시했다.

⑥ 전위 취소 요청 상서를 올릴 때도 권근은 세자 양녕에게 전위

함이 '시중(時中)의 적의함'에 맞지 않다고 고전을 들어 말했다. 이어서 그는 전위를 잘못해 실패한 역사 사례(중국, 고려)를 열거했다. 또한 그는 태조가 정종에게, 그리고 정종이 태종에게 전위함은 불가피한 일이었지만, 지금은 그렇게 긴급한 상황이 아니므로 세자에게 급히 전위를 해서는 안 된다고 말했다. 전위 취소 요청 상서에서 주목할 점은 '중국 변수'를 강조한 사실이다. 세자에게 전위할 때 명나라에 책봉 승인을 받아야 하는데, 과거의 사례에 비추어 그게 만만치 않다고 하여 사대 외교에 민감한 태종의 마음을 움직였다.

넷째, 말을 꺼내기가 어려운, 속마음을 전달하는 글쓰기 방법이다. 권근은 ① 원종공신 책봉을 요청하는 상서에서 먼저 두괄식으로 '원종공신 수백 인의 반열에 들어갈 자격이 있다'고 말했다. 이어서 그는 구차하게 부끄러움을 무릅쓰고 말하는 이유를 태조에게 정서적으로 호소했다. 이렇게 말하는 것은 "스스로 나와 중매하는 꼴"이라 "감히 표현하지 못하고 말을 하려다가 다시 침묵한 지 몇 해가 되었습니다"라고 말했다. "자식이 하고자 하는 바가 있으면 반드시 아비에게 말하여 숨김이 없는 게 정(情)과 친(親)의 지극함"이라면서 부모 마음으로 자기 말을 들어달라고 애원하기도 했다.

그다음엔 자신이 원종공신 자격이 있다는 근거를 조목조목 제시했다. 즉 환왕(桓王) 비문, 개국공신 교서, 교사(郊社)·종묘의 악장, 도읍을 정하고 궁궐을 경영하는 문부(文簿) 작성 등 국가와 왕실 문장은 물론이고, '표전문 사건' 때 황제의 진노를 회유하고 조선 국격을 높인 일을 열거했다. "사행 가서 왕명을 욕되게 하지 않았고,

조선의 명성과 영예[聲譽·성예]를 중국과 해외에 널리 알렸으니, 개국한 처음에도 조금은 보탬[補·보]이 있었다"라고 말했다. 마지막으로 그는 자기 용건을 재확인하는 말로 글을 마무리 지었다("신의 이름을 원종(原從)의 끝에 밀어주시면[托·탁]").

다섯째, 정치적으로 매우 논쟁적인 사안에 대해 글을 쓸 때 권근은 사안의 전체적 성격을 재정의하는 것을 가장 중시했다. 가령 태조의 첫 번째 부인 한씨 제문을 지으려면 한씨 소생의 아들들 이야기를 할 수밖에 없다. 특히 다섯째 아들 이방원 행적을 기록해야 하는데, 정도전을 제거하고('제1차 왕자의 난'), 넷째 아들 이방간을 축출한 사건('제2차 왕자의 난')을 어떻게 서술하느냐가 매우 중요했다.

권근이 선택한 글쓰기는 먼저 이성계의 건국 과정을 자세히 기록하기였다. 특히 고려 말 이인임 등이 행한 고려 적폐, 즉 "권간들이 정사를 제멋대로 하여 강제로 빼앗고 속여서 빼앗는[權奸擅政·권간천정, 敓攘矯虔·탈양교건]" 문제점을 이성계가 제거했다는 사실을 부각시켰다. 이어서 권근은 '간신 정도전 등이 나라 권세를 제멋대로 하려 생각하고[思擅國柄·사천국병], 여러 적자(嫡子)를 없애고 장차 어린 얼자(孼子)를 세우려는 음모를 꾸몄는데' 이방원이 "기미를 밝게 살피어 발(發)하기 전에 앞질러 베어 주멸했다"라고 서술했다. 정도전 제거를 고려 적폐였던 '권간천정' 숙청과 같은 차원에서 다룬 것이다. 다시 말해서 이성계가 이인임 등 고려 권신을 제거한 것처럼, 이방원도 정도전이라는 조선 권신을 앞질러 베었더니[誅除以憯·주제이잠] "나라의 떳떳한 이치[彝倫·이륜]가 바르게 되고 종사(宗

社)가 정하여졌다"는 게 권근의 사안 재정의였다.[*]

흥미롭게도 정작 능의 주인인 신의왕후 한씨 이야기는 매우 짧게 묘사되어 있다. 반면 한씨의 남편 이성계의 건국 과정을 자세히 서술하고, 그 뒤에 그 아들이 한 일을 집어넣음으로써 자칫 논란이 될 수 있는 궁중 쿠데타 사건('왕자의 난')을 정당화하는 서술법을 구사했다. 이런 권근의 글쓰기는 소위 '물타기 기법'이라 할 수 있다. 정치적으로 큰 논란이 될 수 있는 사안을 다룰 때는 '그 사안과 직접 관련되어 있지 않아 보이는 내용을 현학적(衒學的)으로 어렵게 묘사하다가, 중요한 대목에 이르러 3~4문장을 생생한 문체로 기술하여 똑똑한 사람들만이 알아볼 수 있게 한 다음, 다시 쓸데없는 군더더기 사실을 열거해 "독자를 동면(冬眠) 상태로 만들어버리는" 글쓰기 방법을 구사했다(레오 스트라우스 1952, 24~25쪽).

권근은 '조선의 문형(文衡)'이라는 이름에 걸맞은 사람이었다. "경세(經世)의 문장과 사대의 표전(表箋)을 모두 찬술하였다"라는 평가에서 보듯이, 그는 건국기 조선의 대표 지식인이자 문장가였다. 그 자신의 말처럼 명나라 황제 주원장까지도 감동시키고 조선의 인문 수준을 인정하게 만들었다. 권근이 가장 난처했을 때는 아마도 원종공신에 책봉해달라는 글을 쓸 때가 아니었을까? "신이 스스로 중매하는 추함을 용서하옵시고, 신의 홀로 부끄러워하는 정상

---

[*] 이런 방식의 관점 디자인은 권근이 작성한 태조 능(건원릉) 비석에서도 반복되었다 《태종실록》, 9년 윤4월 13일).

을 불쌍히 여기시어, 신의 이름을 원종의 끝에 부탁하게 하시면"이라는 대목에 이르면 손발이 오글거린다. "부끄럽고 떨리고 땀나는 지극함"에도 불구하고 자신의 요구를 설득력 있게 써서 올린 그의 용기가 참으로 감탄스럽다.

상황이 마음에 들지 않을 때 박차고 일어나 고향으로 내려가는 일은 오히려 쉽다. 하지만 일을 잘 할 수 있는 입지를 만들기 위해 부끄러움을 무릅쓰고 나아가기란 결코 쉬운 일이 아니다. 그뿐만이 아니다. '표전문 사건'으로 국가가 어려움에 처했을 때 권근이 사행길을 자청하여 한편으로 나라의 어려움을 구하고, 스스로의 정치적 입지를 높인 그의 도전과 모험은 또 어떤가?

그런데 권근을 '글이나 잘 지어서 출세한 사람'으로 오해해서는 안 된다. 권근 스스로 '문장으로 개국을 도왔다[補於開國·보어개국]'고 말했지만(《태조실록》, 6년 12월 24일), 글로 자기 운명[業·업]을 경영해[定·정]간 이야기는 그의 생애 중 일부에 지나지 않는다. 옛사람들은 '문이재도(文以載道)'라 하여 글이란 사상을 담는 그릇에 불과하다고 보았다. 글재주만 부리는 것은 경멸 대상이 되었다. 따라서 문장에 담긴 권근의 정치사상을 살펴볼 필요가 있다.

내 안의 하늘 이치, 깨닫고 보존해야

권근의 사상, 특히 정치에 대한 생각을 읽을 수 있는 책으로는 다섯 종류가 있다. 고려 말인 1389년(창왕 1년) 1년여의 유배 기간에 쓴《입학도설(入學圖說)》(1390년)과《오경천견록(五經淺見錄)》, 조선 건국 후 왕명을 받아 저술한《동국사략(東國史略)》(1403년)의 일부, 《효행록주(孝行錄註)》(1405년), 그리고 세종 때 그의 시문을 모아 편찬한《양촌집(陽村集)》(1421년 전후)이 그 책이다. 이 중에서 중요한 것은《오경천견록》이다.

● 권근의 성리학 입문서,《입학도설》

권근의 경학사상을 연구한 강문식 교수에 따르면《입학도설》은 《오경천견록》의 가장 중요한 내용을 집약한 요약본이다. 순서상으로 요약본이 먼저 만들어지고 본격적인 경학 저술이 뒤에 만들어졌다. 그 이유는 권근이 유배 기간 중 자신을 찾아온 사람들에게 성리학의 요체를 이해시키기 위해《입학도설》을 먼저 지었기 때문이다(강문식 2008, 108쪽).

《오경천견록》은 유교의 다섯 가지 경전인《역경(易經, 주역)》,《시경(詩經)》,《서경(書經)》,《춘추》,《예경(禮經, 예기)》에 권근이 각각 주석을 덧붙인 책이다. 이 중에서《예경》에 대한 주석은 권근이 54세 때인 1405년(태종 5년)에《예기천견록(禮記淺見錄)》으로 완성되었다. 권근이 사서(四書:《논어》,《맹자》,《대학》,《중용》)가 아닌 오경을 연구하게 된 까닭은 강문식 교수가 분석한 것처럼, 오경을 배움의 중심에 위치시키는 고려 중기 지식인들의 '존경(尊經)학풍'의 영향 때문이다. 특히 권근 학문의 토대가 된 안동 권문의 가학(家學), 즉 증조부 권보(權溥)와 그 영향을 받은 이제현(李齊賢), 이색의 학문 전통 및 외할아버지 한종유(韓宗愈)는 오경을 중시했다. 그와 같은 가학으로 인해 권근은 재야 지식인의 역할을 강조하는 사서(四書)와 달리 국왕의 역할을 중시하게 되었다(강문식 2008, 31~41쪽). 개인의 정치 인식 지도(cognitive map)는 대체로 청소년기에 그려지는 경향이 있다. 따라서 권근이 어린 시절에 만난 오경과 국왕 중시 학풍은 그로 하여금 '군주 주도의 국가 경영론'을 주장하게 했으리라 판단한다.

《입학도설》과 《오경천견록》 등 권근의 주요 저술에서 발견되는 큰 특징은 '천인합일설(天人合一說)'이다. 하늘 이치[理·리]와 사람 성품[性·성]이 같다는 것, 사람 마음속에 있는 하늘 이치를 깨닫고 닦으면 훌륭한 지도자(군자)가 될 수 있다는 주장이 반복되어 나타난다. 그는 《주역천견록(周易淺見錄)》에서 "천지는 만물의 부모이고, 사람은 만물 가운데 가장 영명하여 천지의 바른 이치를 온전하게 얻은 존재"라고 말했다(권근, 《주역천견록》, 〈귀매괘〉 단전). 또한 "천지는 만물을 낳는 것으로 마음으로 삼는데, 사람은 그 마음을 받아 태어나 인(仁)으로 삼는다"라고도 말했다(권근, 《주역천견록》, 〈계사〉下).

이러한 하늘관은 비단 권근만의 것이 아니었다. 성리학 영향을 받은 지식인들은 대부분 그렇게 생각했다. 송나라 성리학자들은 하늘을 만물의 주재자로 보았던 한나라 동중서(董仲舒)와 다르게 생각했다. 그들은 동중서의 재이론, 즉 하늘이 인간 행위를 감찰한 뒤 자연현상을 통해 자기 뜻(재이와 상서)을 나타낸다는 주장이 현실에서 어긋나는 현상을 자주 목격했다. 하늘이 만물을 주재하는 인격적인 존재라면 '착한 사람이 잘 살고 나쁜 사람이 못 살아야 하는데' 현실은 그렇지 않았다. 따라서 그들은 하늘을 주재자가 아니라 우주의 보편적 이치[天理·천리]를 담고 있는 존재일 뿐이며, 인격성을 갖고 있지 않다는 쪽으로 생각을 정리했다.

사실 '하늘은 악한 자를 벌준다'는 말은 국왕을 비롯한 현실의 권세가를 겁주게 하는 데 유용한 레토릭이다. 하지만 그 말대로 되지 않는 현상이 너무 자주 발견되면서 그 효력이 약해졌다. 오히려 권력자가 자기 행동을 정당화하는 레토릭으로 '천벌론'을 쓰기도 했다. 결국 성리학자들은 동중서의 '천인감응설'을 포기했다. 대신에 국왕을 비롯한 위정자가 해야 할 일을 다르게 설정했다. 지도자는 인간과 자연(하늘을 포함한)을 관통하고 있는 하나의 이치를 깨닫고 거기에 맞추어 나라를 다스려야 하는데, 이를 위해서는 그 이치를 먼저 깨우친 신하들에게 배워야 한다는 '성학(聖學)'론이 새로 설정된 정치 이론이었다.

권근 역시―정도전과 마찬가지로― 당시로서 선진 사상이었던 이런 '이법적(理法的) 존재로서 하늘관'을 받아들였다. 권근의 사상에서 주목할 점은 하늘 이치를 꿰고 실천할 주체에 대한 생각이다. 그는 인심 자체는 성인이나 어리석은 자나 차이가 없지만, 다만 '기품(氣稟)이 고르지 않아서 성인(聖人), 군자(君子), 중인(衆人)으로 다르게 나타난다'고 보았다. 이 중에서 성인은 진실무망(眞實无妄)한 존재이나 현실에서는 사실상 존재하지 않는 인간형이었다. 이에 비해 중인은 욕망에 사로잡혀 자포자기하는 인간이었다. 결국 하늘 이치를 깨달아 실천할 존재는 군자밖에 없는데, 군자의 공부법이 곧 존양성찰(存養省察)이라는 게 권근의 생각이었다(권근, 《주역천견록》, 〈상경〉 건(乾) 단전).

권근이 생각하는 존양성찰의 방법은 구체적으로 무엇일까? 권근은 송나라 지식인들의 영향을 받아서 내경외례(內敬外禮)론을 주장했다. 군자는 내면적으로 '내 안에 있는 하늘 이치'를 깨닫고 보존하는 노력[修己·수기]를 계속해야 한다. 그렇게 해야 경(敬)의 마음을 굳게 지속[堅持·견지]시킬 수 있기 때문이었다. 경의 견지는 끊임없이 생겨나는 인욕을 억제하고 하늘 이치를 제대로 깨닫는 노력을 계속하는 데서 가능하다. 이때 자칫 잘못 깨달으면, 즉 경전에서 멀어지면 불교와 같은 이단에 빠진다는 게 권근의 생각이었다.

다음은 외례론이다. 권근에 따르면 경을 견지하는 노력은 예의 실천으로 외면으로 드러난다. 권근은 "예란 하루라도 없어서는 안 되는 것"으로 "사람이 사용하는 그릇[禮爲人之所用 猶其用器·예위인지소용 유기용기]"과 같다고 말했다(권근, 《예기천견록》 권9, 〈예기〉). 예를 그릇에 비유한 것은 그것의 일상성과 함께, 매일 닦아야 한다는 중의적 표현이다.

그러면 내면적으로 깨닫고 지속시키는 경이 하늘 이치와 일치한다는 것을 어떻게 알 수 있을까? 권근은 이 대목에서 천문관측을 얘기한다. 군자가 하늘을 잘 관찰함으로써 천도(天道), 즉 하늘 문법을 알고, 오행이 잘 순행하는지를 살펴 천하 만물의 존재와 변화를

말해주어야 한다고 본다(권근,《서천견록(書淺見錄)》3조; 13조). 천문관
측론은 다분히 국왕 재량권을 넓힐 수 있는 주장이다. 해와 달과 오
행성을 관측할 수 있는 사람, 그것을 통해 하늘의 문법과 만물의 변
화를 해석할 사람은 결국 국왕과 그 주변 지식인에 한정되기 때문
이다.

군주 주도의 국가 경영론, 태종 마음을 사로잡다

마지막으로 권근의 정치사상은 태종의 국가 경영관과 일치했을
까? 만약 그렇지 않았다면 그의 여러 언행, 즉 목숨을 건 사행을 자
청하고, 왕의 지시를 받아 글을 짓고, 자신의 정치 입지를 강화하려
노력했던 행위들은 한갓 어용(御用) 지식인의 모습이라고 비판받을
수도 있다.

결론을 미리 말하자면 그는 '군주 주도의 국가 경영'을 바람직하
게 생각했다. 따라서 재상중심론과 군신공치론을 이상으로 생각하
는 정도전과 대립되었으며, 육조직계제 등 국왕 중심 정치를 주장하
는 태종과 견해가 일치했다. 권근은《서천견록》에서 "인군이 표준을
세우고 하늘과 사람을 합하여 하나가 되게 한다[人君 立標準 合天人而
一之·인군 입표준 합천인이일지]"라고 하여 군주 역할을 매우 강조했
다. 국왕을 상징하는 황극(皇極)에 대해서도 그것이 "하늘 도를 계
승하여 사람의 극(極: 중심점)을 세우는 존재"라고 하면서 황극이 바

로 서면 "만방의 표준이 되고 만민이 따라야 할 모범이 된다"라고 말했다(권근, 《입학도설》 전집, '홍범구주천인합일지도'). 이 점에서 그의 생각은 재상 중심의 정치 운영을 실천하려 했던 정도전과 달랐다.

정치 운영에 있어서도 정도전은 '재상이 왕의 마음을 바르게 하고, 나랏일을 주재하여 평균하게 다스려야 한다'고 하여 적극적인 역할을 설정했다(《조선경국전》). 이에 비해 권근은 원론적 수준에서만 재상 역할을 언급할 따름이었다(강문식 2008, 271~284쪽). 한마디로 "임금과 신하가 나란히 함께 나라를 다스린다[君與臣竝尊 而同制一國·군여신병존 이동제일국]"는 설은 애당초 잘못되었다는 게 권근의 생각이었다(《예기천견록》 권8, 〈예운〉). 그가 학문적으로 오래 교유(交遊)한 정도전과 상당히 다른 생각을 가졌음을 알 수 있다.

태종 때 완성된 《예기천견록》에서 밝힌 적서(嫡庶)구별론 역시 정도전과 다른 생각이다. 권근은 "일에서 대를 잇는 것보다 중한 게 없고, 적자를 세우는 것보다 우선되는 일이 없다. 이는 종묘사직을 높이고, 국본(國本)을 정하며, 난의 근원을 막는 일"(《예기천견록》 권7, 〈증자문〉)이라고 주장했다. 이방원이 '제1차 왕자의 난'에서 정도전을 제거하고 서자 이방석을 세자에서 폐함은 곧 난의 근원을 막는 일이었다고 해석할 수 있는 대목이다.

이런 권근의 사상을 태종은 당연히 마음에 들어 했다. '군주 주도의 국가 경영'이나 '적서구별론'은 바로 태종 자신의 신념이었기 때문이다. 그 때문인지 태종은 권근이 쓴소리를 하더라도 너그럽게 받아들이곤 했다. 예컨대 왕에게 과감하게 말하는 게 언관 본연의 책무인데, 직언했다고 처벌함은 잘못이라고 권근이 상언했다. 이 상언을 읽은 태종은 "내 뜻과는 비록 다르지만 말한 바가 대단히 좋으니, 곁에 두고 명심하겠다"라고 우호적으로 대답했다(《태종실록》, 8년 11월 9일).

권근은 나아가 군주가 정치를 잘 이끌어가려면 마음공부를 잘해야 한다고 보았다. "오사(五事)를 닦아 황극을 세우는 (군주의) 도리는 어디서 연유하는가? 경(敬) 한 글자에 달려 있을 뿐"이라는 게 권근의 생각이었다(《입학도설》 전집, '홍범구주천인합일지도'). 경연에서 그는 "임금의 학문은 글을 읽는 데 있는 게 아니라 먼저 그 마음을 바르게 하는 것[先正其心·선정기심]"이라고 주장했다. 재이 구언 상언에서도 그는 '재앙을 그치게 하는 방도는 하늘을 경으로써 섬기는 데 있다'고 하여(《태종실록》, 3년 8월 21일) 경의 견지를 강조했다(《정종실록》, 2년 1월 1일).

정리하자면, 권근은 고려의 적폐였던 권신의 발호를 막으려면 국왕의 권한이 강해져야 한다고 보았다. 하늘 별자리에서 황극인 북극성이 중심을 잡아서 뭇별들이 제자리를 지키면서도 조화롭게 운행하는 것처럼, 인극(人極)인 국왕이 중심이 되어 국정을 운영할 때 나랏일이 잘될 것이라고 보았다. 그가 보기에 군신공치란 타당하지 않으며, 강명한 군주가 어진 신하에게 보필을 받아 나라를 이끌어야 했다. 강명(剛明)한 품성과 뛰어난 지혜[上智·상지]를 갖춘 국왕이 위에서 이끌고, 어진 인재를 등용해 상하가 한뜻이 되어 이끌 때 나라가 가장 잘 돌아간다고 믿었다(《주역천견록》, 〈상경〉, '대축

권근의 묘소(충북 음성군)에서 바라본 전경

(大畜) 상구 효사').

　지금까지 살폈듯이, 권근은 사상과 문장 양 측면에서 모두 탁월한 최고 지식인이었다. 이 때문에 태종은 '재상 3인방' 중에서 열다섯 살 연상의 권근을 어렵게 여기면서도 존중했다. 다른 사람 말은 듣지 않던 태종도 권근의 글이 올라오면 '뜻이 감오(感悟)되어' 받아들이곤 했다. 권근 역시 태종의 뜻을 받들어 지식과 문장을 아낌없이 사용했고, 인재 등용과 양성에 헌신했다. 태종과 권근이라는 보기 드문 성군과 현신의 만남이 "백성이 편안하고 물산이 풍요로우며[民安物阜·민안물부], 바다 오랑캐들이 와서 굴복하는[海寇賓服·해구빈복]" 나라를 만들었다.

국가 난제를 해결하는
재상 리더십

이 장에서 살펴본 '태종시대 재상 3인방'인 하륜, 조준, 권근은 조선시대 명재상 열세 명 안에 들어간다. 태종의 인재로는 이외에도 이예(李藝), 조영무, 박자청(朴子靑), 최운해(崔雲海), 박은, 조말생, 변계량, 황희, 허조(許稠), 김과(金科) 등이 있다. 하지만 태종시대 '재상 3인방'과 비교할 때 나머지 사람들은 경륜이나 지적 능력에서 떨어지거나, 세종시대에 들어서야 제대로 실력을 발휘했다. 무엇이 그렇게 만들었는지, 어떻게 해야 명재상이 나올 수 있는지에 대해서는 다음 기회에 살펴보기로 한다.

한국 정치사상사를 연구하다 보면 특이한 현상을 발견하게 된다. 재상 리더십에 대해 이상할 정도로 무관심하거나 경시하는 풍조가 그것이다. 그 풍조는 아마도 '사림의 편견'과 무관하지 않을 듯하다. 몇 차례 사화(士禍)를 거쳐 마침내 정국의 주도권을 잡은 사림들은 그 이전의 정치 세력을 '훈구(勳舊)'라고 낙인찍기 시작했다. 훈구란 오랫동안[舊·구] 나라에 공을 세운[勳·훈] 신하란 뜻인데, 사림들은 이 말을 기득권 세력이라는 뜻으로 사용했다. 하지만 태종·세종시대를 거치며 성장한 재상급 인재를 그렇게 매도해서는 안 될 듯하다. 특히 집현전 학풍을 경험한 재상들―정인지, 신숙주, 양성지, 이석형 등―이 발휘한 국가 경영 리더십은 본받을 점이 많다. 그들은 관직 생활에 쫓겨 깊이 있는 저술을 남기지는 못했지만, 일하는 방략과 말하는 품격에 있어서 사림의 추종을 불허할 정도로 빼어난 인재들이었다. 그럼에도 불구하고 그동안 연구자들은 왕이나 선비들에 비해 재상을 비중 있게 다루지 않았다. 정도전에서부터 시작해 정조시대 채제공에 이르기까지 주요 재상들은 당면한 국가적 난제를 해결하는 조타수 역할을 하곤 했다. 재상들이 전쟁이나 기근 같은 위기 상황에서 실제적으로 문제를 관리하고 해결해나간 과정은 저명한 산림처사(山林處士)들의 언행보다 훨씬 중요하다.

조선왕조의 경우 종2품 이상 관직자(관인) 모두를 재상으로 인식하고 호칭했는데, 《경국대전》 기준으로 볼 때 정1품 영의정에서부터 종2품 관찰사와 부윤(府尹)에 이르는 59명이 재상에 해당된다. 이 중에서 태조시대 조준과 정도전, 태종시대 하륜과 권근, 세종시대 황희와 허조, 세조와 성종시대 신숙주(申叔舟), 선조시대 이이와 유성룡(柳成龍), 인조시대 이원익(李元翼), 영조시대 박문수(朴文秀),

정조시대 김종수(金鍾秀)와 채제공 등 열세 명의 재상은 이론과 실천을 겸비한 연구 대상이다.

이들 재상이 위로 국왕과, 옆으로는 관료제 내부 인재들과 어떤 관계를 맺었는지, 그들의 국가관은 어땠는지를 알면 조선왕조 정치와 국가경영을 훨씬 입체적으로 이해할 수 있으리라 생각한다.

● '험지 외교관' 이예 이야기

'조선의 대표 외교관' 이예의 활약은 태종시대에 들어 본격화되었다. 이예는 1406년(태종 6년) 포로로 잡혀간 70여 명을 일본에서 데려왔으며(《태종실록》, 6년 윤7월 3일), 1410년에도 왜구 단속에 노력한 대마도주에게 보답 차원에서 쌀과 콩을 가져다주었다(《태종실록》, 10년 5월 13일). 태종 재위 기간 동안 그는 540여 명의 포로를 쇄환(刷還: 외국에 있는 우리나라 사람을 데려옴)해왔다.

이예가 1416년(태종 16년) 유구국(지금의 오키나와)에 다녀온 일은 다소 극적이다. 당시 태종은 조선인 중에서 왜구에게 잡혀가 유구국에 팔려간 사람이 매우 많다는 보고를 듣고 '쇄환 대책'을 토의하게 했다. 호조판서 황희는 유구로 가는 물길이 험하고 멀 뿐만(阻遠·조원] 아니라, 번거롭고(煩·번] 비용도 대단히 많이 드니[費甚多·비심다] 파견하지 말자고 했다. 하지만 태종의 결정은 '이예를 유구국에 보내라'였다. '만약 귀한 가문의 가족이 그곳으로 끌려갔다면 번거로움과 비용을 생각지 않고 사람을 보내 데려오려고 하지 않겠느냐'라는 게 태종의 반론이었다(《태종실록》, 16년 1월 27일). 귀천

을 떠나서 가족을 귀하게 여기는 마음은 똑같다는 점, 따라서 멀리
끌려간 사람들의 마음을 헤아려서 꼭 찾아서 데려오라고 이예에게
당부했다.

실제로 이예는 그 직후 출발해서 6개월 뒤인 1416년 7월 말에
귀국했다. 그는 서울에서 직선거리로 1,267km 떨어져 있는 지금
의 오키나와로 가서 포로 44명을 데리고 왔다(《태종실록》, 16년 7월
23일). 그야말로 이예는 '험지 외교관'이었다. 실록을 보면 그는 어
릴 적(8세) 해적에게 포로로 끌려간 어머니를 찾기 위해 1400년에
회례사 윤명(尹銘)을 따라 대마도에 갔다. 섬에 도착해 어머니를 찾
아 집집마다 다녔으나 끝내 찾지 못했다(《세종실록》, 27년 2월 23일,
28세). 그 이후로 그는 태종시대부터 세종시대까지, 즉 1400년부터

1443년까지 무려 40차례 넘게, 거의 매년 한 차례씩 현해탄을 건너 667명의 조선인 포로를 데려왔다. 외교부는 그 공로를 인정해 2010년 '우리 외교를 빛낸 인물'로 이예를 선정했다.

안타까운 사연도 있었다. 1416년 유구국에서 데려온 44명 중에서 전언충이란 사람은 1395년(태조 4년)에 잡혀갔다가 21년 만에 돌아왔다. 14세 때 끌려간 소년이 35세 장년이 되어 고향 경상도 함창현에 돌아왔지만, 이미 부모님이 돌아가신 뒤였다. 전언충은 억장이 무너지는 마음으로 뒤늦게라도 부모 장사를 지내려 했으나 이역만리 타국에서 떠돌다 온 그에게 경제적 능력이 있을 리 없었다. 그 소식을 들은 태종이 미안하고 불쌍한 마음에 양식 15섬과 포목 등 물품을 내려주었다(《태종실록》, 16년 7월 23일)(이명훈 외 2010. 184~187쪽).

제4장

'태종의 나라'
조선

1

소강(小康)의 나라를 꿈꾸다

　태종이 세우려던 국가는 어떤 모습이었을까? 그가 자신을 낮추면서 인재들의 마음을 모아 세우려던 나라는 어떤 것이었을까? 누구보다 든든한 동지였던 정도전이나 민무구 형제들을 제거하고, 고려 충신인 정몽주와 길재를 포용하면서까지 만들려 했던 조선왕조는 어떤 것이었을까? 실록을 통해서 볼 때 태종이 생각한 좋은 국가는 '가족같이 화합하고 잘 사는 나라', 즉 '소강(小康)의 나라'였다 (《태종실록》, 7년 4월 18일).

　소강의 나라는 "천하가 한 집안 같던[天下爲家 · 천하위가]" 삼대 시절의 모습이었다. 삼대(三代), 즉 우(禹)임금이 다스리던 하(夏)나라, 탕(湯)임금의 은(殷)나라, 문왕 · 무왕 · 주공(성왕)의 주(周)나라 시절에 사람들은 "성곽과 해자[溝池·구지]를 만들어" 외침에 대비하고, 마을에 모여 경작지를 가꾸며 살았다. 그들은 요순 때처럼 "천하를 공공의 것[天下爲公·천하위공]"으로 여기고 '외출할 때 문 바깥쪽을 잠그지 않는' 삶을 누리지는 못했다. 《예기》를 보면 '천하가 공공' 이던 요순시대에는 '대동(大同) 정치'가 구현되었는데, 그때는 요임금이 순임금에게 했듯 성씨가 다른 사람에게라도 선양(禪讓: 임금의 자리를 물려줌)하는 것이 자연스러웠다. 하지만 차선의 '소강 정치'가 이루어지던 삼대에 접어들면서부터 사람들은 "천자와 제후의 자리를 부자간에 세습하거나 형제간에 전승함을 예로 여기게" 되었다.

대동과 소강 정치는 플라톤이 말하는 '칼리폴리스(Kallipolis)'라는 이상 사회와 '마그네시아(Magnesia)'라는 차선의 사회와 비교되기도 한다. 대동 시대가 플라톤의 전기 저작인 《국가》의 철인왕이 통치하는 공산국가라면, 소강 사회는 플라톤의 후기 저작인 《법률》에 나오는 실현 가능한 좋은 국가로서 법과 제도에 의해 다스려지는 차선의 국가에 해당된다는 것이다(이상익 2001, 90쪽).

태종은 1407년에 첫 번째 중시(重試), 즉 관리 승진 시험에 '소강 정치를 이룰 방도'를 출제했다. 중시는 '거듭 중(重)'이라는 한자에서 보듯이, 현직 관직자에게 응시할 기회를 다시 주어 불차탁용(不次擢用), 즉 승진 순서와 무관하게 중용하는 제도다. 국가정책에 동참할 인재를 왕이 직접 선발하는 중시의 첫 시험 문제로 '소강 정치를 이룰 방도'를 출제한 것이다. 태종은 자신이 이른 아침부터 밤늦게까지 소강을 이루기를 생각하고 있다면서[夙夜思致小康·숙야사치

소강] 창업한 지 얼마 안 된 조선에 필요한 정책 제안[爲治之說·위치지설]을 해달라고 당부했다(《태종실록》, 7년 4월 18일).

소강 정치를 정치 비전으로 제시한 또 다른 국왕은 조선 후기 정조(正祖)였다. 재위 초반인 1778년 6월 정조는 국정 운영 방침인 '경장대고(更張大誥)'에서 비록 삼대의 제도를 금방 회복할 수는 없겠지만 고치고 잘 바꿔나간다면 "소강의 정치는 기대해볼 만하다"라고 말했다(《정조실록》, 2년 6월 4일). 태종시대의 신하들도 '소강 정치'를 말했다. '지금 우리나라를 소강이라 부르고[今我國家 雖號小康·금아국가 수호소강], 전하께서도 삼대의 성대한 시절[盛時·성시]을 본받고자 하신다'는 언급이 그 예다(《태종실록》, 8년 6월 25일).

태종이 '소강 정치'를 국가 비전으로 제시한 이유는 우선 국가를 가족에 비유하는 게 당시 사람들에게 익숙했기 때문이다. 그들은 나랏일을 집안일로 비유해서[以一家譬之·이일가비지](《태종실록》, 8년 11월 1일) 설명하곤 했다. 그들은 임금이란 가까운 형제부터 먼 친척까지 친하고 아끼는[親愛·친애] 마음을 가져야 한다고 말하거나(《태종실록》, 17년 2월 22일) "임금은 부모이고 백성은 어린아이[君者父母 民者赤子·군자부모 민자적자]"라면서(《태종실록》, 3년 6월 17일), 부모와 백성 사이에 있는 수령의 역할을 강조했다(《태종실록》, 18년 6월 3일). 백성을 어린아이, 즉 적자(赤子)에 비유한 것은 그들이 평소 읽고 외웠던 《서경》이나 《한서(漢書)》, 그리고 《자치통감(資治通鑑)》 등에서 그런 표현이 자주 나오기 때문이다. 태종이 민무회 등을 불러놓고 가족 간 화목과 국가 충성을 이야기한 점이나, 세종이 현지에 부임해 내려가는 수령에게 '백성 사랑하기를 어린아이 돌보듯 하라 [愛民如保赤子·애민여보적자]'고 당부한 일도(《세종실록》, 8년 10월 1일) 그런 맥락에서 이해할 수 있다.

태종이 '가족 같은 국가'를 언급한 보다 중요한 이유는 실현 가능성 때문이었다. '대동 정치'가 구현된 요순시대는 이상적이지만, 조선의 현실에서 도달하기 어려웠다. 그래서 그는 공자가 꿈꿨던 '삼대 시절의 융성함'을 차선의 목표로 설정했다. 요컨대 태종은 조선이라는 나라 전체를 하나의 집안으로 보고, 백성들을 같은 부모에게서 난 자식들로, 왕 자신을 부모로 여겼다. 자식들 사이에 좀 더 힘센 아이와 약한 아이, 똑똑한 아이와 그렇지 못한 아이가 있을지라도 그들은 모두 같은 탯줄에서 나온 형제자매로, 차별 없이 더불어 잘살 수 있게 만들어야 한다고 본 것이다.

따라서 눈여겨볼 점은 태종과 그 시대 사람들이 생각한 '가족과 같은 국가'의 모습이다. 그 국가의 모습을 《태종실록》에 기록된 바에 따라 내면 작동(software)과 외형 구조(hardware)의 측면으로 나눠 살펴보자.

'조선'이라는 집
_내면 작동

　태종의 조선 건설 노력은 대외적으로 제후국으로 국가 위상을 자리매김하되, 대내적으로 고려보다 훨씬 좋은 나라가 들어섰다는 점을 보여주는 데 초점이 맞춰졌다. 태종과 그 시대 사람들은 단지 '왕씨의 나라'에서 '이씨의 나라'로 바뀐 점을 넘어서서, 유교 지식인들이 오랫동안 꿈꿔온 삼대 시절의 소강 정치를 실현할 수 있는 국가가 들어섰음을 강조했다. 실제로 태종이 즉위한 1400년부터 세종이 사망한 1450년까지 50여 년 동안 '우리 정치의 질과 폭이 크게 넓혀졌으며'(최승희 2002, 104쪽) 과학기술은 물론, 음악·문자·인쇄술 등 문화까지 높은 수준으로 도약했다. 이전 고려왕조와는 비교할 수 없을 정도로 높은 문명의 나라를 지향했다(조선 문명의

축(軸)으로서 15세기 전반).

새 왕조 조선의 목표는 1392년 태조 '즉위교서'와 1395년(태조 3년)에 찬진(撰進)된 《조선경국전》에서 발견할 수 있다. 그 목표는 한마디로 '유교 왕정(confucian kingship)의 구현'이라고 요약할 수 있다. 왕위에 오른 지 14일 만에 반포된 태조 '즉위교서'에서 조선 건국자들은 왕조 교체의 당위성(인심과 천명), 나라 이름과 의장·법제, 중국과의 관계(제후국), 인재 선발의 기준(과거제도), 예법(관혼상제), 지방행정(수령) 등을 17개 항목으로 나누어 열거했다(《태조실록》, 1년 7월 28일). 각 항목들은 다분히 유교적인 색채를 띠고 있었다. 가령 제1항목에서 국가 간 위계질서―'천자는 칠묘(七廟), 제후(諸侯)는 오묘(五廟)'―를 말하고 조선의 위치를 제후국으로서 자리매김한 것은 맹자의 천하질서관(사대)을 반영한 것이다. 제3항목의 과거 시험 및 학교 제도―'중앙의 성균관, 지방의 향교'― 역시 학문 연마를 통해 국가에 필요한 관리를 양성한다는 유교적 발상이었다(도이힐러 2003, 30쪽).

태조 '즉위교서' 첫 문장은 조선왕조의 유교적 성격을 단적으로 보여준다. "하늘이 많은 백성을 낳고 군장(君長)을 세웠다"에서 앞부분[天生蒸民·천생증민]은 《시경》〈대아(大雅)〉 편에서 유래했고, 뒷부분[立之君長·입지군장] 역시 《맹자》에서 나왔다. 새 왕조의 헌법 초안이라 할 수 있는 《조선경국전》에서도 조선왕조의 비전은 발견된다. 정도전은 원나라 《경세육전(經世六典)》의 6전 체제를 참고하면서도 주나라의 법전인 《주례》의 정신을 받아들였다(한영우 2014,

15쪽).《조선경국전》에서 인용되는 문헌들도《주역》,《서경》 등이었다. 간혹 진덕수(眞德秀) 등 송나라 지식인이 거론되기도 하지만 나라 정체성 측면에서 볼 때, 아직까지는 정주(程朱)성리학보다는 유교가 지배적이었다.《조선경국전》에서 정주성리학적이라고 할 수 있는 대목은 〈예전(禮典)〉의 관례·혼례·상제·가묘 부분이다.

사회사상으로서 정주성리학은 태종시대에 접어들어서야 영향력을 행사하기 시작한다. 태종이 왕위에 오른 지 3년째 되는 1403년 6월에 벼슬길에 들어서는[入仕·입사] 사람들 모두에게《주자가례(朱子家禮)》를 시험 치게 한다든지(《태종실록》, 3년 6월 9일), 1410년과 1411년에 종묘 축문 규식(祝文規式) 및 각종 나라 제사에 사용하는 폐백(幣帛)을《주자가례》에 따라 정비하게 한 조치가 그렇다(《태종실록》, 10년 4월 1일; 11년 8월 25일).

다른 한편, 유교 왕정을 실현하려는 구상이 태조 '즉위교서'나《조선경국전》에서 선언되고 기술되었지만, '조선인 만들기', 즉 조선의 정체성 세우기는 곧바로 추진되지 못했다. 도읍지를 새로 정하고 한양으로 천도하는 일(1394년), 명나라와 외교적 갈등(1394년, 1397년), 그리고 '제1차 왕자의 난'(1398년)과 같은 정변이 계속되었기 때문이다. "나라 이름은 그전대로 고려라 하고, 의장(儀章)과 법제는 한결같이 고려의 고사(故事)에 의거하게 한다"라는 태조 '즉위교서'에서 보듯이, 조선의 왕과 신료들은 곧바로 탈(脫)고려를 선언할 정도의 힘과 명분을 축적하지 못한 상태였다.

'조선인 만들기'는 태종시대에 들어서 빠른 속도로 추진되었다.

우선 태조부터 태종까지 조선 국왕들이 신뢰 쌓기에 공들였던 명나라가 중원 대륙을 급격히 장악해갔다. 특히 건문제로부터 옥좌를 빼앗은 제3대 황제 영락제는 즉위 과정의 정통성 결여 때문인지 태종정부와 돈독한 외교관계를 유지하려 했다. 물론 동맹가첩목아(童猛哥帖木兒) 등 여진족을 끌어들이는 문제로 한때 외교적 긴장이 조성되기도 했다. 하지만 양국 관계는 그전 시대에 비추어 훨씬 안정화되었다. 실제로 영락제는 즉위한 직후 태종에게 보낸 칙유(勅諭: 황제가 보낸 글)에서 "천하가 한 집이 되고, 사해(四海)가 하나로 통일되었으니" 함께 태평을 누리자고 제안했다(《태종실록》, 3년 6월 18일).

외교와 국방이 상대적으로 안정되면서 태종은 국내 제도 정비에 집중할 수 있었다. 무엇보다 정종 말년에 사병을 혁파(1400년)함으로써 국가 통속력이 강화되었다. 권근 등의 노력으로 정몽주와 길재 등을 추숭하면서 포용력도 높아졌다. 고려를 그리워한 서견을 처벌하는 대신 오히려 그를 '고려의 백이와 숙제'에 비유하면서 칭찬했다(《태종실록》, 12년 5월 17일). 너그러움을 발휘해 정치적 정당성을 높인 것이다. 성균관과 오부학당의 커리큘럼(《태종실록》, 11년 11월 16일)과 성균관의 학습 여건(기숙사, 구내식당, 학습 방법)을 정비해 유교 왕정을 이끌어갈 인재들을 육성했다(《태종실록》, 12년 5월 11일). 기자(箕子)와 단군에게 제사를 지내게 해 구성원들의 뿌리를 생각하게 하고(《태종실록》, 12년 6월 6일) 효자와 열녀를 기려서 사회 기풍을 진작시킨 일도 태종시대에 들어서였다(《태종실록》, 13년 2월 7일).

태종시대 사람들이 추구한 '가족과 같은 국가'의 모습은 어떤 것일까? '유교 왕정' 체제하에서 첫 번째 윤리는 효친이었다. 《효경 (孝經)》의 "내 부모를 사랑하는 사람은 남을 미워하지 않고, 내 부모를 공경하는 사람은 남에게 오만하지 않는다[愛親者 不敢惡於人 敬親者 不敢慢於人 · 애친자 불감악어인 경친자 불감만어인]"라는 첫 구절에서 보듯이, 유교 사회에서 부모를 사랑하고 공경하는 일은 관계 맺음의 시작이요 끝이었다. 《효경》에는 또한 효치(孝治)의 효과가 강조되어 있다. "효로써 가르치면 천하 사람들이 자기 어버이를 공경하게 된다[敎以孝 所以敬天下之爲人父者也 · 교이효 소이경천하지위인부자야] 《효경》, 〈개종명의〉)"라는 말과 "효로 임금을 섬기는 게 곧 충[故以孝 事君則忠 · 고이효사군칙충]《효경》, 〈광지덕〉)"이라는 말, 그리고 "지극한 효와 제는 신명과 통하고 사해까지 빛난다[孝悌之至 通於神明 光於四海 · 효제지지 통어신명 광어사해]《효경》, 〈사〉)"라는 구절들은 효가 가정 내에 그치지 않고 사회와 국가까지 확장되는 윤리로 인식되고 있음을 보여준다.

효도하는 사람만이 공동체에 헌신한다

여기서 보듯이 유교 국가의 지도자는 스스로 부모에게 효를 행하고, 그를 통해서 구성원들을 가르쳐야 할 책무가 있다. 그렇게 하면 국가 질서가 자연스럽게 자리 잡힌다는 게 '효치의 논리'다. 이 논리의 연장선상에서 효를 행하는 사람을 관직에 앉혀야 한다는 생각도 나왔다. 사친(事親) 행위의 결실이 있는 자라면 충의(忠義) 혹은 애국 행위도 하리라고 예상할 수 있으며, 그 반대도 성립한다는 논리였다. 태종 재위 초반 성균관 소속 관리가 '자식 된 도리를 모르는 자는 신하 된 의리를 다할 수 없다[豈有不知人子之道, 而能盡人臣之義 · 기유부지인자지도 이능진인신지의]'며 '부모 상복 입는 3년 동안은 과거 응시를 못하게 해야 한다'고 제안할 때가 그랬다(《태종실록》, 1년 3월 12일).

군자감(軍資監) 소속 관리 최재전(崔在田) 사례도 마찬가지다. 최재전은 도둑질한 동불(銅佛)로 그릇을 만들었다가 옥에 갇힌 자기 아버지를 찾아가서 감옥 문에 걸터앉아 "이건 또 무슨 죄인인가?"라고 꾸짖었다. 그는 또한 어머니가 품팔이꾼에게 재가(再嫁: 재혼)하여 허드렛일에 종사하자 부끄럽게 여겨 아는 체도 하지 않았다. 그를 탄핵한 사간원 관리는 그가 비록 일본에 포로로 끌려간 백성을 쇄환한 공로는 있지만, 결코 승진시켜서는 안 된다고 주장했다. 사간원 관리에 따르면 "옛날부터 제 부모에게 야박하게 한 자가 임금에게 후하게 한 경우는 없었는 바[薄其親而 厚於君者 未之有 · 박기친이 후어군자 미지유]"그의 공로는 돈이나 비단으로 상 주면 충분했다(《태종실록》, 8년 11월 25일). 태종은 언관의 탄핵을 받아들여 결국 최재전을 파직시켰다(《태종실록》, 14년 8월 29일).

문제는 사친과 충의가 충돌될 경우다. 태종시대 공신 이무(李茂)의 아들 이공유(李公柔)가 그랬다. 이공유는 아버지(이무)가 '이숙번의 무리[黨 · 당]를 무고하는' 얘기를 다른 사람에게 하는 것을 들었다. 하지만 그는 그 불충한 말을 조정에 알리지 않았고, 그 때문에 감옥에 갇혔다. 그는 '아버지의 음모'를 자백하라고 강요받았으나, 곤장 90대를 맞고도 끝내 한마디도 하지 않았다. 이 보고를 듣고 태종은 "이는 묻는 자가 잘못이다. 자식은 아비를 위하여 숨겨야 한다[子爲父隱·자위부은]. 차라리 죽을지언정 어찌 감히 아비의 죄를 증거해 이루겠는가[寧至於死 安敢證成父罪乎·영지어사 안감증성부죄호]"라고 하면서 이공유를 석방시켰다(《태종실록》, 9년 9월 27일).

국법 이전에 가정의 윤리를 앞세우는 유교 왕정의 지도자다운 반응이다. 사실 이런 반응은 공자의 생각에 기반한다. '아버지가 양을 훔쳤다'는 사실을 있는 그대로[直·직] 증언한[證·증] 자식에 대해서, "우리 마을에서 곧음[直]은 다릅니다. 아비가 자식을 숨겨주고, 자식이 아비를 위해 숨겨주는 그 가운데 곧음이 있습니다[父爲子隱 子爲父隱 直在其中矣·부위자은 자위부은 직재기중의]"라고 공자는 말했다(《논어》〈자로〉).

'아버지(태조) 뜻이라면 죽음도 마다하지 않겠습니다'

태종 역시 국법보다 효친을 우선시했다. 부왕 태조 이성계에 대한 태도가 그랬다. 왕위에서 물러난 이성계는 정종과 태종 재위 초반부터 사망할 때까지(1398~1408년) 정국의 '뜨거운 감자'였다. 그는 국왕과 신하들의 반대를 개의치 않고 거처를 옮겼으며, 국가에서 금지하는 불교 신앙 행위를 아무렇지도 않게 했다. 태종 즉위 초반 변남룡 부자의 유언비어, 즉 '공신들이 태상왕(이성계)을 끼고 나오면 누가 감히 당하겠는가'라는 엄청난 말[大言·대언]이 사람들을 현혹시킨 것도 친근하지 못한 국왕 부자 관계를 보여주는 예다(《태종실록》, 1년 2월 9일).

태조 이성계의 언행 중 가장 껄끄러운 것은 신불(信佛) 행위였다. 가령 1402년(태종 2년) 8월 태종이 태조를 찾아 회암사에 갔을 때 일이다. 태조는 당시 자초(自超), 즉 무학대사에게 받은 불교 신도 계율[戒·계]을 실천하느라 고기[肉膳·육선]를 먹지 않았다. 그 때문에 이성계는 파리하고 야위어갔다. 이를 염려한 태종이 무학대사에게 경고하는 한편, 아버지에게 고기를 권했다(《태종실록》, 2년 8월 2일). 태조는 건강을 염려해 육선을 권하는 아들에게 '네가 불교를 믿고, 사찰 토지를 돌려주고, 승려 허가증 제도를 폐지하며, 불상과 탑을 만든다면 고기를 먹겠다'며 현실적으로 수용할 수 없는 요구를 했다. 태종은 의외로 '죽는 일도 마다하지 않을 터인데, 그런 일이야 어찌 거절하겠습니까?'라면서 옆에 있는 지신사 박석명에게 부왕의 지시대로 따르라고 명했다. 마침내 고기를 먹은 태조는 다시 박석명을 불러 지시를 받아 적은 초안을 확인하기까지 했다(《태종실록》, 2년 8월 2일). 이처럼 태종은 효친 행위가 국가 이념과 충돌될지라도 부왕의 뜻을 따랐다.

태종이 부왕의 뜻을 따른 또 다른 사례는 개경에서 한양으로 환도한 일이다. 1404년 7월에 환도 논의를 시작해서 1405년 10월까지 15개월간 한양 재천도를 마무리 짓는 과정은 '부왕을 기쁘게' 하기 위해 왕 자신의 의지를 내려놓는 과정이었다. 잘 알려진 것처럼, 태조는 건국한 지 3년 만인 1394년(태조 3년) 10월에 한양을 도읍으로 삼았다. 하지만 '제1차 왕자의 난'으로 왕위에 오른 정종은 다시 한양에서 개경으로 수도를 옮겼다. 그때까지 한양이 수도로서 면모를 갖추지 못한 데다 민심이 뒤숭숭했기 때문이었다.

태조가 한양으로 재천도를 요청한 것은 1404년 9월 무렵이었다. '조사의 난'이 진압되고(1402년 11월), 세자 책봉이 마무리되었으며(1404년 7월), 명나라와의 관계도 안정기에 접어든 시점에서 수도 이전을 밀어붙였다. 지신사 박석명을 통해 부왕의 뜻('개경에 머무름은 시조(始祖)의 뜻[始祖之意·시조지의]을 어기는 바')을 전해 받은 태종은 의정부에 지시했다. "태상왕이 창건한 땅이고, 사직과 종묘가 있는 한양으로 돌아가 선조의 뜻을 계승하는 효[繼志之孝·계지지효]를 실천하겠다"라고 말했다(《태종실록》, 4년 9월 1일). 이 지시를 전해 들은 태조는 매우 기뻐했다. 한 달 뒤 열린 잔치에서 그는 "효도함이 참으로 크도다[孝莫大焉·효막대언]"라며 아들을 칭찬했다(《태종실록》, 4년 10월 11일).

이처럼 태종은 신하들의 지배적인 의견인 '개경 고수론'을 물리치고 부왕 뜻을 받들어 한양 환도를 적극 추진했다. 결과적으로 앞의 조준 이야기에서 살핀 것처럼, 태종의 환도 프로젝트는 성공적이었고, 이후로 한양은 흔들림 없는 조선의 수도로 자리 잡았다. 경복궁과 창덕궁이 대표 궁궐로 그 위상을 정립했고, 종로의 좌우 시전 상가가 볼 만하게 들어서서 "국가 모양이 갖춰졌다"라는 평가를 받았다.

정리하자면, 이방원은 조선 신민들에게 '소강 정치', 즉 '가족같이 화합하고 잘 사는 나라'를 비전으로 제시했다. 그는 70여 종의 책을 인용하거나 토론해서 지적 리더를 존경하는 조선 지식인들을 설득했으며, 탁월한 정보력과 결단력에 기반해 선제적으로 정적들을 제압했다. '가족같이 화합하고 잘 사는 나라'라는 비전을 공감케 하기 위해서 그는 국왕으로서 스스로 아버지에게 효친하는 모범을 보였다. 나아가 효친이라는 명분으로 한양 재천도와 같은 국가 프로젝트를 성공적으로 완수하기도 했다. 《주자가례》를 적극 받아들여 백성들 삶 속에서 불교 색채를 제거하고 유교성리학의 나라를 만든 것도 태종 때였다. 이 때문에 태종시대를 "조선왕조의 정체성이 확립된"(한충희 2014, 5쪽) 시기라고 평가하기도 한다.

• 사라진 실천지(知), 실천성리학

가장 유명하면서도 그 내용 파악이 거의 안 된 학문이 성리학이다. 성리학은 11세기 후반, 앎(knowledge)과 행위(action)에 진정한 기초가 있어야 한다고 보고, 사람 품성[性·성]과, 사회·세계를 구제하는 지도자의 소명[命·명]과, 우주 자연의 순리[義理·의리]를 연결 지어 설명하려는 지적운동(學·학: intellectual movement)이다.

조선 후기 들어 '성리학=주자성리학'으로 단순화되었으나, 고려 말부터 조선건국기를 살았던 실천적 지식인들은 앎과 행위를 통합하며 연결 짓는 '실천성리학'에 매료되었다. 예를 들어, 이제현(1287~1367년)은 "세상 사람 중에 물에 빠진 자가 있으면 자기가 빠진 듯이 여기고, 굶주린 자가 있어도 내가 배고픈 듯이 생각해야" 한다는 맹자의 말을 인용하곤 했다. 이제현에 따르면, "하늘이 지도자[大人·대인]에게 그 자리를 맡긴" 이유는 물에 빠지고 굶주린 백성을 구제하기 위함인데, 요즘 세태는 "곤궁하여 고할 데 없는 자를 보고도 전혀 모른 체" 한다고 개탄했다(《고려사》 이제현열전). 실제로 세종 때 명나라에서 들어온 《성리대전(性理大全)》은 주돈이의 〈태극도〉로 시작되고, 장재의 〈서명〉, 소옹의 〈황극경세서〉로 전개되고 있다. 주희의 〈역학계몽〉과 〈가례〉는 여섯 번째와 일곱 번째로, 그리고 조선의 퇴율성리학에서 중시하는 〈이기(理氣)〉 학설은 열 번째에야 나온다. 《성리대전》에서 주희는 총 114명의 선유(先儒) 중 꽤 비중 있는 지식인일 뿐이었다.

그러면 여말선초 공동체를 구제할 '실천지(實踐知)'로 수용된 실천성리학은 어떤 계기로, 이기론 중심의 '관념성리학'에 밀려났을까? 좀 더 정심(精審)한 연구를 해봐야 하겠지만, 퇴계가 조정에서 물러나 안동에서 후학을 가르치기 위해 성리학을 연구한 계기가 주목된다. 국가 경영이나 목민의 도를 위한 '실천지'가 아니라, 제자들에게 논리적인 강의를 하기 위해 '관념지(觀念知)'가 필요한 상황이었다. 한마디로 '아카데미즘 성리학'과 관념성리학의 선택적 친화성(selective affinity)이 주자학을 정통성리학의 자리에 올려놓았다는 게 현재 나의 가설이다.

3

국왕 중심 국가,
관제 개혁의 방향

　태종은 태조와 함께 창업 군주로 불린다. 창업은 '창업(創業)-수성(守成)-경장(更張)-쇠퇴(衰退)'라는 동양 사상의 체계순환론에서 첫 번째에 위치한다. 토대 정립기(founding period)인 창업기에 태조와 태종이 한 일은 국가 이념과 체제를 정립하고, 도읍지를 선정하는가 하면 도시 기반 시설을 정비하는 일이었다. 이 중에서 태종은 조선을 수성(consolidation)의 시기로 전환시키는 책무까지 걸머졌다. 국가의 토대 정립과 각종 개혁 조치를 동시에 추진해야 하는 때가 곧 태종시대였다. 집을 설계하고 짓는 일(창업)과, 집에 들어와 살면서 불편함을 고치는 작업(수성)을 함께 해야 했다.

　예를 들면 태종 재위 4~5년에 한양으로 재천도를 단행하고 재위

12년 무렵 종로의 좌우 시전 상가를 조성한 일은 창업의 일(토대 정립)에 해당한다. 이에 비해 정부 조직을 의정부 중심에서 육조 중심으로, 즉 국왕 중심으로 관제를 개편한 것은 수성 차원의 개혁이라 할 수 있다. 수성 차원의 개혁의 또 다른 예로는 양전(量田) 사업, 즉 토지개혁을 들 수 있다. 이 사업은 조선 건국 직전인 1391년(공양왕 3년) 5월 공포된 과전법(科田法)을 구체화시키는 일로서, 1404년부터 실시되어 1405년에 마무리되었다(을유양전). '을유양전'은 16년 전 '기사양전'(1389년)에서 제외했던 함경도와 평안도를 포함해 전국 토지를 조사했다(함경도와 평안도는 1413년에 토지 조사 완료). 그 결과 '기사양전' 때(798,127결)보다 약 10만 결이 늘어난 922,682결의 토지를 확인했다(《태종실록》, 6년 5월 3일)(이동현 1996, 47쪽). 이외에도 신문고 설치 및 호패법 실시, 그리고 중시 제도와 고위직 임명 때 서경(署經) 대신 왕의 관교(官敎)를 따르도록 한 것 역시 조선왕조를 잘 작동되도록 만들기 위한 개혁 입법이었다. 태종 개혁의 특징은 한마디로 '탈(脫)정도전 체제'라 할 수 있다. 정도전이 태조시대에 구상했던 재상 중심 체제에서 벗어나 국왕 중심 국가 만들기가 태종 개혁의 핵심이었다.

조선의 토지제도, 과전법

조선의 과전법은 고려의 전시과(田柴科)라는 토지제도를 개혁한 것이다. 고려 말 조준 등에 의해 추진된 과전법은 권문세가의 사전(私田)을 혁파하고 전국의 토지를 국가 수조지(收租地)로 편성해서 그

수조권(세금을 거둘 권리)을 국가 재정 용도에 따라 각 기관에 분산해 중앙과 지방의 관리 등 공무수행인[職役人·직역인]에게 나눠주는 제도를 말한다(김태영 2003, 36쪽).

알려진 것처럼, 고려의 토지제도인 전시과제(田柴科制)는 국내 모든 경작지[田·전]와 산림[柴·시]을 국가 토지대장에 등록한 다음, 문무백관에서부터 한인(閑人: 6품 이하의 관인 자녀로 벼슬하지 않고, 혼인하지 않은 자[未仕未嫁者·미사미가자])에 이르기까지 등급에 따라 토지를 지급하되, 해당 토지에 대한 수조권을 당대에만 누릴 수 있도록 했다. 하지만 정치·사회적 혼란이 계속되면서 권문세가들이 전국의 토지를 독점했다. 고려 말 전시과 체제는 이미 붕괴된 상태였다. 이성계 세력은 위화도회군 이후 이러한 토지제도 문제점을 크게 인식하고 개혁을 추진했다. 조준은 고려 말인 1389~1390년 '기사양전'을 통해 토지를 조사했고, 1390년 급전도감(給田都監)을 설치해 기존 공사전적(公私田籍)을 소각하고 과전법을 시행했다.

태종 개혁에서 중요한 시기는 1405년, 태종 재위 5년이다. 이 해 1월 15일 실록을 보면 의정부·육조·승정원 등의 관제를 개정한[改官制·개관제] 사실이 길게 서술되어 있다. 국초(國初)에는 고려의 옛 제도에 따라 의정부에서 각 부처를 총관(總管)하고, 사평부에서 전곡(錢穀: 재정)을 관장하며 승추부에서 갑병(甲兵: 군대)을 관장하고, 상서사(尙瑞司)에서 전주(銓注: 인사)를 관장하게 했었다. 하지만 태종정부는 '1405년 개혁'을 통해 사평부를 혁파해 호조로 귀속(歸屬)

시켰다. 승추부 업무는 병조에서 맡고, 문무관 인사행정[銓選·전선] 은 이조와 병조에서 담당하게 했다. 한마디로 의정부 서무를 나누 어서 육조로 귀속시켰다.

재정·군사·인사를 담당하는 부처를 전면적으로 바꾸는 정부 조 직 개편을 단행했는데, 이 중에서 '의정부 서무를 나누어서 육조로 귀속시켰다'는 대목이 중요하다. 이렇게 의정부 권한을 줄이는 정 부 개편은 '정도전 체제'를 바꾸려는 태종의 의도에서 비롯되었다. 잘 알려진 것처럼, 정도전은 국왕의 임무란 재상을 '논정(論定)'하 는 데 그치고, 재상이 경국의 국정을 총괄해나가는 체제를 구상했 다. "임금의 자질에는 어리석은 경우도 있고 현명한 경우도 있다. 강력한 자질도 있고 유약한 자질도 있어서 한결같지 않다. 따라서 총재가 임금의 아름다운 점은 순종하고 나쁜 점은 바로잡으며 국 정을 주도해야 한다"라는 게 정도전의 구상이었다(정도전,《조선경국 전》,〈치전총서〉).

태조는 정도전의 구상에 따라 국정을 운영했다. 정도전과 조준, 그리고 남은 등 소수 재상을 국정 운영의 중심으로 삼았다. 정도전 은 특히 중군·좌군·우군을 모두 아우르는 의흥삼군부를 설치하고 그 스스로 총책임자가 되었다(1393년 9월). 군대의 최종 명령권은 의 흥삼군부를 거쳐 나오도록 만들었다. 이런 소수 재상 중심의 국정 운영은 개국 초 산적한 문제를 처리하는 데는 효과적이었다. 하지 만 공신들과 종친들을 권력에서 소외시키는 문제점이 있었다. 정안 군 이방원이 이끈 '제1차 왕자의 난'은 이러한 권력 소외감에서 비

태종시대 3정승 재직 기록

재위 년-월-일	01-03	01-07-13	02-04-18	02-10-04	02-11-07	03-04-04
영의정		이서	이거이	→	**성석린**	→
좌의정	하륜(28일)	김사형	→	**하륜**	→	→
우의정	이거이 (29일)	이무	→	→	→	성석린

재위 년-월-일	03-07-16	04-06-06	05-01-15	05-07-03	07-07-04	08-01-03
영의정	**조준**	→	→	성석린	이화	이화 사직
좌의정	→	→	**하륜**	→	성석린	→
우의정	→	이서	**조영무**	→	이무	→

재위 년-월-일	08-02-11	09-07-09	09-08-10	09-10-11	12-08-21	13-10-16
영의정	하륜	→	→	하륜	성석린	→
좌의정	→	→	이서	→	하륜	→
우의정	→	이서	조영무	→	→	조영무 사직

재위 년-월-일	13-10-26	14-04-17	14-06-12	15-06-19	15-10-28	16-05-25
영의정	→	하륜	→	→	성석린	남재
좌의정	→	·	남재	→	하륜	유정현
우의정	남재	→	이직	유양	남재	박은

재위 년-월-일	16-11-02	18-06-05
영의정	유정현	한상경
좌의정	박은	이지
우의정	한상경	이원

• 공직 상태
→ 계속 재직

롯되었다. 이 때문에 태종은 왕위에 오르자마자 관제를 개편했다. 태종 원년인 1401년 7월 13일에 문하부를 의정부로, 삼사(三司)를 사평부로, 의흥삼군부를 승추부로, 도승지를 승추부 지신사로, 그리고 승지를 대언(代言)으로 그 호칭을 바꾸었다(《태종실록》, 1년 7월 13일). 이러한 관직의 명칭 변화에도 불구하고 태종은 그전과 비슷하게 의정부 정승, 특히 하륜과 더불어 국정을 의논하여 결정하곤 했다(최승희 2002, 90쪽).

이처럼 즉위 초반에 두 차례나(원년, 5년) 관제 개편을 했음에도 불구하고 의정부의 역할은 여전히 줄어들지 않았다. 그 이유는 두 가지 측면에서 찾을 수 있다. 하나는 의정부가 최고 관부로서 갖는 위상이다. 문하부에서 의정부로 개칭함으로써 고려 말 도평의사사의 합좌적 성격, 즉 정승이 중심이 되어 의사결정을 내리고[議得·의득] 왕이 최종 재가하는 형태를 벗어나려 했다. 하지만 중대한 일이 생기면 정승들이 백관을 거느리고 대책을 진언하는 방식이 계속되었다. 효과적인 국정 운영을 위해 이 방식이 필요했기 때문이다.

앞의 표에서 보듯이, 태종은 재위 2년(1402년)부터 하륜과 성석린, 그리고 조준을 정승으로 임명해서 국정을 이끌어갔다. 하륜을 재위 2년 10월 좌의정에 발탁했는데, 그즈음 신문고 제도 도입(1월), 관리 근무평가 제도 제정(7월), 호패법 실시(8월) 등 왕의 국정 장악 능력을 높일 필요가 있었기 때문이다. 하륜은 태종 재위 내내 정승직을 맡으며(태종 재위 213개월 중 161개월 = 13년 4개월가량) 온갖 어려운 일을 도맡아 했다. "나라를 다스리는 사람은 나와 두세 명

대신"이라는 태종 말처럼(《태종실록》, 13년 8월 1일) 태종 국정의 중심에는 정승 하륜이 있었다.

재위 5년(1405년) 1월 15일 관제 개편으로, 의정부의 서무를 나누어서 육조로 귀속시킨 이후에도 태종은 영의정(조준), 좌정승(하륜), 우정승(조영무)으로 구성된 내각으로('득의[得意]의 내각 구성') 한양 환도 등을 추진했다. 성석린을 중용한 점도 주목할 만하다. 성석린은 고려 말 학문으로 이름이 났으며, 조선 건국 및 제2차 왕자의 난 때 정안군을 지지해 좌명공신이 된 인물이다. 앞의 표에서 보듯이, 그는 하륜 다음으로 오래 재직하면서(태종 재위 213개월 중 95개월 =약 8년가량) 태종 뜻을 받들었다.

성석린은 특히 '제1차 왕자의 난'이 벌어진 이후 태조가 함흥으로 행차하여 외부와 소식을 단절했을 때[咸興差使·함흥차사] 이성계의 옛 친구로서 그를 조용히 설득하여 태조와 태종을 화합하게 했다. 성석린은 정종 때부터 정승직에서 물러나려고 빈번히 사직 상소를 올렸으나 받아들여지지 않았다. 태종이 성석린을 중용한 이유는 (조준과 비슷하게) 부왕의 총애를 받은 인재를 계속 등용한다는 의미와 함께, 권력욕이 없는 인물을 요직에 앉혀 '권세가'를 염려하지 않아도 되기 때문이다. 이처럼 태종은 의정부 권한을 두 차례에 걸쳐 제도적으로 약화시켰으나, 실제 운영상에 있어서는 정승 도움을 많이 받았다.

4

국가 통속력 강화 위한
개혁 입법

태종은 국가 통속력을 높이기 위해 토지와 백성을 새롭게 자리 매김하는 여러 가지 개혁 입법을 추진했다. 국가 통속력 측면에 서 볼 때 두 시기 개혁이 주목된다. 제1차 개혁은 태종 재위 4~7년 (1404~1407년)에 추진되었다. 이 시기를 전후해 태종은 신문고를 도 입하였고(1402년 1월), 새로운 화폐인 저화(楮貨)를 사용하게 했다 (1401년 4월). 전국 토지를 조사하는 양전 사업(1405년)과 사찰 소속 땅과 노비 다수를 관청 소속으로 만드는 불교 개혁, 그리고 공무원 승진시험인 중시 도입도 이 시기에 이뤄진 일이었다(1407년). 이 시 기에 개혁 정책을 추진할 수 있었던 배경에는 그전에 '조사의 난'이 진압되고(1402년 2월) 공신 이거이가 숙청되는(1404년 10월) 등 국내 위협 세력이 제거되었기 때문이다. 명나라 영락제의 태종 즉위 승인(1403년 4월), 장남 이제의 세자 책봉(1404년 8월), 15개월이나 걸린 한양 재천도 마무리(1404년 7월~1405년 10월) 등으로 정권이 안정기에 접어든 점도 개혁 입법을 가능케 한 배경이었다.

제1차 개혁 중에서 중요하게 살펴볼 점은 중시 도입이다. 1407년(태종 7년)에 처음 실시된 중시법(重試法)은 현직 관직자에게 과거에 응시할 기회를 주는 제도다. 이 제도는 '좌주문생제(座主門生制)'와 달리 왕이 추진하는 국가적 과업에 헌신하려는 인재들을 발탁하는 장치였는데, 정초(鄭招) 등 과학기술 인재들이 중시를 통해 중용되었다. 문신을 대상으로 시험을 치르게 한 제도는 고려 예종 때부터 있었다. 고려시대에는 7품 이하 관원에게 간헐적으로 친시(親試)의 형태로 과거 응시 기회를 주었다. 조선시대에 들어서는 현직 관직자를 대상으로 '중시'라는 이름으로 정기적으로 치러졌다. 중앙과 지방의 종3품 관료(당하관)에게 정3품 당상관으로 승진할 기회를 주었다.

중시는 정종 때 하륜에 의해 제안되었다. 하륜은 1400년 6월 경연에서 두 가지 점을 들어 중시 도입을 주장했다. 하나는 유자(儒者)들이 과거에 오르면 책을 버리고 강론하지 않는다[登科 則棄卷不講·등과 즉기권불강]는 점이었다. 과거시험 대비용으로만 공부하고, 관직에 나아가서는 책을 읽고 토론하지 않는다는 지적이었다. 그 결과, 하륜에 따르면 '자기 직책에 마땅치 않은 이가 많았다[多不稱職·다불칭직]'. 일 잘하는 방법을 더 배우지 않다 보니 문관직에 있는 자들도 맡은 바를 잘 수행하지 못한다는 말이었다. 따라서 과거에 급제한 사람을 대상으로 모두 중시를 치르게 해서, 승진 순서를 넘어서 발탁[擢用·탁용]할 수 있게 하자는 게 하륜의 말이었다. 이때 정종은 그 제안을 좋게 여겼으나 실행하지는 않았다(《정종실록》, 2년 6월 2일).

'과거 합격하면(취직하면) 공부 안 한다'는 하륜의 말에 태종도 공감한 듯하다. 재위 6년째인 1406년 5월, 태종은 중시법 도입을 어전회의 의제로 올렸다. "문과(文科)로 출신한 자들이 대부분 학문을 이록(利祿)의 매개로 삼아서 일단 과거에 합격하면 곧 그 학업을 버린다[旣得則旋棄其業·기득즉선기기업]"라는 하륜의 말이 다시 거론되었다(《태종실록》, 6년 5월 13일). 이즈음 태종은 "중시 때가 가까워왔는데, 유생들은 어떻게 습독(習讀)하는가?"라고 하여 학습 방법을 물었다. 충분히 읽고 깊이 생각하는[熟讀深思·숙독심사] 공부가 필요하다는 얘기였다(《태종실록》, 6년 5월 2일). 중시 제도는 논란을 거쳐 그다음 해인 1407년(태종 7년)부터 실시되었다. 문무 당하관이 그 대상이었고 10년에 한 번씩 실시됐다. 이후 이 제도는 관료들의 반발에도 불구하고—승진 경쟁만 부추길 뿐이라는 의견—《경국대전》에 10년에 1회로 제도화되어 1886년(고종 23년)까지 약 480년 동안 57회 설행(設行)되었다(원창애 2009).

이 제도는 고려의 '좌주문생 관계'와 대조되는, 다분히 '조선적인' 제도였다. 고려 지식인들은 이색과 그 제자들 관계에서 보듯이, 자기를 가르치고 과거시험에서 뽑은 '좌주'를 우선시했다. 하지만 중시법은 왕이 인재를 직접 발탁해서 중용함으로써 '좌주'가 아닌 '국왕'의 말을 먼저 따르는 풍토를 조성했다. 창업과 개혁이라는 두 가지 과업을 동시에 추진하기 위해서는 행정 실무에 밝으면서도 국왕의 국정 운영 방침을 따르는 인재가 필요했다. 실제로 하륜과 권근의 주도하에 실시된 제1회 중시에서 합격한 변계량, 조말생, 박서생(朴瑞生) 등은 태종과 세종정부에서 외교와 국방 등에서 중추적 역할을 했다.[*]

태종정부의 제2차 개혁은 재위 13년에서 15년 사이(1413~1415년)에 이뤄졌다. 조선시대 주민등록제인 호패법 제정(1413년 9월) 및 실시(1413년 12월), 육조직계제 실시(1414년 4월), 노비종부법 실시(1414년 6월), 불교 개혁(교종과 선종, 양종만 남김, 1414년 7월) 등이 이 시기에 추진되었다. 그즈음 조선왕조는 경상도와 전라도에 창고를 증설해야 할 정도로 국가 재정이 튼튼해졌고(1411년 8월), 민무구 등 외척 세력 제거(1410년 10월)로 왕실이 안정되었으며, 명나라와 신뢰가 구축되었다. 국내외적 안정은 태종정부의 제1, 2차 개혁에서 보듯이 성공적 개혁 달성의 조건이다.

태종 개혁의 초점은 앞서 지적한 것처럼, 국가 통속력을 높이고 나라의 중심에 국왕을 위치시키는 데 맞춰졌다. 즉위한 직후 도입

---

[*] 제1회 중시에 합격한 인물은 모두 10인이다. 을과 1등에 변계량, 조말생, 박서생 등 3명, 을과 2등에 김구경, 박제, 유사눌, 정초, 황현, 윤회종, 이지강 등 7명이 합격했다. 이 가운데 윤회종을 제외하고는 중시 독권관이었던 하륜, 권근과 연관이 깊은 인물들이다(원창애 2009, 96쪽).

한 신문고가 그렇다. 신문고는 중·고등학교 교과서에서 태종시대를 대표하는 제도로 일컬어지고 있지만, 그 도입 배경과 효과에 대해서는 별로 알려져 있지 않다. 신문고는 태종 때 처음 만들어진 게 아니다. 1401년 7월 송나라 등문고(登聞鼓)를 본받아 도입되었다. 처음에 '등문고'라는 명칭으로 시작되었으나, 그해 8월 1일 '신문고(申聞鼓)'로 변경되었다가 1434년(세종 16년) '승문고(升聞鼓)'라는 명칭으로 다시 고쳐졌다(《태종실록》, 1년 7월 15일; 1년 8월 1일; 《세종실록》, 1년 9월 23일; 16년 1월 24일). 이후 예종시대까지 세 가지 명칭이 혼용되다가, 1485년(성종 16년) 1월 24일 《경국대전》에 '신문고'라고 최종 명문화됨으로써 조선시대 말까지 공식 명칭으로 사용되었다.

신문고 만든 세 가지 목적

《태종실록》 2년 1월 26일 기록은 신문고가 청원(請願)·상소(上訴)·고발(告發)의 세 가지 목표를 위해 만들어졌음을 알려준다. 첫째, 청원과 건의 기능이다. "온갖 정치의 득실과 백성 생활의 좋고 나쁨[休戚·휴척]을 아뢰고자 하는 자는 의정부에 글을 올리고[呈·정] 이것이 처리되지 않으면 신문고를 쳐서[擊鼓·격고] 왕에게 알리라"고 되어 있다. 여기를 보면 민생과 정치의 잘잘못을 먼저 '글로 올리라'고 되어 있는데, 이는 '읽고 쓸 수 있는' 유생이나 관료를 대상으로 한 기능이었다. 나중에 만들어진 《경국대전》에는 이 기능이 삭제되었다. 유생과 관료들은 굳이 신문고를 치지 않더라도 상소(上疏=상서[上書])를 통해서 청원이나 건의를 할 수 있었기 때문이다.

둘째, 억울함을 펴지 못한 사람들을 위한 상소 기능이다. "대체로 억울함을 펴지 못하여 호소하고자 하는 사람으로, 서울 안에서는 주무 관청에, 지방에서는 수령과 감사에게 글을 올리되, 따져서 다스리지 아니하면 사헌부에 올리고, 사헌부에서도 따져 다스리지 아니한다면, 바로 와서 북을 치라. 원통하고 억울함을 명확하게 밝힐 것"이라고 되어 있다. 백성의 입장에서 볼 때 이는 관리나 수령의 침탈로부터 자신을 보호할 수 있는 대목이었다. 비록 '수령과 감사에게 글을 올리되, 따져서 다스리지 아니하면'이라는 조건이 붙어 있었지만, 개인의 원통하고 억울함을 호소할 수 있게 함으로써 관청의 판결에 불복하는 격고가 많이 올라왔다. 실제로 태종시대 격고 사례 중 상소가 가장 많은 비중을 차지했다. 즉, 격고 사례 총 41회 중 약 68%에 해당하는 28건이 상소였는데(김남돌 2005, 14쪽), 대부분(37%)이 노비 쟁송에 관련되어 있었다. 특히 "위 항목의 해당 관사(官司)에서 따져 다스리지 아니한 자는[不爲究治者·불위구치자] 율(律)에 따라 죄를 준다"라는 문구를 덧붙여 관리들로 하여금 신속, 정확하게 사안을 처리하지 않으면 안 되도록 강제했다(5일 안에 처리).

앞서 언급한 것처럼 상소 중에서 노비 관련 격고의 비중이 37%로 가장 많았다(15건). 태종시대 들어 노비변정도감이 1395년,

1400~1401년, 1405년, 1414년 네 차례에 걸쳐 설치되어 노비소송 건을 처리했다. 1413년(태종 13년) 9월에는 이른바 '노비중분법(奴婢中分法)'이라고 하여 소송 쌍방의 시비를 가리지 않고 노비를 절반씩 나누게 하는 법안이 만들어졌다. 이 법안으로 노비 소송은 더욱 많아졌고 판결에 불복하는 사람들이 치는 격고 수도 증가했다. 실제로 1414년(태종 14년) 11월 12일, 태종이 개경 인덕궁에서 격구를 관람하고 환궁할 때 가전상언(駕前上言: 임금이 거동할 때 수레 앞에서 글을 올림) 건수가 60여 건에 달했는데, 이것은 노비변정도감에서 이미 판결 지은 사건들이었다.

이 기능은 세종시대의 '수령 고소 금지법', 즉 지방의 하급 관리와 백성들이 해당 관찰사나 수령을 고소하지 못하게 하는 법과 억울함을 격고하게 하는 법이 충돌되어 논란이 계속되었다. 결국 세종 때 절충안이 만들어졌고('고발은 할 수 있되, 그 때문에 상관을 처벌하지 않는다'), 나중에《경국대전》〈형전〉 '소원조'에 반영되었다. 이때부터 신문고 제도는 개인적·사회적·국가적 차원에서 불편부당함을 호소하는 장치가 아니라, 개인 차원에서 '원억(冤抑: 원통한 누명)을 해결하는 장치'로만 남게 되었다(김영주 2007, 265쪽).

셋째, 고발 기능이다. "혹시 반역을 은밀히 도모하여 사직을 위태롭게 하거나, 종친과 훈구대신을 모해해 화란(禍亂)의 계제를 만드는 자가 있다면 여러 사람이 직접 와서 북 치는 것을 허용한다." 이 기능은 여러 연구자들이 지적했듯이 '정적들을 견제'하려는 태종의 의도에 따라 만들어졌다(최승희 2002, 68쪽). 즉위 초 불안정한 왕권 보완책으로 원래 신문고 논의 과정에 없던 고발 규정이 들어 갔다는 지적이나(김남돌 2005, 9쪽), "권력을 남용하는 대소 신료들을 징계하는 데 이용했다"는 말(한우근 1956, 374~408쪽)은 신문고의 그 러한 성격을 보여준다.

고발자에 대한 파격적인 혜택을 보면 왜 그런 추론이 나왔는지 를 알 수 있다. "말한 바가 사실이면 밭 200결과 노비 20명을 상으 로 주고, 관직에 있는 자는 3등을 뛰어 올려 승진시키고, 관직이 없 는 자라면 곧 6품직에 임명한다. 공사(公私) 천인은 양민이 되게 하 되 동시에 곧 7품직에 임명한다. 범인의 집과 재물과 종과 우마를 (고발자에게) 주되 다소를 따지지 않는다"라는 내용이 그렇다. 태종 즉위나 정종 말에 단행된 사병 혁파 등을 반대하는 세력을 겨냥해 신문고를 만들었다는 주장이 나오게 된 배경이다. 하지만 '반역 도 모'나 '종친·훈구 모해'를 고발하는 신문고는 한 번도 울리지 않 았다. 1416년 12월에 '어떤 사람이 고려왕조 후손을 숨겼다'는 고 발이 있었지만, 조사 결과 무고로 밝혀졌을 뿐이다(《태종실록》, 16년 12월 19일).

신분 증명서, 호패 실시로 생긴 뜻밖의 결과

다음으로 호패법이다. 호패법 역시 신민들을 국가에 통속시키려 는 태종의 의도에 따라 추진되었다. 호패법은 고려 말기 도입된 제도로 시행과 폐지를 반복했지만 태종시대에 이르러 전격 시행되었다. 종래 연구자들은 '호패법에 대한 논의는 임진왜란 이후 본격적으로 제기되었고, 인조와 숙종시대 들어 본격 시행'된 것으로 보고 있다. 조선 전기 호패법의 시행과 혁파와 관련해 태종시대의 성과는 무시되는 경향이 있다. 호패법이 1458년(세조 4년) 4월 시행 → 1469년(예종 1년) 12월 폐지 → 1536년(중종 31년) 8월 시행 → 1538년(중종 33년) 12월 폐지 → 1547년(명종 2년) 2월 실시 → 1550년(명종 5년) 12월 폐지와 같이 시행과 폐지를 반복했다는 연구가 그렇다(설현지 2021). 하지만 《태종실록》을 보면 호패 제도는 다각적으로 논의되었고, 실제로 시행되었다.

호패법은 1398년(태조 7년)에 도평의사사에서 처음 건의되었으나 시행되지 못했다. 1402년(태조 7년)에 이르러서야 왕은 의정부 건의를 받아들여 사람들에게 호패를 나눠주라고 지시했다. 하지만 호패법은 그로부터 11년이 지난 1413년(태종 13년)에야 시행되었다. 그해 8월 태종은 황자후(黃子厚)의 제안을 받아들여 호패 제도에 대해 신하들의 의견을 물었다. 태종은 그 이전부터 호패법을 시행하자는 의견이 있었고 왕 자신도 필요하다고 생각해 대소 신료들에게 그 의견을 물었는데, 다수가 찬성했다고 말했다. 실록에 따르면 신하들은 호패 제도가 "백성에게 해가 없고 나라에게 유익하며, 또 지폐법[鈔法·초법] 시행도 이로 말미암아 쉽게 행해질 수" 있다면서 의견을 묻는 왕에게 모두 옳다[唯·유]고 답하며 찬성했다(《태종실록》, 13년 8월 21일).

신분 증명을 위해 차고 다니던 호패 (이미지 출처: 국립민속박물관)

그 이전에 태종은 1407년 과거시험 시무책(時務策)으로 '부역(賦
役)을 고르게 할 수 있는 방안으로 인보제도[隣保之制·인보지제]*와
호패 설치[號牌之設·호패지설]가 어떤지'에 대해 의견을 물은 적이
있다(《태종실록》, 7년 4월 18일). 여기서 보듯이 호패 제도는 그 자체로
서 목적을 갖기보다는 다른 무엇을 위해 추진되었다. 물물교환을
대신할 지폐 유통과 연동시켜서 혹은 국가에서 징발하는 무상 노
동[賦役·부역]에 신민들을 참여시키기 위해서 호패 제도를 실시하
려 했다. 어쨌든 신하들이 모두 찬성함에 따라 열흘 후에 의정부에

---

* 몇 개 집들을 묶어서 서로 보호하고 지키게 만든 자치 조직.

서 시행 방안을 보고했다. 의정부 시행 방안을 보면 구체적으로 호패 모양과 그 안에 새길 내용 등이 자세히 기록되어 있다. 태종정부는 1413년 10월 1일부터 열흘간 호패 제도 실시를 두루 알리고 11일부터는 호패를 차례대로 만들어 지급했다. 12월 1일부터는 전국의 대소 신민이 호패를 찰 수 있었다(《태종실록》, 13년 12월 1일). 그해 12월 8일 실록에 충청도에서 16,297명이 호패를 추가로 받았다는 기록이 있음을 볼 때(《태종실록》, 13년 12월 8일) 호패 시행이 본격화되었음을 알 수 있다.

호패법이 시행되는 가운데 뜻하지 않은 에피소드도 생겼다. 1413년 11월 고려 후손 왕거을오미(王㐆乙吾未, 왕휴[王庥]의 서자)가 충청도 공주에 숨어 살다가 체포되었다. 그는 성과 이름을 숨기고 살았는데 호패를 마련하려다가 정체가 드러나 체포되었다. 조사 과정에서 왕거을오미 집 근처에 살던 지신사 김여지(金汝知)가 그의 동정을 알고도 보고하지 않은 사실이 드러났다. 사헌부는 김여지를 탄핵하는 한편, 왕휴의 아들이 살고 있는 곳을 알아내기 위해 전국 사찰을 모조리 조사했다(《태종실록》, 13년 11월 15일). 이때 언관들은 왕거을오미를 모두 죽이라고 줄기차게 요구했다. 이미 패몰해 보호받을 힘이 없는 자를 떼 지어 공격하는 언관들의 들개 근성이 이때도 드러났다. 하지만 태종은 "역대 제왕이 역성혁명하여 전대 자손을 베어 없앤 사실을 나는 역사책에서 보지 못했다"라면서 그를 석방시켰다. "나는 왕씨의 후예를 보전하겠다"라는 말도 덧붙였다(《태종실록》, 13년 11월 21일; 13년 11월 26일; 13년 11월 29일; 13년 12월

1일). 이미 '고려의 충신'인 길재와 정몽주도 포용했고, '고려의 왕업이 길지 못한 게 한스럽다'고 말한 서견까지도 용서한 마당에 왕거을오미를 죽이는 일은 옳지 않다고 판단했다.

• 고려 충신 서견을 대하는 태종의 태도

서견을 처벌해야 한다는 신하들에게 태종은 이렇게 대답했다. "전조(前朝: 고려)의 신하가 전조를 잊지 못함은 인정이다. 옛적에 장량(張良)이 한(韓)나라를 위하여 원수를 갚았는데, 군자가 옳게 여겼다. 우리 이씨(李氏)도 어떻게 하면 천지(天地)와 더불어 무궁할 수 있겠는가? 만일 이씨 신하에 이와 같은 사람이 있다면 아름다운 일이다. 마땅히 내버려두고 묻지 말라(《태종실록》, 12년 1월 29일)."

서견은 공민왕 때 과거에 합격하고 사헌장령(司憲掌令)까지 역임한 고려 관리다. 그는 이성계가 해주에서 낙마했을 때 정도전 등을 공격한 정몽주 지지자였다. 정몽주가 이방원에 의해 제거되면서 유배되었다. 그런 그가 태종 재위 중반부에 고려를 그리워하며 지은 시 때문에 위험에 처했다. 대사헌 유정현(柳廷顯)은 '서견이란 자는 몸은 조선에 있지만 마음은 고려에 있다'면서 처벌을 요청했다. 하지만 태종은 '고려 신하가 고려를 그리는 시를 지었으니 착하다고 해야 한다'며 처벌을 반대했다. 만약 서견에게 죄를 준다면, 길재는 어떻게 하겠느냐며 처벌 불가를 고수했고, 그 결과 문죄 요청이 그쳤다.

태종의 이러한 태도는 재위 초반부와 다른 모습이다. 왕위에 오르던 해 변남룡 부자는 '천변이 자주 나타나는 것으로 보아 이 나라가 오래 못 가겠다'라는 말을 해서 처벌받았다(《태종실록》, 1년 2월 9일). 하지만 그 후로 꾸준히 정통성 기반 닦기에 노력한 결과, 이제는 정몽주와 길재처럼 유명한 지식인은 물론이고, 서견 같은 사람도 포용할 수 있게 되었다. 그 같은 체제 자신감 덕분에 세종 때 서견은 《삼강행실(三綱行實)》에 충신 사례로 들어갈 수 있었고(《연산군일기》, 10년 9월 18일), 선조시대에는 그 절의를 인정받아 대사간에 추증되었다(《선조실록》, 8년 2월 2일).

고려의 충신이었던 길재나 이행(李行)의 경우 더 나아가 자식들에게 자기는 고려인으로 죽지만, 너희 세대부터는 '고려인'이 아닌 '조선인'으로 살라고 말했다(《세종실록》, 1년 4월 12일; 이행, 《기우집(騎牛集)》 권2 부록, 〈유사척록[遺事摭錄]〉). 건국 이후 공들여온 조선인 만들기가 점차 효력을 발휘하고 있다는 증좌라고 판단한다.

5

'탈(脫)정도전 체제'를 위한
정치 개혁

1411년부터 1413년까지 태종 재위 중반부 정치 이슈인 '서경(署經)-관교(官敎) 논란'은 한마디로 미완의 개혁이었다. 태조 때의 관리 임명 방법을 고치려는 시도가 논란 끝에 절충 선에서 끝났기 때문이다. 하지만 이 논란이야말로 '국가 주인이 누구인가'를 둘러싼 군신 간 견해 차를 극명하게 보여주었다.

서경이란 국왕이 관리를 임명할 때 대간의 동의[署·서]를 거치게 [經·경] 하는 제도다. 태종시대 '서경-관교 논란'은 두 번에 걸쳐 진행되었다. 1라운드는 1411년 4월 "대간이 간혹 100일이 지나도록 임명 서류[告身·고신]에 서명하지 않는다"라고 왕이 문제를 제기하면서 시작되었다. 사헌부와 사간원 관리들이 국왕의 관료 임명에

협조하지 않는다는 게 태종의 불만이었다. 따라서 "이제부터 1품에서 9품에 이르기까지 모두 관교", 즉 국왕 교지(敎旨)만으로 임명하면 좋겠다고 태종이 제안했다. 실록을 보면 이날 대신들은 서로 의견이 분분하여 결정짓지 못했다고 한다(《태종실록》, 11년 4월 14일).

태종은 그 이듬해 정월 신하들에게 관리 임명법[告身法·고신법]의 유래와 역사에 대해 설명했다. "① 태조가 관교로 고쳤다가, ② 상왕(上王: 정종) 때에 다시 그 법(서경)을 시행했는데, ③ 조준을 정승에 임명하려 할 때 대간에서 서경을 하지 않았으므로 내가 심히 미워하여 곧 관교로 개정했다"는 것이다(《태종실록》, 12년 1월 29일). 신하들의 의견은 달랐다. "대간이 서경할 때 사람의 귀천을 분변할 뿐만 아니라, 자기 한 몸의 과실도 징계하기" 때문에 가볍게 고쳐서는 안 된다고 주장했다. 정종 때 도입한 4품 이하 관리에게 대간의 서경을 거치게 해야 한다는 말이었다. 이 말을 들은 태종은 "국론(國論)이 그렇다면 따르겠다"라고 한발 물러섰다.

2라운드는 그로부터 2년이 지난 1413년에 진행되었다. 사헌부는 1품만 관교로 임명하고, 2~9품은 서경을 거치게 해야 한다고 상소했다. 태종은 이 상소에 대해 비답을 내리지 않고 궁중에 머물러 두는 방식[疏留中·유소중]으로 거절했다. 그러자 대사헌 정역(征役)이 위 제안을 재차 요청했고, 태종은 전·현직 관리와 원로대신들을 불러 '1품만 관교'안 가부를 묻게 했다. 조사 결과 다수가 찬성했고, 소수는 반대했다. 대간은 조사 결과에 따라서 2품 이하는 서경을 거치게 하는 법을 세우자고 촉구했다. 이에 대해 태종은 '다시 생각해보겠다'고 보류했다(《태종실록》, 13년 3월 12일).

'관리 임명은 국왕 고유 권한이다'

그다음 달인 1413년 4월 사간원은 병조판서(정2품) 이천우(李天
祐)와 의정부참찬(정2품) 유정현의 임명 서류 서명을 거절했다. '이
조판서로 이천우를, 그의 매부 유정현을 참찬 의정부사로 삼는 것
은 부당하다'는 게 거절 이유였다. 태종은 사간원 상소를 불사르게
하면서 "속히 서경하라"고 촉구했다. '내일 조회를 안 보겠다'고 압
력을 넣기도 했다. 결국 대간은 서경했다(《태종실록》, 13년 4월 16일).
태종은 두 달 뒤에 사간원 신하들을 불러 유정현 등의 고신에 서경
하지 않는 이유를 따져 물었다. "내가 청하고 애걸한 뒤에야 너희
들이 나를 위하여 생색을 내는가? 이것이 무슨 말이냐?"라고 꾸짖
기도 했다. 왕의 압력을 받은 사간원이 임명 서류에 서명하면서도
작은 글씨로 "4품에 한함"이라고 썼다. 그러자 태종은 "관작(官爵)
은 임금의 권병이다[人君之柄·인군지병]"이라면서 재차 압력을 가했
다. 그러자 대사헌 윤향(尹向) 등은 '임명 후보자들의 가세(家世)와
행실이 바르지 못한 자를 자세히 논한 다음, "서경할 수 없다"라고
버텼다. 태종은 그 상소 역시 궁궐에 머물러 두고 비밀리에 붙이는
방식으로 거절했다(《태종실록》, 13년 6월 24일).

하지만 태종도 결국 4품 이상 관리에게만 관교로, 즉 국왕 교지

만으로 임명하기로 양보할 수밖에 없었다. 유정현 등의 고신을 사헌부가 서경하지 않았기 때문이다. 사간원 신하들 역시 '고려왕조의 500년 유지는 서경 제도 덕분'이라면서 1품 이하 모든 관리에게 서경을 거치게 하자고 주장했다(《태종실록》, 13년 11월 4일). 태종도 결국 타협했다. 4품 이상 관리만 관교로 임명하기로 했다(《태종실록》, 13년 10월 22일).

'서경-관교' 문제는 태종 재위 중반부에 들어 국가가 안정기에 접어들었음을 보여주는 이슈다. 1411년부터 1413년까지 이 문제는 계속해서 논란이 된다. 국가 경영의 중심, 즉 관료 인사권자를 둘러싼 이 논쟁의 본질은 정도전이 구상한 '재상 중심 체제론'과 태종이 생각한 '국왕 중심 국가론'의 대립이다. 이 논쟁에서 태종은 일관되게 인사권자는 신하가 아닌 왕[官爵人君之柄 · 관작인군지병]이라고 강조했다. 그는 처음에 1품부터 9품까지 모두를 왕이 직접 관교로 임명하려고 했다(《태종실록》, 11년 4월 14일). 하지만 논란 끝에 5품부터 9품까지 하급 관리는 서경을 거치게 했다. 세종 때 이 문제는 다시 논란이 되었으나 1~4품까지는 국왕 교지로만 임명하는 태종의 결정을 따르기로 했다(《경국대전》에도 그대로 반영).

"조선이 고려에서 벗어나 온전한 새 왕조 체제를 구축한 것은 태종이 들어선 다음"이라는 한 역사학자의 지적처럼, 태종시대에 들어서 조선왕조는 비로소 새 국가 체제의 틀이 잡히고, 각종 사회 현안들이 해결되었다. 제1, 2차 왕자의 난을 거치며 권력 구조가 새롭게 재편성되었으며, 오랫동안 풀리지 않은 숙제였던 대명 관계도 태종 재위 초반에 이르러 해결되었다. 고려 말부터 심각한 사회 문제였던 토지제도와 더불어 노비 문제가 양안(量案) 조사와 노비변정 사업을 통해 해결되었다. 이 시기에 이루어진 사찰의 혁거(革去)와 정비 역시 고려 사회에서 조선 사회로 커다란 전환이 마무리되었다는 상징성이 있다(민현구 2007, 131쪽). 그야말로 고려 공민왕 즉위(1351년) 전후 시기부터 세종의 사망(1450년)까지 100여 년간 진행된 '조선인 만들기' 프로젝트 정점에 태종시대가 놓여 있었다.

백성 신뢰 얻는 비결,
민생 경영

　태종 개혁 중에서 민심을 얻는 데 가장 크게 기여한 일은 무엇일까? 여러 가지가 있겠지만 역시 민생 경영, 즉 백성 생활과 생계에 직결되는 사안을 잘 처리한 점을 꼽을 수 있다. 그가 세상을 떠났을 때 사람들은 "20년 동안 백성들은 평화로웠고, 물산이 풍부하여 창고가 가득 찼다"라고 평가했다(《세종실록》, 4년 5월 10일). 태종은 어떻게 평화롭고 잘 사는 나라를 만들었을까? 실록을 보면 그의 재위 기간에 사방 국경이 안전하여[四境按堵·사경안도] 백성들이 전쟁 걱정 없이 살았다[民安·민안]고 한다. 물산이 풍부하고[物阜·물부] 창고가 가득 찬 것은[倉庫充溢·창고충일] 백성들이 전쟁 걱정 없이 일터에서 부지런히 노력한 결과였다.

앞에서 태종 재위 기간을 20년이라고 말한 이유는 제2대 국왕 정종 재위 기간 2년(1398년 9월~1399년 11월)을 포함했기 때문이다. 그 시기 태종은 세자였지만 실질적으로 국정을 운영했다. 여기에 태종 자신의 재위 기간, 즉 1399년 11월 11일 즉위일부터 세종에게 전위한 1418년 10월 10일까지 약 18년 여를 더해서 20년이라고 산정했다. 물론 20년간 주변 국가의 침략이나 약탈이 전혀 없었던 것은 아니다.

태종 재위 6년(1406년) 4월에 왜구들이 전라도 조운선(漕運船: 지방에서 조세로 거둬들인 곡물을 서울로 운송하던 배) 14척을 약탈했고, 재위 10년(1410년) 2월과 4월에는 여진족(올적합)이 함경도 경원을 침입해 지휘관을 죽이거나 조선군을 패퇴시킨 일도 있었다. 중요한 점은 태종시대에 들어서 패권국 명나라와 국교가 정상화되었고, 일본과 여진 등 주변국과의 관계가 자리 잡혔다는 사실이다. 당시 신하들도 '태종정부의 외교력'을 국경 안전 이유로 꼽았다. "명나라 천자가 지성(至誠)스러운 사대를 칭송하고, 왜국이 교린(交隣)함에 도(道) 있음을 알고 복종했다"라고 평가했다(《세종실록》, 4년 5월 10일). 태종시대 외교는 뒤에서 살피기로 하고, 여기서는 민생 경영에 대해서 고찰한다.

민생(民生) 경영, 즉 백성들의 생활과 생계에 직결되는 사안을 잘 처리하는 일은 예나 지금이나 어렵다. 태종이 조정 관리들에게 "먹을 것이 풍족하고[足食·족식] 병력이 충분해야[足兵·족병] 백성이 믿는다[民信·민신]는 이치"를 질문한 것도 그런 맥락이었다(《태종실록》,

5년 4월 13일). 재위 5년째인 1405년 4월, 모든 관리들은 왕의 질문에 대해 모두 의견을 써서 밀봉해서 제출해야 했다. 하지만 왕의 이 질문에 대해 그다지 신통한 의견이 나오지 않은 듯하다. 두 달 뒤 '백관들의 소견 중에서 쓸 만한 것을 시행하시라'는 사간원 상소에 대해서 태종은 '마음에 든 게 없으니 보류하라'고 대답했다(《태종실록》, 5년 6월 24일).

왕궁 안의 포럼

사간원의 이 상소는 처음에 별 효력이 없는 듯 보였다. 하지만 '구언했으면 선택해 시행해야 한다'는 말을 태종은 마음속에 새긴 듯하다. 이후 그는 가뭄이나 태풍과 같은 기상이변이 생기면 신하들에게 꼭 말을 구하곤[求言·구언] 했다. 처음엔 신하들이 별 반응을 보이지 않았다. 하지만 왕이 '의정부에 모여 진언(陳言)에 대한 가부(可否)를 충분히 토의[擬議·의의]'하게 하고(《태종실록》, 5년 6월 26일; 6년 7월 27일), 의논을 거쳐 시행할 만하다고 담당 부서에서 제안하면 대부분 윤허하자(《태종실록》, 7년 6월 1일) 진언이 쏟아지기 시작했다. 재위 후반부인 1415년과 1416년은 특히 진언이 쇄도한 시기였다.

가령 재위 15년째인 1415년 6월 14일의 경우가 그랬다. "비가 오랫동안 오지 않으니 인사(人事)에 잘못이 있지 않은가?"라면서 태종은 각 정부 부처와 2품 이상 관리로 하여금 시정(施政)의 득실과 민생의 질고에 대해 모조리 개진할 것을 요청했다(《태종실록》, 15년 6월 14일). 놀랍게도 사흘 뒤인 6월 17일에 140여 조항의 진언이 올라왔다. 이렇게 올라온 진언에 대해서 왕은 육조와 승정원 관리로 하여금 시무(時務)에 절실하지 않은 것은 제외시키고, 실행 가능한 주요 안건 네 가지에 대해 집중 토의하게 했다. 네 가지 안건은 강무(講武)·저화(楮貨)·군대·조운(漕運)이었다. 왕이 각 안건에 대해 물으면 담당자가 대답한 후 판서와 대언들이 요약하여[略·약] 보고[啓曰·계왈]한 뒤 집중 '토의'했다. 그러면 왕이 종합 판단하여 최종 결정을 내렸다(《태종실록》, 15년 6월 17일).

이때 토의하는 방식이 인상적이다. 각 조항마다 ① 의견을 올린 사람의 이름과 주요 내용[陳言·진언], ② 토의해 내린 결론[議得·의득], ③ 왕의 최종 결정[從之·종지, 不允·불윤] 등이 상세히 기록되어 있다(《태종실록》, 15년 6월 25일). 이러한 구언과 진언, 그리고 토의 과정은 그다음 해에도 계속되었다. 1416년 5월에 왕이 가뭄을 구제할 방책을 구언하자 '바로 그날' 일곱 가지 방책 올라왔다[便民七事·편민칠사](《태종실록》, 16년 5월 14일).

왕이 구언 요청을 하고, 신하들이 그 요청에 응해 수백 개의 정책 제안을 신속하게 올리고, 주요 사항에 대해 어전에서 토의한 후, 담당자의 계목(啓目: 실행 방안)을 검토한 후, 왕이 최종 결정하여 시행하는 것을 보면, 영국 옥스퍼드대 파이너(S. E. Finer) 교수가 말하는 "왕궁 안의 포럼(forum in the palace)"이 연상된다. 파이너 교수가 비록《정부의 역사》(1999)라는 책에서 조선왕조 사례를 기술하지는 않았지만, 태종이나 세종시대의 토의와 숙의 과정이 기록된 문헌을 읽었다면, 틀림없이 "왕궁 안의 포럼" 혹은 "왕궁 안의 정치" 사례로 소개하지 않았을까?

태종이 시행한 민생 관련 법안들

다시 민생 경영으로 돌아오면, 태종시대 관리들이 올린 진언의 대부분은 민생 관련 사안이었다. '편민칠사(便民七事)'라는 제목에서 보듯이 농사와 감옥 소송과 노비변정 등 백성들이 가장 힘들어하는 문제점이 그 해결 방안과 함께 올라왔다. 강무·저화·군대·조운 등 꺼내기 어렵지만 민폐를 끼치는 국가정책도 거론되었다. 태종 초반에 진행된 양전 사업, 즉 토지개혁 사업은 농사와 관련된 개혁이었다. 이 양전 사업(1405년 '을유양전')은 공신이나 왕실 등 귀족층이 누락하거나 축소해서 보고했던 농토를 찾아내는 일로서, 토지 조사 결과 16년 전인 1389년에 실시했던 '기사양전' 때보다 약 10만 결이 늘어난 922,682결의 토지를 절대농지로 확보했다(1차 양전). 1411년부터 1413년에도 재차 양전(2차 양전)이 실시되었다. 이번에는 1405년에 빼놓았던 평안·함경도까지 조사해 모두 120만여 결의 절대농지를 확보했다(한충희 2014, 218쪽).

그런데 국가의 경작 농지가 늘어난 것이 백성들의 삶과 무슨 관계가 있을까? 고려 말 조준의 '전제 개혁 상소'에서 보듯이, 권문세족들은 갖가지 방법으로 농민들의 토지를 빼앗았고, 국유지도 그들의 사유지로 변모되었다. 하지만 정작 농사를 짓는 농민들에게는 '송곳 하나 꽂을 땅'도 주어지지 않았다. 그런 상황에서 불법으로 점유한 권세가들의 땅을 되찾아 농민들에게 되돌려주는 양전 사업은 당연히 백성들에게 이로운 정책이었다.

태종 때 도입된 노비종부법 역시 민생과 직결된, 매우 이례적인 법제였다. 1414년 6월 27일 《태종실록》을 보면 "처음으로 공사(公私)의 여자 노비[婢子·비자]가 양인 남자[良夫·양부]와 결혼해서 자식을 낳으면, 아비를 따라서 양인으로 삼으라"는 왕명이 실려 있다. 고려시대를 포함해 이날(1414년 6월 27일) 이전에는 양인과 천인 사이 결혼[良賤交婚·양천교혼]이 법적으로 금지되었다. 그럼에도 불구하고 양천교혼은 현실에서 일어났고, 그 사이에서 자녀가 태어나면 천인으로 삼았다.

역사상 매우 이례적인 법안, 노비종부법

태종 때 시행된 노비종부법은 1432년(세종 14년) 3월까지 18년가량(1414년 6월 27일~1432년 3월 15일) 존재했던 아주 예외적인 신분법이었다. 세종은 재위 14년 3월 신하들의 요청을 받아들여 노비종부법을 폐기하고 종모법(從母法), 즉 양천교혼으로 태어난 자녀는 어머니 신분을 따라 천인이 되게 했다(양인 여자와 천인 남자 사이의 결혼은 과거처럼 법적으로 금지됨). 태종이 이날(1414년 6월 27일) 노비종부법을 시행한 목적은 간단했다. 양인 수를 늘려 국가사업에 동원할수 있게 하기 위해서였다. 같은 날 예조판서 황희가 지적했듯이, 천인의 경우 군역 등에서 제외시켜야[放役·방역] 해서 국가 경영에 어려움이 많았다.

약 4개월 전에 하륜이 부모 중 어느 한 명만 양인일 경우 자손을 양인으로 만드는 조치가 '양인을 늘리고 천인을 줄이려는 취지[良多賤少之義·양다천소지의]에 부합된다'라고 말한 것도 같은 취지였다(《태종실록》, 14년 2월 6일). 하륜이 제안할 때만 해도 '일이 지극히 중대하다'고 하여 태종은 결단을 내리지 못했다. 하지만 1년 전인 1413년에 명나라의 일본 공격설이나 평양성 축조 등 군역 종사 인력이 많이 필요해지고, 점점 노비의 주인이 누구인지를 둘러싼 소송이 많아지면서(1414년 4월 '노비변정도감' 설치) '양인을 늘리는' 노비종부법을 시행하기에 이르렀다.

이외에도 민생에 관련된 정책 사안으로는 청원·상소·고발 세가지를 목표로 만들어진 신문고(1402년 1월)와, 조선왕조 주민등록제인 호패법 제정 및 실시(1413년 12월), 그리고 화폐법(貨幣法) 도입이 있다. 교종과 선종 소속 주요 사찰만 남기고 나머지는 모두 혁파한 불교 개혁 역시 민생 관련 정책이었다. 이때 전국적으로 사찰 소속 5만~6만 결의 전토와 8만여 노비가 국가 소속이 되었고, 그 와중에 백성들도 상당한 영향을 받았기 때문이다. 이 중에서 화폐법 개혁, 즉 저화(종이돈)와 동전으로 쌀과 베 등의 현물 화폐를 대신하게 하려는 정책을 태종은 매우 공들여 추진했다.

1401년 4월 좌의정 하륜의 건의로 저화제가 처음 실시되었다. 태종은 사섬시(司贍寺)를 설치해 이 일을 담당하게 했다. 그리고 그때까지 통용되던 포화(布貨: 삼베, 무명, 모시, 면주 등으로 만든 현물 화폐)를 금지시켰다. 국가에 납부할 세금은 저화로만 내라고 강요하기도 했다. 1415년에는 '조선통보(朝鮮通寶)'라는 동전을 법화(法貨: 강제 통용력이 있고 지불능력을 국가가 보장하는 화폐)로 유통시키기로 결정했다. 하지만 화폐제도에 대한 정부 정책이 자주 바뀌고 백성들이 현물 화폐를 선호하면서 결국 저화나 동전 제도는 모두 실패한 정책으로 끝났다. 정부에서 아무리 좋은 취지를 강조하고 따르지 않을 경우 엄벌을 가해도 백성들이 납득하지 못하고 신뢰하지 않는다면, 화폐 원료가 부족하고 기술 인력을 동원할 수 없다면, 그리고 통용되는 물류가 부족할 경우 정책의 추진은 실패하고 만다는 교훈을 태종시대 화폐제도는 남겼다.[*]

---

[*] 세종 때도 화폐제도는 지속적으로 시도되었으나 결국 실패했다. 1474년(성종 5년)에 공포·시행된 《경국대전》 '국폐(國幣)'조에는 "포화와 저화를 통용한다"라고 되어 있다.

태종 민생 경영이 남긴 교훈

그런데 태종 재위 동안 "물산이 풍부하여 창고가 가득 찼다"라는 기록은 무엇을 의미하는 것일까? 서울과 지방 창고가 가득 차서 물로 주변을 둘러싸게 하는 창고를 연이어 지어야 할 정도로 경제적인 여유가 생겼다는 실록 기사를 우리는 어떻게 이해해야 할까?

민생과 관련된 태종정부의 정책들이 주는 메시지는 다음과 같다. '정부에서 괴롭히지만 않는다면 백성들은 스스로 생업을 꾸려 간다. 국가가 할 일은 외적 침략을 막아내고(국방) 국내의 도둑을 잡아 가두는 것이다(치안).' 실제로 태종은 후대의 세종처럼《농사직설(農事直說)》과 같은 첨단 농법을 전파한 것도 아니고, 남·서해안의 섬들과 북방 지역을 개·간척해 절대농지를 넓히지도 않았다. 다만 그는 백성들을 부역에 동원하는 것을 최소화했고, 국경을 안정시켰을 뿐이다. 민생 경제가 정부 경기 부양책으로 살아나고, 시장 질서가 규제에 의해 공정해진 사례가 역사 속에 과연 몇 번이나 있었는지 의심스럽다.

7

군주는 백성 생명
지키는 무한 책임자

이상에서 살핀 것처럼, 태종은 '가족같이 화합하고 잘 사는 나라'라는 정치 비전을 세우고, 그 비전을 달성하기 위해 천도에서부터 민생 법안 수립까지 각종 개혁을 추진했다. 비유하자면 그는 조선이라는 집을 지어가면서(창업) 동시에 집 내부 구조를 고쳐서 사람들이 살기에 편리하도록 하는 일(수성)을 동시에 추진했다. 이 과정에서 그는 '나랏일을 어지럽히는 난적(亂賊)'으로 간주된 자에게는 선제적으로 대응해 그 싹을 잘라냈다[先發制之ㆍ선발제지]. 하지만 민생과 관계되는 일은 '엉킨 실타래 풀듯이 신중하게' 접근했다. 화폐제도처럼 민생 관련 법안은 급급히 추진해서는 결코 성과를 거둘 수 없다는 것을 경험을 통해 깨달았기 때문이다.

민생 경영과 관련해 태종이 보인 특이한 점은 현지의 정확한 정보 파악을 매우 중시했다는 점이다. 이른바 '경차관(敬差官) 정치'라고 부를 수 있는 정보 수집 노력이 그랬다. 재위 11년째인 1411년 여름, 수원 지역에 가뭄이 들자 태종은 경차관이라 불린 별도의 조정 관리―나중에 어사(御使)가 그 역할을 수행―를 파견해 진상을 파악하게 했다. 초가을에 접어든 시점에 곡식이 모두 말랐다는 보고를 받았는데, 그게 정확한 정보인지를 알아보게 했다(《태종실록》, 11년 7월 10일).

　　태종은 거짓 보고에 매우 민감했고, 경차관을 그 이전 국왕보다 훨씬 자주 파견했다(연평균 태조 1회, 정종 0.5회, 태종 7.8회 파견). 그래서 백성 질고(疾苦)를 물어서 보고하게 하는가 하면(《태종실록》, 11년 11월 20일), 태풍 피해를 과장 보고한 풍해도(황해도) 관찰사와 수령들을 파면시키기도 했다(《태종실록》, 12년 8월 21일). 그는 조정 관리 중에서 강명하고 어진 마음을 가진 자를 선택해서 각 도에 나누어 보내 백성들의 실제 상황을 조사하게 했다(《태종실록》, 11년 11월 20일). 어떤 경우에는 또 다른 경차관을 보내서 이미 보낸 경차관이 잘 하고 있는지를 관찰하게 했다. 언관들은 이미 각 도에 관찰사를 뽑아 일을 위임했는데 따로 경차관을 보내 조사하는 것은 적절치 않다면서 "경차관을 보내지 말고 관찰사에게 위임"하라고 요청했다(《태종실록》, 12년 5월 19일).

　　하지만 태종의 '경차관 정치', 즉 왕이 파견한 중앙 관리를 통해 지방 정보를 파악하는 노력은 계속되었다. 재위 13년(1413년) 8월에 기록된 '경차관 봉행 사목(奉行事目)'을 보면 곡식의 풍흉 정도는 물론이고, 각 고을의 창고 현황, 산성(山城) 관리 실태, 백성에게 이롭고 해로운 정책과, 업무에 태만한 수령의 성명 등 세세한 내용이 적혀 있다(《태종실록》, 13년 8월 12일).

다른 한편 민생과 관련해 주목할 점은 태종의 자연관, 즉 자연재해를 이해하고 대처하는 방식이다. 재위 12년째인 1412년 7월 17일의 실록을 보면 태풍이 불고 폭우가 쏟아져 곡식이 모두 쓰러졌다. 이 소식을 들은 왕은 놀라고 두려워하여 잠을 자지 못했다. 다음 날 태종은 내시를 보내 들판의 곡식을 살펴보게 했다. 그는 곡식이 이미 다 익었는데도 제때 수확하지 않아서 피해를 입게 한 책임을 수령들에게 물었다. "종일 큰 바람이 불었는데도, 들판에 나가 논밭을 살피지 않은 수령들을 조사해 아뢰라"며 경차관을 파견했다. 아울러 그는 조운선 침몰 사망자 가족에게 세금을 면제해주라고 지시했다. 태풍이 잦은 7월에는 배를 바다에 띄우지 못하게 하는 법을 세우기도 했다. 피해 상황을 축소 보고한 관리들을 여지없이 직위에서 해임했다.

특이한 것은 태종이 이때 《옥력통정(玉曆通政)》이라는 책을 읽고 풍우의 재변이 끼칠 후속 피해를 예방하도록 한 점이다. 일시적 조치에 그치지 않고 반복되어 나타나는 재해의 피해를 연구해서 미리 방비토록 한 것은 그동안의 다른 임금들에게서 찾아볼 수 없는 일이다. 가뭄이나 홍수 등 자연재해가 발생했을 때 왕들이 취하는 일반적인 조치는 자기반성과 제사다. 이는 동중서의 '천인감응설'

에 근거한 것으로 땅 위의 지도자들이 어떻게 정치하느냐에 따라 하늘의 기운이 다르게 나타난다는 관념을 보여준다. 태종 역시 가 뭄이 들면 맨 처음 철주(輟酒: 술을 그침)와 감선(減膳: 반찬 수 줄이기) 과 사냥 중단 등 자기를 절제하는 행동을 보였다. 기우제나 기청제 와 같은 제사도 지내게 했다. 단, 태종은 태조를 비롯한 대다수 왕 들과 달리 제사를 맨 나중에 언급했다. 그는 '제사보다 인사(人事) 가 먼저'라는 신념을 가지고 있었다.

달이 금성을 범했다는 보고를 받은 직후, 태종은 좌우 신하들에 게 "천변(天變: 하늘의 재변)을 만났다고 반드시 빌 것은 없다. 그것이 어찌 군신이 각기 자기 맡은 바 일을 바르게 함만[各正乃事·각정내 사] 같겠느냐?"라고 말했다《태종실록》, 11년 1월 5일). 또한 전라도의 지진 소식을 듣고 해괴제(解怪祭)를 지내야 한다는 서운관(書雲觀) 관리에게 "천재지변을 만나면 마땅히 인사를 닦아야 한다[遇天災地 怪 當修人事·우천재지괴 당수인사]"라면서 거절했다《태종실록》, 12년 2 월 1일). 천재지변에 대한 최고의 대응책은 사람 임용을 잘 하는 것 이라는 게 그의 신념이었다.

"내 책임이다" - 국가 재난 사고를 대하는 태종의 자세

조운선 침몰 사건이 발생했을 때 태종은 그 책임을 아랫사람에게 떠넘기지 않았다. 1403년 5월 경상도에서 강원도로 가던 조운선 34척이 바다 한가운데서 침몰했다. 이 보고를 받은 태종의 첫 번 째 반응은 "책임은 바로 내게 있다[責乃在予·책내재여]"였다. 보고에 따르면 이 사고로 1만여 석의 쌀이 침몰되었고 1천여 명이 사망했다. 수군 관리가 해역 인근을 수색하게 했는데, 섬까지 헤엄쳐서 살아난 사람이 수색하러 온 사람들을 보고 도망하면서 "머리를 깎고 이 고생스런 일에서 벗어나려고 한다"라고 대답했다. 차라리 나라에서 천대하는 중이 되더라도 조운선을 타는 위험한 직업은 안 하고 싶다는 얘기였다. 이 말을 전해 들은 태종은 마음 아파했다. 바람이 매우 심한 줄 알면서도 배를 출발시켰으니, 이는 실로 백성을 몰아서 사지(死地)로 나가게 한 바나 다를 바 없다고 말했다. 백성생명에 대해 무한 책임을 져야 하는 군주 자신의 탓이 제일 크다고 보았다.

제5장

실용 외교와
국방

1

실용 외교의 기초
_사대교린

　태종시대 외교와 국방을 본격적으로 살피기 전에 알아두어야 할
게 있다. 그 당시 사람들의 천하질서관과 국가 간 힘 관계가 그것이
다. 국가들이 서로 관계를 맺어가는 모습을 우선 알아야 그들의 언
행을 이해할 수 있다.

　전통 시대 동아시아 외교는 한마디로 '사대자소(事大字小)'와 '사
대교린(事大交隣)'이라는 말로 표현된다. 이 말은 《맹자》의 한 구절,
즉 제선왕(齊宣王)이 이웃 나라와 사귐[交隣·교린]을 묻자 맹자가
"지혜로운 자라야 능히 작은 나라로써 큰 나라를 섬길 수 있습니다
[惟智者 爲能以小事大·유지자 위능이소사대]"라고 한 대답에서 유래했
다. 이어서 맹자는 "큰 나라로써 작은 나라를 섬김은[以大事小·이대

사소] 하늘 이치를 즐기는 것이며[樂天者·낙천자], 작은 나라로써 큰 나라를 섬김은[以小事大·이소사대] 하늘 이치를 두려워하는 것입니다[畏天者·외천자]. 하늘 이치를 즐기는 자는 천하를 보전할 것이며[保天下·보천하], 하늘 이치를 두려워하는 자는 그 나라를 보전할 것입니다[保其國·보기국]"라고 말했다.

'큰 나라로써 작은 나라를 섬긴다'는 말은 《춘추》에서 '자소(字小)', 즉 작은 나라[小·소]를 보살피다[字＝慈·자]라는 낱말로 표현된다. 맹자에 따르면 (지금 남아 있는 나라가 몇 안 되는 이유는) "오로지 큰 나라가 작은 나라를 보살피지 않고[大不字小·대불자소] 작은 나라가 큰 나라를 섬기지 않았기[小不事大·소불사대]"때문이었다(《춘추좌전(春秋左傳)》, 애공 7년). 자국의 국력만 믿고 작은 나라를 무모하게 정벌하려 하거나, 자국보다 큰 나라를 인정하지 않으려 한 국가들은 모두 패망하고 말았다는 말이다. 국가들 사이 국력의 대소 차이를 인정하고 서로 분수를 지킬 때, 평화가 유지되고 나라도 보전될 수 있다는 게 맹자의 통찰이다. 여기에는 끝없는 패권 다툼의 악순환을 피하려는 신중함(prudence)과 자기 제한(self-restraining)의 절제 의식이 깔려 있다. 이러한 생각은 어떤 국가의 도덕적 열망(moral aspirations)이나 제국적 팽창이 자제(moderation) 될 때 평화가 유지될 수 있다는 현대 국제정치학자들의 말과 상통한다(한스 모겐소 1948, 13쪽).

'사대'와 짝을 이루는 '자소'와 '교린'은 서로 국력이나 위상이 다른 국가 사이의 외교 원칙이다. 전자(자소)가 중원 대륙의 패권국 입장이라면, 후자(교린)는 조선이나 일본, 여진 같은 제후국끼리의 외교 노선이다. 따라서 동아시아 국가 간 관계는 중원 대륙의 패권국 입장과, 조선 같은 제후국의 입장으로 나누어 살펴볼 필요가 있다.

먼저, 중국의 입장이다. 중원의 패권국은 '사대'의 예를 받는 대신 '자소'라는 혜택을 베풀어주어야 한다. 조선 등 작은 나라들은 패권국에 정기적으로 사절을 보내 예물을 바치는 조공(朝貢)의 예를 갖추었다. 또한 왕이나 세자를 교체하기 위해서는 형식적인 경우가 많았지만, 중국의 승인을 받아야 했다[冊封·책봉]. 그 대신 패권국은 작은 나라의 정권을 안정되게 유지시키고 외침으로부터 보호해주어야 한다('안보 우산').

명나라의 경우 내번(內藩=내신[內臣])의 영역, 즉 (정복된 이후의) 티베트나 몽골처럼 중앙에서 직접 관리를 파견하는 지역과, 외번(外藩=외신[外臣])에 해당하는 조공·책봉 지역이 있었다(조선, 유구, 안남). 일본의 경우 외번과 화외(化外, 중국 관점에서 '야만')를 오갔다. 이러한 위계질서에 대해서 현대 국제정치학자들은 평등한 주권국가 간 관계인 '국제 체계(international system)'와 비교해서, '조공 체계(tribute system)' 혹은 '종주국 체계'라고 표현하기도 한다.

마틴 와이트(Martin Wight) 같은 국제정치학자가 그렇다. 그는 ① 주권국가들로 구성되어 있고 패권이 한 나라로부터 다른 나라로 넘어가며 지속적인 분쟁의 대상이 되는 '국제적 국가 체계'

(international states system)와, ② 패권 국가가 다른 국가들에 대해 최고성이나 우월성을 주장하고 있어 패권 도전이 불가능한 '종주국 체계'(suzerain-state system)로 나누었다(헤들리 불 2012, 379쪽).

잘 알려진 것처럼, 1840년 아편전쟁을 전후한 시기에 영국 등 서양 나라들과 중국 사이에 발생한 가장 큰 혼란은 국가 간의 관계 맺음을 어떻게 할 것인지를 두고 벌어졌다(김용구 1997). 유럽 국가의 경우 신성로마제국 붕괴 이후 1648년 웨스트팔리아 체계에 의해 국가의 독립과 평등권이 이론적으로나마 받아들여져 국가 간 수평적인 외교관계를 맺고 있었다('국제적 국가 체계'). 이에 비해 중국은 여전히 전통적인 조공 체계 관념으로 그들을 대했다('종주국 체계'). 이런 문명 충돌은 400여 년 뒤의 일이고, 태종시대 동아시아의 국가 관계는 중국을 정점으로 한 계층적 질서 속에 놓여 있었다. 이러한 국가 관계에 대한 이해 없이 '조선은 중국에 조공을 바쳤으니 중국의 속국이고 식민지였다'고 하는 말은 마치 '미국과 한국은 국제정치에서 대등한 관계'라는 말 만큼이나 실제와 동떨어진 말이다.

다른 한편 조선의 입장, 즉 제후국의 입장에서도 그 당시의 국가 관계를 살펴볼 필요가 있다. 여기에는 '사대자소'가 아니라 '사대교린'이라는 말이 적용된다. 왜냐하면 제후국의 입장에서는 '자소'의 대상이 없기 때문이다.*

1402년 조선에서 제작된 〈혼일강리역대국도지도(混一疆理歷代國都之圖)〉를 보면 조선은 북쪽으로 몽골과 여진, 서쪽으로 명나라, 남

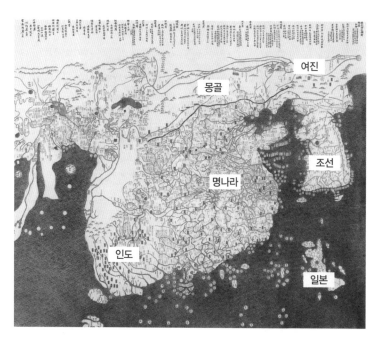

여진

몽골

조선

명나라

인도

일본

〈혼일강리역대국도지도〉. 1402년(태종 2년)에 좌정승 김사형 등이 발의하고 의정부 검상 이 회가 실무를 맡아 제작한 세계지도다. 원본은 전해지지 않고 모사본이 일본 류코쿠대 도서 관에 소장되어 있다. 서울대 규장각에서 소장하고 있는 지도는 그 필사본이다.

쪽으로 일본과 유구로 둘러싸여 있다. 《태종실록》에는 간혹 유구국 (琉球國: 오키나와), 안남(安南: 베트남), 섬라국(暹羅國: 타이), 조와국(爪 哇國: 인도네시아 자바섬)도 등장한다(《태종실록》, 6년 8월 11일; 7년 4월

---

* 태종 재위 전반부까지 조선정부는 여진족을 (암묵적으로) '자소'의 대상으로 분류했 으나, 명나라의 초무(招撫) 정책으로 여진 국가들이 부상하면서 '교린'의 대상으로 전환하였다.

8일; 9년 9월 21일 등). 이 중에서 명나라를 제외하면 모두 교린의 대상이었다. 조선이 일본과 맺는 외교는 이원적인 성격을 띠었다. 즉, 조선은 대마도에 대해서 기미(羈縻)라는, 뜻 그대로 '말과 소의 고삐'처럼 일정한 거리를 두고 제어해야 하는 대상으로 삼았다(자소의 대상). 너무 멀리 두면 왜구가 되어 약탈해오고, 너무 가까이 오면 지나치게 많이 요구해서 다 들어줄 수 없었기 때문이다. 동시에 조선정부는 일본 본국의 무로마치 막부[室町幕府·실정막부]에 대해서는 교린 정책을 취했다. 교린 정책이란 '적국항례(敵國抗禮)' 내지 '적례관계교린(敵禮關係交隣)'을 뜻하는 바, '서로 필적할 만한 나라끼리 대등한 자격으로 교류함'을 말한다.* 다시 말해서 천하 질서 안에서 같은 제후국끼리의 대등한 관계를 가리키는데, 조선은 유구와 여진에게도 비슷한 입장을 취했다(하우봉 2006, 25쪽).

다른 한편 여진 부족은 태종 재위 초반까지 조선 조정에 사신과 공물(특산품)을 바치는 조공 관계를 유지했다. 여러 부족으로 흩어져서 서로 갈등하는 여진의 부족국가들은 '진상숙배(進上肅拜)'라는 사대의 예를 갖추며 조선과 외교관계를 유지하기를 원했다. 그들은 조선에서 생활필수품을 회사품(回賜品: 사례로 돌려받는 물품)으로 받아가곤 했다. 조선에 귀화해서 살거나 벼슬을 내려받기도 했다(자소의 대상). 그러나 자연재해로 기근이 들거나 전란 등으로 절박한 경제 위기가 발생할 경우, 여진 부족은 돌연 조선 변경을 침입하여 우

* 여기의 적(敵)은 '적대'가 아닌 '서로 대등하게 맞선다'는 뜻이다.

마(牛馬)나 사람을 약탈해가곤 했다. 이 때문에 조선정부는 여진을 "인면수심(人面獸心)"의 종족으로 보았다. "야인의 성품은 인의가 부족하다. 그러므로 인(仁)으로 어루만져도 은혜로 생각지 않고 도리어 늑대와 이리[豺狼·시랑]의 마음을 품는다"라는 김종서의 말이 그렇다(《세종실록》, 18년 11월 9일).

여기서 제기되는 질문은 그렇게 만만치 않은 국제관계 속에 놓여 있었던 '조선이 어떻게 장기간 존속할 수 있었나' 하는 점이다. 우리나라는 "사방으로부터 적을 맞이하는 형세"라는, 세종시대 집현전 학사이자 외교관이었던 신숙주의 말처럼** 외교를 잘못하면 예나 지금이나 국가 운명이 순식간에 갈릴 수도 있는 상황에 놓여 있다.

이에 대해서는 미국의 제임스 팔레(James Palais) 교수의 연구가 도움이 된다. 팔레 교수는 조선왕조가 500여 년간 장기 지속될 수 있었던 원인으로 사대교린이라는 주변 국가와의 유연한 외교정책을 꼽았다. 사대주의가 아닌 사대교린이라는 실용 외교의 전통이 나라를 유지시키는 데 큰 도움이 되었다는 얘기다. 그리고 그 실용 외교의 전형을 태종시대 외교에서 찾아볼 수 있다.

** 세종 역시 "우리나라는 네 방향에서 적을 맞고 있다[我國四面受敵·아국사면수적]"면서 '상무(常武)의 기풍'을 진작시키곤 했다(《세종실록》, 24년 3월 10일).

2

중원 대륙의 패권 변동과
사대 외교

　태종시대의 외교는 '사대'와 '교린'이라는 말로 압축된다. 패권
국인 명나라에 대해서는 사대 외교를, 여진·일본·유구 등에 대해
서는 교린 외교를 했다. 이 중에서 명나라와의 사대 외교는 ① 즉위
초인 1401~1402년에 책봉받는 일(태종의 즉위 인정)과 말 1만 마리
교역 요구, ② 1403년에 '요동만산군(遼東漫散軍)'이라 불리는, 압록
강을 건너 우리 땅으로 피난온 사람들을 요동으로 송환하는 일(중
원 대륙의 전쟁을 피해 피난온 여진족과 중국인의 송환), ③ 1407년에 세자
양녕이 명나라 황제를 조현하러 간 일, ④ 1413년 3월에 영락제가
정왜(征倭)하려 했을 때 대응 등이 주요 이슈다.

정안군 이방원의 '선발제지' 외교

　태종정부가 명나라 외교에서 가장 중시한 것은 양국 간 신뢰 구축이었다. 예나 지금이나 최고 권력자끼리의 교유와 존중은 국가 간 신뢰의 기초가 된다. 그 점에서 태종이 왕위에 오르기 전에 명나라 수도를 방문해 주원장 등과 교유한 점은 매우 중요했다. 조선 군주 중에서 외교를 가장 잘한 사람으로 태종을 꼽는 것도 바로 그 때문이다. 태종의 외교 방식은 한마디로 "선발제지(先發制之)"라는 말로 집약할 수 있다. '먼저 일으켜 사태를 제압한다'는 뜻의 이 말은 정도전을 제거할 때를 회상하면서 태종이 쓴 표현이다. 실제로 그는 탁월한 정보력으로 사태를 파악한 다음, 상황을 유리한 쪽으로 이끌어나가는 데 귀재였다. 이 방식은 명나라 황제 주원장을 만났을 때도 발휘되었는데, 몇 가지 장면으로 나눠서 살펴볼 수 있다.

[장면 1] 정안군 이방원의 이야기

　《태조실록》3년(1394년) 11월 19일의 기록은 정안군 이방원이 중국에 가서 명 태조 주원장을 만나고 돌아왔음을 전한다. "우리 전하가 명나라 서울에서 돌아왔다[我殿下回自京師·아전하회자경사]"라는 한 줄 문장은 태종의 외교 리더십을 함축한다. '우리 전하'로 지칭된 이방원은 이날(11월 19일)로부터 약 5개월 전인 6월 7일에 명의 수도 난징을 향해 길을 떠났다. 당시 태조정부는 조선 외교문서의 용어를 문제 삼아 '조선 왕자를 보내라'는 주원장의 요구를 거절할 수 없는 상황이었다.

그 요구를 받은 태조 이성계는 고심 끝에 다섯째 아들 이방원을 불러 도움을 요청했다. 이방원으로서는 부왕의 요청을 거절할 수도 있었다. 만 리나 되는 중국 사행 길이 위험할뿐더러 조선을 심하게 압박해오는 주원장에게 무슨 험한 꼴을 당할지 알 수 없었다. 실제로 그다음 해(1395년) 중국에 간 정총은 주원장의 문자옥(文字獄: 글로 인한 피해)에 희생돼 끝내 돌아오지 못했다. 무엇보다 불과 2년 전인 1392년에 부왕 이성계는 건국 일등 공로자인 자신을 제쳐놓고 이복동생 이방석을 세자로 책봉했었다. 이성계가 '수척해진 이방원의 건강'을 염려한 것에서 보듯이, 스물여덟 살의 젊은 이방원은 깊은 배신감에 힘들어 하고 있었다. 그럼에도 불구하고 이방원은 "나라를 위하는 대계(大計)인데 제가 어찌 피하겠습니까?"라면서 아버지의 요청을 흔쾌히 받아들였다.

[장면 2] 이방원이 만난 명 태조 주원장 이야기

1394년은 주원장이 명나라를 세운 지 27년째 되는 해였다. 그는 빈농의 아들로 태어나 홍건적 두목을 거쳐 중원 대륙을 석권하고 황제 자리에 오르기까지 산전수전을 다 겪은 67세의 노장이었다. 그즈음 그는 확고한 요동 지배를 위해 그동안의 우호적인 태도를 바꾸어 조선을 압박하기 시작했다. '조선이 요동의 장수를 매수하고 여진족 수백 명을 조선 땅으로 유인해갔다'며 질책하는가 하면, 외교문서 어투를 문제 삼아 아예 국교 단절을 선언했다. 그는 조선 사신들을 요동에서 다섯 차례나 되돌려 보냈다. 그런 상황에서 '조선의 왕자를 보내라'는 요구는 인질을 담보로 조선을 협박하겠다는 말이나 다름없었다.

그런데 '인질'로 보내온 조선의 왕자는 초면이 아니었다. 6년 전인 1388년, 고려의 이색을 따라왔던 이방원이 어엿한 조선 왕자가 되어 다시 나타난 것이다. 실록을 보면 주원장은 이방원을 두세 차례 불러 대화를 나누었다. 이방원은 우선 황제에게 외교문서 속 표현에 대해 상세히 설명했다[詳明·상명]. 외교문서에 "조선 국왕"이라 하지 않고 "조선국 권지국사(權知國事)"라고 적은 이유는 황제가 국호만 내려주고 왕의 작호(爵號)까지는 내린 적이 없어서 감히 왕이라고 일컫지 못한 것이라며, 이제 작호까지 허락한다면 기꺼이 사용하겠다고 말했다. 주원장 자신이 의혹을 품고 있던 문자 표현의 오해를 충분히 불식시키는 해명이었다. 이방원은 선발제지의 방식으로 상대방 마음을 꿰뚫고 적극적으로 대응했다. 이방원의 말을 들은 주원장은 흡족해하며 "우대하는 예를 갖추어 조선으로 안전하게 돌려보내라"고 지시했다. 양국 간의 외교적 갈등이 원만히 해결된 것이다.*

---

* 이방원이 결코 녹록하지 않은 명나라 사행을 성공적으로 마치고 귀국한 내용은《용비어천가》94장, 2권 697~699쪽과《태조실록》3년(1394년) 11월 19일자에 자세히 기록되어 있다.

[장면 3] 이방원이 귀국 길에 만난 연왕 주체 이야기

명 태조 주원장의 넷째 아들 주체(朱棣)는 1394년 당시 군사가 제일 많았던 베이징의 번왕으로서 14년째 세력을 키워오고 있었다. 2년 전인 1392년, 황태자가 갑자기 병으로 사망하자 대권까지 꿈꾸고 있었던 차였다. 주체는 훗날(1402년) 마침내 황제(영락제) 자리에 오른다. 이방원이 조선으로 돌아오던 그때 주체는 주원장의 호출을 받아 난징으로 가던 길이었다. 실록을 보면 두 사람은 베이징 근처에서 마주쳤는데, 급히 달리던[疾行·질행] 주체가 길가에 서 있는 이방원을 보고 수레를 멈추게[停駕·정가] 했다. 손수 수레의 휘장을 젖힌 주체는 온화한 말로 이방원과 한참 동안 이야기하고는 지나갔다. 장차 조선과 명나라의 최고 권력자가 될 두 사람이 무슨 대화를 나눴는지는 전해지지 않는다. 하지만 이때 형성된 두 사람 사이의 호의와 신뢰는 향후 양국의 국교 정상화와 협력 관계 유지에 밑거름이 되었다.

조선과 명나라의 우호 관계는 태종시대에 들어 본격화되었다. 태종은 중원 대륙의 패권국 명나라와의 돈독한 관계가 조선의 국격 향상과 안보에 절대적이라고 보았다. 명나라에서 말 1만 마리 교역과 요동만산군 송환을 요청해왔을 때 태종은 전적으로 수용했다. 말 1만 마리 교역에서 주목되는 부분은 말을 1천 마리 단위로 모두 보내기로 하면서 동시에 우리나라의 사정(큰 말을 보내기 어려움)을 외교문서로 적어 보낸 점이다. 그 때문인지 명나라는 '7천 마리가 이미 도착했으니 억지로 더 보내지 않아도 된다'는 회신을 보냈다(《태종실록》, 2년 3월 24일). 신뢰 구축에 성공한 것이다.

명나라는 그 후로도 조선에 말 교역을 요청해왔다. 흥미로운 것은 1410년 10월에 조정 신하들이 벌인 논란이다. 1만 마리의 말값으로 명나라에서 비단[絹·견]과 면포(綿布: 솜을 자아 만든 무명실로 짠 베)를 보내겠다고 했을 때였다. 의정부 신하들은 '말값을 사양해서 (황제를 향한) 조선의 충심을 보이자'고 제안했다. 이 제안에 대한 태종의 대답이 인상적이다. 태종은 "천자가 주는 게 있으면 마땅히 받아야 한다. 천자 뜻을 거스르면서까지 정성을 나타낼 필요는 없다"라고 말했다. 백성들의 말을 거두어 보냈으니 마땅히 말 주인에게 말값을 돌려주어야 하며, 천자에게 지나치게 아부함은 오히려 좋지 않다고 말했다. 무엇보다 말을 보내고 말값을 받지 않는 일이 "전례가 되면 훗날 반드시 근심이 생긴다"라는 게 태종의 판단이었다(《태종실록》, 10년 10월 9일).

실제로 태종은 3개월 후에 중국에서 보내온 비단 3만 필과 면포 2만 필 중에서 비단 1만 4천 필을 말 주인에게 나눠주게 했다. 아울러 관가에서 기르던 말을 보낸 값인 비단 1만 6천 필을 내자시·제용감 등에 나눠 보관하게 했다. 그리고 그 나머지를 백성에게 매매하게 했다. 태종은 "2천 필은 필요한 백성들로 하여금 사가게 하되 꼭 저화를 이용하도록 하라"고 지시했다. 나라에서 추진 중이던 화폐 흥행에 도움되게 쓰라고 했다(《태종실록》, 11년 1월 20일).

세자 양녕의 188일간 '조현' 외교, 김춘추와 비교

다음으로 살펴볼 것은 세자 양녕이 1407년 9월 25일 한양을 출발해 명나라 황제를 만나러 간 조현 외교다(1407년 9월 25일 한양 출발, 1408년 4월 2일 귀국. 총 188일 일정). "세자 이제를 명나라 서울[京師·경사]로 보냈다"라는 《태종실록》 7년 9월 25일의 기록이 그것이다.

이제(李禔), 즉 세자 양녕은 조선에서 최초이자 마지막으로 명나라에 다녀온 세자다. 이방원은 태조시대에 (세자가 아닌) 왕자의 자격으로 중국에 가서 홍무제(주원장)와 영락제(주체)를 만나고 왔다. 세종(충녕)의 경우 중국행 날짜까지 정해놓았는데(1418년 8월) '오가는 길의 위험' 등을 이유로 취소했다. 세자 양녕 일행은 1407년 9월 25일에 한양을 출발했다. 이때 사신단 규모는 총 111명에 이르렀다. 정몽주 일행이 1386년(우왕 12년)에 사행 갈 때 일부 해로를 이용한 것과 달리, 세자 일행은 줄곧 육로로 다녀왔다. 세자 일행은 남경에 들어가 회동관(會同館)에 머물렀고, 몇 차례 성조 영락제를 알현했다. 영락제는 세자에게 나이와 글을 읽는지 여부, 한양에서 오는 데 얼마나 걸렸는지 등을 물었다.

흥미로운 것은 "용모는 네 아버지와 비슷한데 키만 좀 다르구나"라는 말이다. 연왕 시절 만났던 태종 키가 작았던 데 비해 그 아들(양녕)은 큰 점을 가리키는 말이었다. 영락제가 한 질문에 대해 양녕이 대답한 것을 보면 조금 실망스럽다. 아무리 양녕의 나이가 열

네 살에 불과했다 하더라도 그의 대답은 너무나 단답형이고 알맹이가 없다. 7~8회 정도 이루어진 대화 중에서 세자가 자기 의견을 제시한 일은 두 차례 정도인데, 그 내용이 예복을 내려달라거나 말의 여물[草料·초료]이 떨어졌다는 식의 얘기였다. 물론 세자 일행의 주된 임무가 새해 축하 인사[賀正禮·하정례]였기에 본래의 사행 목적은 달성했다고 볼 수도 있지만, 760여 년 전인 648년에 당나라에 간 신라 김춘추의 청병(請兵) 외교와 견주어볼 때 아쉬움을 느낀다.

김춘추는 648년(진덕여왕 2년) 경주에서 출발해 영천, 하양, 상주를 지나 보은의 삼년산성에서 하루를 묵은 다음, 거기서 괴산을 지나, 다시 충주에서 한강 물길을 이용해 당은포(남양)에 이르렀다. 그곳에서 황해 북단을 가르며 등주에 이르는 뱃길을 타고 내려 장안으로 들어가는 길을 택했다. 5천 리 길을 100여 일간 위험을 무릅쓰고 가야 하는 대장정이었다(박순교 2006, 367쪽). 김춘추의 대당 청병 외교는 알려져 있듯이, 성공적이었다. 이후 당나라는 신라의 요청을 받아들여 군대를 보내 궁지에서 빠져나오도록 도와주었다. 김춘추 청병 외교의 성공 이유를 정리하면 다음과 같다.

첫째, 대화 상대방에 맞는 화법을 구사했다. 김춘추는 당 태종을 처음 만났을 때 '청병'을 이야기하지 않았다. 이는 그가 6년 전인 642년 고구려 보장왕을 처음 만났을 때, 만나자마자 백제의 잔인함을 말하고 "귀국의 군사를 얻어 그 치욕을 씻고자 한다"라고 말한 점과 대조를 이룬다. 당 태종을 만난 김춘추는 당나라의 국립대학,

즉 국학에 나아가 공자에게 제사하고, 학생들의 강론을 참관할 수 있게 해달라고 요청했다. 우문지치(右文至治), 즉 학문을 숭상하는 당 태종의 눈높이에 맞는 말로 대화를 시작한 것이다. 이에 당 태종은 자신이 지은 〈온탕비〉와 〈진사비〉의 비문은 물론이고, 새로 편찬한 《진서》를 선물로 주었다.

둘째, 자신의 목적을 진실하고 겸손하게 설파했다. "그대는 무슨 생각을 마음속에 품고 있는가?" 김춘추의 학문이 높을 뿐만 아니라 언행이 신중하다고 생각한 당 태종이 어느 날 김춘추에게 한 질문이다. 이 질문을 들은 김춘추는 무릎을 꿇고 대답했다. "우리나라는 후미진 바다 한구석에 있어 공손하게 대국 조정을 섬긴 지 여러 해입니다. 그런데 백제가 억세고 교활하여 여러 차례 침범하여 (…) 대국에 입조(入朝)할 길을 막아버렸습니다. 만약 폐하께서 천조(天朝: 황제 나라)의 군사를 빌려주시어 저 흉악한 무리를 잘라 없애주시지 않는다면, 우리 백성들은 저들에게 사로잡히고 말 것이며, 더 이상 조공을 바칠 수도 없습니다"(《삼국사기》, 〈신라본기〉 5).

여기서 보듯이 김춘추는 최대한 겸손한 자세로, 신라가 처한 상황을 조목조목 설명한 다음, '군사를 보내 백제를 치지 않으면 신라백성의 생존도, 당나라에 조공 바치는 일도 불가능함'을 설득했다. 고구려 보장왕에게 신라 입장만 되풀이해 이야기하던 점과 달리, 당나라 파병이 당나라에도 이익이 됨을 설파한 것이다.

셋째, 굳건한 동맹 의지를 확인할 수 있는 추가적 약속을 했다. 당 태종이 김춘추의 말에 "깊이 공감하고 군사 출정을 허락"하자,

김춘추는 이어서 두 가지를 약속했다. 하나는 신라 관리들의 공복 (公服)을 고쳐서 당나라 제도를 따르겠다고 말했다. 단순한 군사적 동맹 관계를 넘어 문화적 동맹 관계로까지 다가서고 싶다는 의지 의 표현이었다. 다른 하나는 자기 아들로 하여금 황제 곁에 머물러 "숙위"하게 해달라는 요청이었다. 중국 황제의 신뢰에 쐐기를 박는 일이자, 당나라 조정과 자신 사이에 '핫라인'을 설정하려는 이 제안 을 당 태종은 흔쾌히 받아들였다.

이 수락은 물론 당나라 나름대로는 고구려 정벌을 위한 전략적 협정이었다. 하지만 동시에 그것은 외교가 대화 상대자와의 '신뢰' 구축 문제이며, 공동 이익의 '발견 과정'임을 잘 보여준 역사적 사 례였다.

영락제의 정왜 계획과 제2차 오이라트 친정 사건

1413년 3월 영락제의 정왜(征倭: 일본 정벌) 계획은 태종 재위 중 반부의 가장 큰 외교 이슈였다. 영락제의 정왜 계획은 당시 명나라 수도였던 금릉(金陵, 남경의 옛 이름)에서 돌아온 통역관을 통해 전해 졌다. 이 계획이 실행된다면 조선으로서는 큰 피해를 감내해야만 하는 상황이었다. 태종의 말처럼, 명나라 군대가 우리 강토를 지나 가야[道經我疆·도경아강] 하는 문제, 그에 따른 군량미[糧餉·양향] 제 공, 그리고 일본에서 이 사실을 알게 될 경우 등이 우려 사항이었다. 이미 원나라의 정왜 전쟁 때의 엄청난 혼란과 피해를 알고 있었던 조선 관리들에게 가도(假道)의 일은 중차대한 문제였다.

"명나라가 정왜 하려는 일을 어떻게 대응해야 하겠는가?"라는 왕의 물음에 대해 다양한 의견이 나왔다. 맨 처음 나온 대비책은 권규(태종의 셋째 딸 경안공주의 남편)를 속히 명나라로 보내 정확한 사실을 파악하는 일이었다. 권규는 7일 뒤인 3월 27일 명나라로 출발했다.

두 번째 대책은 일본인에게 이 소식이 들리게 않게 하는 정보 통제였다. 이를 위해 한양에 와 있는 일본 사신들을 2, 3개월 구류해 두는 방안이 제기되었다. 하지만 그 방안은 실현 불가능했다. 귀화인 평도전(平道全)이 하륜을 찾아가 "중국이 우리나라를 친다고 하니, 내가 가서 구하고자 한다"라고 얘기한 것을 보면 통역관을 통해 들어온 그 소식은 삽시간에 퍼져 나간 듯하다. 세 번째 대책은 황희의 것으로, 각 도의 병선과 군기를 속히 점검하는 일이었다. 병조판서 황희는 각 지방에서 가산이 넉넉하고 재예(才藝)가 있는 자를 선발해서 서울로 올려 보내야 한다고도 말했다.

결과적으로 정왜 계획은 해프닝으로 끝났다. 약 3개월 뒤인 7월 18일에 영락제가 있는 북경에서 귀국한 권규의 보고에 따르면 황제는 조선 사신들을 후하게 대접하였으며, 일본이 아닌 '흉노족 친정(親征)' 등 북방 점령에 더 큰 관심을 두고 있었다. 이 말을 들은 태종은 명나라 군대가 일본을 치기 위해 조선을 경유할 일은 없다고 판단했다(《태종실록》, 13년 7월 18일). 하륜 역시 정왜보다는 오히려 황제의 북정(北征) 과정에서 몽골족 타타르 등이 남쪽으로 도망해서 우리나라에 들어올 경우를 방비하는 게 중요하다고 보았다. 태종은 하륜의 말을 받아들여서 '무비(武備)는 국가의 상사(常事)이니 마땅히 무신을 변방에 보내야 한다'면서 연사종(延嗣宗) 등을 북쪽 지역에 파견했다(《태종실록》, 13년 7월 19일).

흥미로운 점은 만약의 사변에 대비해 군량미의 수량을 파악하고 대비한 사실이다. 당시 전국의 창고에 군량미로 비축되어 있던 곡식 양은 356만 8,700석으로 변방의 환란을 대비하는 데 충분하지 않았다. 따라서 의정부에서는 부족분을 채우기 위해 공신전, 별사전(승려·무당·점쟁이 또는 국가의 공적이 있는 관리에게 내려준 토지), 과전에서 1/3을 취하여 군량미로 대비할 것을 제안했다(《태종실록》, 13년 8월 6일). 귀족과 현직 관리들의 연봉에서 군량미를 보충하는 일종의 '노블레스 오블리주(noblesse oblige)'의 사례라고 하겠다.

영락제의 대외 정책에서 유의할 부분은 그의 동북 진전 노선이 조선의 이익을 위협했다는 점이었다. 북경 천도(1421년)를 비롯해 여러 측면에서 황제의 관심이 만주로 옮겨가면서 명나라와 조선은 자주 충돌했다. 권근이 지적했듯이 동쪽 모퉁이에 영락제가 건주위(建州衛)를 설치한 일은 "우리 목구멍[咽喉·인후]을 조르고, 우리의 오른팔을 누르는 것"과 같았다. "바깥으로 (조선을) 웅번(雄藩)으로 삼아서 우리 인민을 달래는 것처럼 하고, 안으로 남다른 은총을 더하여 우리의 방비를 늦추게" 하는 전술을 쓰고 있었다. 결코 안심할 수 없는 상황이었다(《태종실록》, 6년 8월 24일). 정왜가도설은 다른 한편 명나라에서 조선을 위협하는 외교 카드였다. 그 점에서 세종 때의 대마도 정벌은 그 카드를 무용지물로 만들었다는 의미가 있다.

1414년 명나라의 오이라트 정벌은 다음 그림에서 볼 수 있는 것처럼, 영락제가 몽골 서부에 있던 몽골계 부족인 오이라트를 정벌하기 위해 직접 출정한 일을 말한다. 영락제의 정왜 계획이나 오이라트 정벌 등은 주변 국가들이 명나라와 외교를 잘하는 게 얼마나 중요한 일이었는지를 보여준다. 그 일은 또한 태종과 세종이 명나라에서 말이나 소를 보내달라고 했던 요청을 거절할 수 없었던 이유이기도 하다.

당시 몽골은 명나라가 수립된 다음 북쪽으로 퇴각하여 한동안 '북원(北元)'이라는 국호로 정권을 유지했다. 하지만 북원이 점차 쇠퇴하면서 타타르[韃靼·달단], 오이라트[瓦剌·와랄], 우량하[兀良哈·올량합]의 3대 부족으로 갈라졌다. 영락제는 타타르에서 새로운 가한(可汗: '칸[khan]'의 음역어)으로 추대된 본아실리(本雅失里)에게 사신을 보내 조공을 촉구하여 우호 관계를 수립하려고 했다. 하지만 타타르는 명나라 사신을 살해함으로 맞섰다. 이에 격노한 영락제는 1410년 10만의 군대를 보내 타타르를 치게 했지만 참패하고 말았다.

영락제는 마침내 50만 대군을 스스로 이끌고 북정에 나섰다(1차 친정). 대군을 피해 도망하던 타타르의 가한 본아실리는 오이라트에 붙잡혀 죽임을 당했다. 세력이 약화된 타타르는 명나라에 사신을

몽골 세력과 왜구의 명 침략 (이미지 출처: 두산백과)

보내 관계 개선을 요청했고, 영락제도 이를 받아들였다(《태종실록》, 10년 7월 11일).

이 와중에 차츰 세력이 강해진 오이라트는 타타르를 공격하면서 명나라 변경도 침략하기 시작했다. 그러자 영락제는 1414년 2월 다시 50만 대군을 이끌고 오이라트 정벌에 나섰다(2차 친정). 두 나라의 군대가 격전을 벌이는 사이에도 오이라트는 명나라에 사신을 보내 조공을 하는 등 우호 관계를 유지했다.

그런데 이번에는 명나라에 우호적이었던 타타르가 명나라 변경을 다시 침입했다. 영락제는 '3차 친정'에 나섰다. 영락제는 2년 연속 타타르를 공격했으나 성과를 거두지 못했고, '5차 친정'에서 회

군하던 중 유목천에서 병사하고 말았다(1424년, 세종 재위 6년).[*]

영락제의 대외 정책에서 조선에 큰 영향을 끼친 것은 여진족 회유였다. 여진족은 태조시대까지만 해도 동아시아 북방 민족 중 미약한 존재에 불과했다. 그러다가 태종시대 들어 점차 중요한 변수로 자리 잡기 시작했다. 그 이유는 영락제의 "여진 초무(招撫)", 즉 여진족을 명의 지배 체제하에 끌어들이는 정책 때문이었다. 영락제의 여진 초무는 두 방향으로 전개되었다. 하나는 동남 방향으로 나아가 압록강과 두만강 유역 여진족 거주지에 '건주위'라는 군사 및 행정기지를 설치하는 일이었다(1403년). 다른 하나는 북쪽으로 올라가 해서(海西)지구를 거쳐 흑룡강 유역의 여진족을 초무하는 방향이었다. 해서 여진의 서량합(西良哈)에게 내린 올자위(兀者衛)가 그 예다. 영락제는 이런 방식으로 1409년까지 115개의 여진위소를 설치했다(박원호 2003, 245~263쪽).

다른 한편 영락제는 중국의 남방 지역, 즉 동남아시아 지역에 대해서도 적극적으로 개척해나갔다. 명 태조 주원장 시절의 폐쇄적인 대외 정책 대신, 정화(鄭和)의 원정대 파견 같은 해양 탐사가 그 예다. 1405년부터 1430년까지 일곱 차례에 걸친 대원정을 통해 정화 등은 동남아시아와 인도는 물론, 페르시아와 홍해를 거쳐 아프리카 동해안의 적도 이남까지 항해했다. 정화는 이들 지역의 나라들에게

---

[*] 이후 오이라트의 가한 에센[也先·야선]은 만주에서부터 중앙아시아에 이르는 광대한 지역에 걸쳐 세력권을 형성했다. 에센은 점차 중국의 북쪽 변방을 침입해 세종 재위 31년인 1449년에는 명나라 영종(英宗)을 사로잡기도 했다('토목의 변').

조공 바칠 것을 촉구하며 약간의 교역도 했다. 하지만 상업적 동기가 결여된 가운데 정치적 목적으로 추진된 항해였던 만큼 지속되지 못하고 제7차 원정으로 끝나 고립적인 업적으로 남게 되었다(허일 외 2005).

이 시기에 영락제는 일본의 무로마치 막부와도 국교를 수립했으며, 지금의 베트남인 안남과도 조공 관계를 맺으려고 했다. 하지만 안남 내부의 권력 다툼 속에서 명나라가 호송해 보낸 진씨(陳氏) 왕손이 피살되는 사건이 발생했다. 그러자 영락제는 1406년 대군을 보내 안남을 정복하고 직속 영토로 만들어버렸다.

정리하자면 태종시대의 중원 대륙은 영락제의 대외 팽창 정책으로 인해 북쪽으로 명나라와 몽골 잔존 세력 사이의 전투가 거듭되었다. 동쪽으로 명나라는 여진족을 놓고 조선과 외교 경합을 벌였으며, 일본과 국교를 체결했다. 남쪽으로는 대규모 해양 원정을 통해 조공 국가를 늘리는 한편, 안남을 정벌해 속국으로 만들어 약 20년간 지배했다. 이런 국가 간 관계 속에서 조선의 생존 및 국격 향상이라는 국가 이익을 극대화하기 위해 취한 외교 노선이 곧 태종의 사대교린이었다.

일본과 여진_교린 외교

여진과의 관계

"여진 침입을 방비하는 일은 조선 전기 국방의 가장 중요한 과제"라는 말처럼, 여진 부족과의 외교는 태종정부에서 매우 중요했다(김구진 2003, 336쪽). 태종시대 여진족과 외교관계에서 중요한 인물이 퉁멍거티무르다. 실록에 "동맹가첩목아(童猛哥帖木兒)"라는 이름으로 등장하는 이 인물은 1405년 9월부터 조선뿐만 아니라 명나라와도 국교를 맺고 등거리 외교를 시작했다. "오도리의 퉁멍거티무르가 명나라 영락제의 회유를 받아들여 명에 입조(入朝)했다"라는 기록이 그것이다. 퉁멍거티무르의 등거리 외교는 태종정부를 외교적 시험대에 오르게 했다. 이 도전에 대해 태종은 어떻게 대응했을까? 결론을 미리 말한다면 '할 수 없는[不能·불능] 일에 매달려 힘을 낭비하지 말라. 할 수 있는데도 불구하고 하고 있지 않은[不爲·불위] 일에 집중하라'는 외교의 교훈을 태종정부에 남겼다.

동맹가첩목아의 원래 이름은 맹가첩목아였다. 영락제가 그를 회유하기 위해 '동(童)'이라는 성씨를 내려주었다. 실록에서 그는 태조 4년인 1395년 윤9월에 "오도리 상만호 동맹가첩목아 등이 토산물을 바치다"라는 기사에서 처음 등장한다. 이때 조선정부는 동맹가첩목아 등 다섯 명에게 비단과 음식 등을 내려주었다. 진상숙배를 하며 '자소(字小)'를 요청하는 그들에게 조공 관계를 허락했다《태조실록》, 6년 1월 24일;《정종실록》, 1년 1월 19일). 하지만 동맹가첩목아는 앞에서 언급한 것처럼, 영락제의 초무 대상으로 포섭되어서 조선과 갈등 관계로 바뀐다. 그가 이끄는 오도리 여진족과 조선의 관계를 정리하면 다음과 같다.

1405년에 동맹가첩목아는 조선에 조공을 바치는 한편, 명나라

여진과의 외교관계 변천

칙서를 받아들였다. 동맹가첩목아의 등거리 외교를 뒤늦게 눈치챈 태종정부는 한때 혼란스러워 했다. 하지만 결국 태종은 동맹가첩목아 부족을 비슷한 위치의 제후국으로, 즉 교린의 대상으로 받아들였다. 자소 관계에서 교린 관계로 전환한 것이다.*

태종정부가 여진족과 상하 관계(자소)에서 상호 관계(교린)로 전환하는 과정은 결코 순탄하지 않았다. 상당히 고통스러운 과정을 거친 후에야 관계가 재정립되었다. 명나라와 국교를 맺은 동맹가첩목아 등 여진족에 대해서 조선은 경원 무역소를 폐쇄했다. 그 결과 생필품 구입이 막힌 여진족은 조선 변경을 침입, 약탈하기 시작했다. 처음에는 그다지 조직적이지 않은 상태로 약탈했던 여진족은 조선 병마사가 이끄는 군대에 의해 격퇴되었다[擊却之·격각지](《태종실록》, 6년 2월 18일).

이때 경원에 침입한 올적합(兀狄哈: 우디캐)은 올량합(兀良哈: 오랑캐), 알타리(斡朶里 = 오도리·[吾都里])와 함께 조선 전기에 가장 세력을 떨친 3대 여진 부족이었다. 그들은 우디캐, 즉 '삼림에서 생활하는 사람'이라는 호칭처럼 조선 국경에서 멀리 떨어져 살았다(김순남 2009, 38~39쪽). 송화강과 흑룡강 일대에 흩어져 살던 그들은 조선이

* 세종시대에 들어 심각한 내부 분열로 약해진 여진족은 조선에 조공을 바치는 등 '자소 관계'로 되돌아갔다. 세종은 "큰 나라로서 작은 나라를 보살피는 마음으로[以大字小之心·이대자소지심]" 그들의 요청을 받아주었다(《세종실록》, 19년 9월 9일; 22년 7월 21일). 다른 한편 세종시대 사람들은 대마도에 대해서도 "큰 나라가 작은 나라를 보살피는[字小之義·자소지의]" 관계, 즉 '자소 관계'로 인식하고 있었다(《세종실록》, 20년 6월 13일; 23년 11월 21일, 한성주 2009, 204쪽).

무역소를 폐쇄한 데 대한 보복으로 1406년 2월 경원에 침입했다가 격퇴되었다(1차 전투).

1410년 2월 경원에 침략한 여진족은 규모부터가 달랐다. 올적합 은 다른 두 부족, 즉 올량합 및 알타리 부족과 연합해, 3백여 기(騎) 기병을 중심으로 경원부에 쳐들어왔다. 이때 조선군 병마사 한흥보 (韓興寶)는 적 침입 정보를 사전에 들었다고 한다. 그 정보를 무시하 고 있던 그는 허겁지겁 전투에 나섰으나 참패해 사망했으며, 관군 15명도 함께 전사했다(《태종실록》, 10년 2월 3일, 2차 전투).

한흥보의 패전 소식을 들은 태종정부는 충격에 빠졌다. 태조 이 래 애써 공들여왔던 여진족 외교가 파탄났을 뿐만 아니라 최고사 령관이 병사들과 함께 전사하고 비축 식량과 말들까지 초토화되었 기 때문이다. 7일 뒤인 1410년 2월 10일에 열린 대책 회의에서 조 영무는 '병마(兵馬) 1천을 끌어모아 친다면 단번에 멸할 수 있다'고 말했다. 하지만 하륜과 성석린의 생각은 달랐다. '우리 군사가 적들 의 지경(地境)에 이르면 곧 산골짜기로 도망하고, 우리 군사가 퇴각 하면 다시 침입해올 것이라서 성급히 군대를 일으켜서는 안 된다' 고 주장했다. 태종은 조영무의 말을 따랐다. 조연(趙涓)을 총사령 관[主將·주장]으로 삼고 여진족을 공격하기로 결정했다(《태종실록》, 10년 2월 10일).

그로부터 12일 뒤인 1410년 2월 22일에 열린 2차 대책 회의에 서 태종은 여진 부족장들의 의견을 알아오게 했다. 현지 장수들이 여진 부족들을 찾아가 물어본 결과, 여진 부족장들은 한결같이 '올적합을 기습해야 한다'고 말했다. 먼저 알타리 부족장 동맹가첩목아는 '이번에 토벌하지 않으면 앞으로 이런 일이 반복된다'며, 깊은 곳까지 들어가 추포해야 한다'고 말했다. 동맹가첩목아의 아들 어허리(於虛里) 역시 '초목이 무성해지기 전에 빨리 군사를 일으키라'고 토벌을 촉구했다. 현지 장수들의 보고를 들은 태종은 '저들의 유인(誘引)책일 수도 있다'며 출병 시기를 늦추면 어떻겠느냐고 주위 신하들에게 물었다. 하륜은 전과 같이 '험지에 가서 싸우면 이길 확률이 낮다'며 토벌 자체를 반대했다. 하지만 성석린은 태도를 바꾸어 '정벌하는 계책이 이미 정해졌으니, 빨리 군사를 출동시켜야 한다'고 주장했다. 결국 태종은 성석린의 의견을 받아들여 토벌을 결정했다. 정확히 말하면 이날 태종은 '군사를 일단 퇴각시켜, 저들의 방비가 해이해지기를 기다리라. 3월 그믐이나 4월 초승에 군사를 출동시켜 엄습하라'고 지시했으나, 이것은 '위장(僞裝)'이었다(《태종실록》, 10년 2월 22일).

보름쯤 지난 1410년 3월 9일 기사를 보면, 총사령관 조연은 2차 대책 회의 직후인 2월 29일 군마(軍馬) 1천 150명을 거느리고 함경도 길주(吉州)를 출발하여 3월 6일에 여진족 경내에 들어갔다. 그는 올적합·올량합·알타리 세 부족이 연합해 경원에 침투했음을 알아낸 다음, 알타리족 소속 파아손(把兒遜) 등 장수와 적병 160여 명을 목 베었다[捕斬·포참](《태종실록》, 10년 3월 9일, 3차 전투). 동원된 군사에 비해 전과는 매우 미미한 편이었다. 경원에 침입한 올적합의 추장 김문내(金文乃)를 놓친 것도 실수였다. 이때 조연이 저지른 큰 실수는 생포자들을 모두 목 베어 죽인 일이었다.

한 달 후인 4월 11일에 올적합이 다시 경원에 쳐들어와 조선 군대를 크게 패배시켰는데, 여진 부족들은 조연 군대가 부모와 처자를 모두 죽인 원한을 갚기 위해 죽음을 무릅쓰고 싸웠다[冒死來戰·모사래전]. 조선군의 패배에는 병마사 곽승우(郭承祐)의 어리석음도 크게 작용했다. 곽승우는 우리 군대를 만나 거짓으로 패해 달아나는 적군 기병 두어 명을 쫓아가다가 사방에서 합세해 기습하는 복병을 만나 대패했다. 이때 죽거나 부상당한 아군이 125명이고, 전마(戰馬) 120필, 병기(兵器)와 갑주(甲冑) 등의 군비[兵甲·병갑] 24부(部)를 모두 적에게 빼앗겼다. 곽승우 자신도 화살에 맞았다(《태종실록》, 10년 4월 13일, 4차 전투).

조선군의 패배는 이것으로 끝이 아니었다. 한 달 뒤인 1410년 5월 15일에도 여진 부족이 경원에 침입해 조선 군대를 패퇴시켰으며(《태종실록》, 10년 5월 15일, 5차 전투), 같은 날 경원보다 남쪽에 있는 용성에도 올량합 부족이 침략해 100여 명을 죽이거나 포로로 끌고 갔다. 용성 전투에서도 곽승우는 지원 요청을 거부하는 등 지휘관으로서 책임을 다하지 못했다(《태종실록》, 10년 5월 29일, 6차 전투). 약 4개월간(1410년 2월 3일~5월 29일) 격렬하게 진행되던 조선-여진족 간 여섯 차례의 전투는 서로의 필요에 의해 중지되었다. 조선은 '두 번의 작은 승리와 네 번의 큰 패배'라는 전투 능력 부족을 드러낸 상태에서 토벌을 또다시 감행할 수 없었다. 여진족 역시 애초 침략 목적이 조선의 생필품 공급이었던 만큼 화호(和好: 국교 정상화)를 통해 쌀 등을 얻으려 했다. 전투가 아직 진행 중이던 1410년 5월 1일 알타리의 동맹가첩목아가 사람을 보내 '먹고살기 힘들다'며 화호를 청해왔다(《태종실록》, 10년 5월 1일). 여진 부족들의 국교 정상화 요청이 계속되자 태종정부는 1411년 6월부터 '기근이 든 여진 지역에 쌀을 보내기'로 결정했다(《태종실록》, 11년 6월 14일).

6전 4승 2패의 원인

여기서 보듯이, 태종정부는 여진족과 벌인 여섯 번의 전투에서 2승을 거두고 4패를 당했다. 왜 그랬을까? 우선 전투 발발 요인으로는 명나라의 이이제이(以夷制夷) 정책으로 인해 여진족과 조선 관계가 틀어진 점을 들 수 있다. 그동안 조선하고만 '자소 관계'를 유지하던 여진족이 명나라와 조선 두 나라와 등거리 외교를 하자, 조선에서 무역소를 철폐했고, 이에 대한 보복으로 여진족이 침략했다. 다음으로 '2승 4패'의 원인이 중요하다. 그 원인의 하나는 당시 조선군에는 고려 말에 활약했던 최영이나 이성계 같은 전쟁 영웅이 없었다. 조연이나 곽승우의 사례에서 보듯이 당시 조선군 장수들은 효과적으로 군대를 지휘하지 못했으며, 불필요하게 인명을 해치는 등 상대의 원한을 사는 실수를 범하기도 했다. 이는 세종 때 최윤덕이 파저강 토벌을 감행하면서 발휘한 통솔력이나 패배한 여진족 부녀자 보호 지침과도 대조된다(심혁 2009, 96~97쪽).

조선군 패전의 또 다른 원인으로는 종래 조선 군대의 강점이었던 가병(家兵)의 용맹함을 전투에 효과적으로 운용할 수 없었던 점을 들 수 있다. 정종 말년인 1400년 4월 사병이 혁파되면서 조선 군대는 '가병의 충성심'을 확보할 수 없었다. 게다가 태종 역시 즉위 초반부터 공신과 외척 숙청 등 중앙 정치 질서를 잡느라 변방 외침에 대비하지 못했다. 한마디로 조선군은 사병 체제에서 정규군 체제로 전환되는 과정에 있었고, 중앙의 정치 혼란 역시 변방 군대의 사기와 전투력 약화에 영향을 주었을 것으로 판단된다.

실제로 태종은 '제2차 왕자의 난'(일명 '박포의 난') 같은 '반란'을 막기 위해 재위 중반에 중앙군을 정예화하는 군제 개혁을 추진했다. 그는 궁중 숙위를 담당하는 갑사를 배가시켜 3,000명으로 강화하는 한편(1408년), 왕 측근에서 호위를 담당하는 내금위를 설치하고(1407년), 겸사복 체제를 개편하는(1409년) 등 중앙 호위 체제를 강화했다. 반면 지방 지휘관의 재량권은 대폭 축소했다. 세종 때 현장 지휘관 재량권 문제, 즉 너무 약하면 전투력이 약화되고, 반대로 너무 강하면 '반란' 위험이 생기는 문제를 어떻게 해결할 것인가를 묻는 과거시험 문제가 출제되기도 했다.

다른 한편 알타리족이 종족의 발원지로 중시했던 백두산 일대는 여진 부족과 조선 사람들이 사냥과 약초 채취를 위해 함께 이용하는 중간 지대였다. 그동안 거의 주목받지 못했지만, 우리나라 영토 이슈와 관련해 두 가지가 《태종실록》에 기록되어 있다. 백두산과 (뒤에서 살펴볼) 독도 및 울릉도 문제가 그것이다. 《조선왕조실록》에서 '백두산'이라는 명칭이 처음 언급된 것은 《태종실록》이다. 예조에서 산천에 지내는 제사 규정을 상정하면서 "영길도(永吉道: 함경도)의 현덕진·백두산은 이것은 모두 옛날 그대로 관할 수령이 자체로 행한다[永吉道 顯德鎭 白頭山 此皆仍舊所在官 自行·영길도 현덕진 백두산 차개잉구소재관 자행]"라고 했다(《태종실록》, 14년 8월 21일). 함경도 관찰사로 하여금 백두산 제사를 지내라고 한 것이다.

백두산에 관한 이야기는 3년이 지난 뒤에 다시 나온다. 명나라 황제가 보낸 외교문서가 그것인데, '백두산 부근에서 사냥하는 여진족과 조선 사람이 서로 충돌하지 말라'는 내용이다. 즉, "지금 중국 내관(內官) 장동아 등이 백두산의 절[寺·사]을 단청(丹靑)하기 위해 군마 1천을 끌고 간다. 그 부근 조선 땅에 사는 고려·여진 백성이 간혹 산에서 사냥하거나 그물을 놓아 짐승을 잡는[網罟·망고] 따위의 일이 있다고 들었다. 무지한 자가 장동아 등을 만나 서로 시끄러운 일이 생길까 염려된다"라면서 혹시 "서로 산에서 마주쳤을 때 황제가 내린 목패(木牌)*를 보면 충돌하지 말고, 각자 편한 대로 짐승 몰이를 하거나[打圍·타위], 매를 놓아 사냥하는 일[飛放·비방], 혹은 짐승을 잡는 일[採捕·채포] 등을 하라"는 주의였다(《태종실록》, 17년 4월 15일). 이를 통해 백두산 일대가 조선과 여진 부족과 명나라가 함께 이용하는 '민족적 점이(漸移)지대'였음을 확인할 수 있다.

---

* 목패는 한문과 여진어로 기록되어 있었다.

백두산은 중국의 '동북공정'이 진행되면서 우리나라와 중국 사이의 쟁점이 되었다. 우리는 "백두산"이라 부르고, 저들은 "장백산"이라 호칭한다. 우리 역사 기록에서 '백두산'이라는 이름은 통일 신라(676~935년) 시기 오대산의 불교 관련 내용을 전하는 《삼국유사》에 처음으로 나온다. "오대산은 백두산의 큰 줄기다[白頭山之大脈·백두산지대맥]"라는 말이 그것이다. 《고려사》에도 태조 왕건의 6대조인 왕호경(王虎景)이 백두산에서 왔다고 되어 있다. "북방 물의 근원이요 나무의 줄기인 백두산으로부터 와서" "개성에 살았다"는 기록이 있다(《고려사》, '고려 세계').

중국 사료에서 처음 장백산 명칭이 나오는 시점은 우리보다 늦은 요(遼)나라 성종 시기인 1012년이다. 중국 학계에서 장백산 지역이 한(漢) 문화권에 속한다고 주장하는 근거는 장백산 관련 숙신계(肅愼系)의 신화와 전설이다. 장백산이라는 명칭은 여진족, 즉 만주족이 세운 청나라 기록에 보다 자주 소개되었다. "장백산은 길림 오라성 동남쪽에 길게 뻗어 있다. 동쪽으로 영고탑에서 서쪽으로 봉천부에 이르기까지 여러 산이 모두 이 산에서 발맥(發脈)한다"라는 기록이 그 예다(조법종 2010, 35~64쪽).

백두산은 세종의 북방 영토 개척 이후, 분명한 우리 영토로 인식되었다. 세종 이후 조선인들은 백두산을 "우리나라 산천의 근원[原·원]"으로 묘사하고 "겨레의 영산(靈山)"으로 노래하기 시작했다.

일본과의 교린 외교

조선 전기 조일 관계의 기본 틀은 태종시대에 만들어졌다. 그 틀은 일본이나 여진족을 대할 때 '은혜와 위험을 병행한다'는 정책 기조다. 은위병행(恩威竝行)이라는 말은 태종 재위 7년째인 1407년 영의정 성석린의 '시무 20조'에 보인다. 그에 따르면 "유능한 지휘관은 은혜와 위엄을 아울러 행해서[恩威竝行·은위병행] 사람들이 사랑하고 두려워할 줄을 알게 하는[人知愛畏·인지애외]" 장수다. 따라서 군사 요충지에 성을 쌓고, 말을 방목하며, 둔전(屯田)을 경영하며, 병선(兵船)을 만드는 일을 서둘러야 했다. 특히 그는 "우리나라의 근심될 것은 반드시 왜노[爲吾患者 必此倭奴·위오환자 필차왜노]"라고 하여 일본 방비를 강조했다(《태종실록》, 7년 1월 19일). 이외에도 은위병행은 《태종실록》과 《세종실록》에서 대외 정책의 기조(基調)로 거론되곤 했다(《태종실록》, 11년 10월 15일; 《세종실록》, 9년 9월 29일). 세종시대의 김종서는 여진족이나 일본 등 주변국과 좋은 이웃[善隣·선린] 관계를 유지하려면 은혜와 위엄을 함께 갖추어야 한다고 말했다. "은혜가 없으면 그 마음을 기쁘게 할 수가 없으며[無恩無以悅其心·무은무이열기심], 위력이 없으면 그 뜻을 두렵게 할 수가 없기[無威無以畏其志·무위무이외기지]" 때문이다.

일본은 태종 재위 초반까지만 해도 왜구 근거지인 규슈 전역을 통제할 만한 세력이 없었다. 따라서 한반도 남·서해안을 중심으로 왜구 약탈이 빈번했으며, 조선정부는 그때마다 현지의 도절제사를

구분	조선	일본	무승부	합계
전투 승리 횟수	7	32	4	43
승전 비율(%)	16.2	74.4	9.4	100

태종 재위 기간 중 조선-왜적 전투 현황(연평균 2.4회 전투 발생)

중심으로 병선을 이끌고 토벌 작전을 벌이곤 했다. 하지만 조선 수
군의 전투 능력은 강하지 않았다. 태종 재위 기간 왜구는 총 43번
침입했는데, 이 중 조선군은 7번 승리하고 32번 패배했다(43전 7승
32패 4무). 승전 비율이 겨우 약 16%에 불과했다.

위의 표에서 우선 주목할 부분은 태종시대 사람들이 태종 재위
18년 동안 43여 차례나 왜(倭) 혹은 왜구(倭寇)로 불리는 일본인과
크고 작은 전투를 벌였다는 사실이다(연평균 2.4회). 전투 원인은 왜
구의 침입이었다. 왜구란 일본의 해적 집단을 가리키는 용어로 활
동 시기와 성격에 따라 크게 둘로 나눈다. 14세기 중기부터 15세기
전기에 이르기까지 활동한 '전기 왜구'와, 16세기 중기에 대두해 수
십 년간 격렬하게 활동한 '후기 왜구'가 그렇다. 전기 왜구의 주체
는 글자 그대로 일본인으로, 한반도와 중국 대륙 북부의 연해 지방
을 약탈 대상으로 삼았다. 이에 비해 후기 왜구의 주체는 일본인보
다는 오히려 중국인으로, 침략 대상도 중국 대륙 동남의 연해 지방
에 집중되어 조선은 이미 왜구의 활동 무대에서 벗어나 있었다(박원
호 2003, 270쪽). 태종시대에 왜구 약탈이 잦았던 이유는 아직까지 일

본 무로마치 막부의 통제력이 강하지 못했기 때문이다.

왜구는 태종 즉위 직후부터 재위 8년까지 매우 빈번하게 조선 해안을 침범했다. 왜구 약탈은 매우 대담해서 포구에 정박해 있는 조운선을 훔치는가 하면(《태종실록》, 2년 6월 3일) 조운선과 호송 병선을 나포해 가기도 했다(《태종실록》, 6년 4월 8일). 조선 수군의 전투 능력은 매우 낮아서 일본 배를 만나면 거의 대부분 좌초되거나 나포되었다. 예컨대 1403년 12월 7일 전라도 낙안포구에 침입한 왜구는 조선 병선 4척을 불태우고 만호(萬戶) 임원룡(任原龍)을 납치해 갔다. 이 전투에서 피살된 조선 수군이 86명이고, 헤엄쳐서 살아난 자가 185명이었다(《태종실록》, 3년 12월 7일). 또한 1404년 3월 13일에는 충청도 안행량에서 왜선 3척에게 약탈당하던 조선 민간 배 2척을 구하러 간 조선 병선 2척이 패배해서 군인 79명 중 대여섯 명만 겨우 살아서 돌아왔다(《태종실록》, 4년 3월 13일)

왜구 전투 연전 연패, 원인 분석과 대책

이처럼 조선 수군의 패배가 계속되자 태종정부는 허조나 한옹(韓雍) 등을 보내 그 이유를 조사시켰다. 조사 결과, 느슨한 기강과 지휘관의 재량권 없음 등이 왜적에게 패배한 원인으로 보고되었다(《태종실록》, 8년 5월 17일; 8년 5월 20일). 실제로 활을 쏘는 군관[射官·사관]이나 노 젓는 군인[格軍·격군]들이 배에 익숙하지 못한 자를 자기 대신 타게 해서 파선시키는가 하면(《태종실록》, 6년 3월 4일), 후임 지휘관이 교대 장소에 나타나지 않기도 했다(《태종실록》, 8년 10월 1일). "일시에 나온 우리 병선이 적보다 10배나 많은데도, 적을 잡지 못했을 뿐 아니라 도리어 패(敗)하여도 구원하지 않았다"라는 태종의 개탄에서 볼 수 있듯이(《태종실록》, 8년 10월 16일) 조선 수군은 기강이나 사기, 그리고 지휘관의 재량권 등 모든 면에서 왜구의 상대가 되지 못했다. 게다가 성 쌓는 일 등 백성들의 원망 사는 일을 꺼렸던 태종의 스타일 역시 조선 수군의 약체화를 가져왔다.

그러면 태종정부는 어떤 대응을 했을까? 태종은 첫째, 기강 정립을 위해 노력했다. 1403년 12월에는 각 포구의 병선을 점검하고, 제대로 관리하지 않은 관리에게 벌주는 법을 세웠다(《태종실록》, 3년 12월 15일). 실제로 조운선을 약탈당하거나 양곡을 빼앗긴 지휘관에게는 곤장을 때렸다(《태종실록》, 6년 4월 8일; 6년 5월 10일). 둘째, 왜구와 싸우다 전사한 군인에게 후한 부의(賻儀)를 내리고, 전투에 승리한 장수들에게 큰 상을 내렸다(《태종실록》, 6년 3월 4일; 6년 3월 24일; 8년 3월 8일).

셋째, 태종정부는 병선 성능을 높이고 그 수를 늘렸다. 왜선을 따라잡을 수 있는 작은 배를 추가로 만드는가 하면(《태종실록》, 3년 6월 11일), "많은 적선과 충돌해도 피해가 없는, 결승(決勝: 최후 승자를 정함)의 좋은 계책인 거북선[龜船·귀선]"을 제작하게 하는(《태종실록》, 15년 7월 16일) 등 배의 성능을 높이기 위해 노력했다. 병선 수역시 크게 늘렸다. 1408년 3월 의정부에서 올린 보고를 보면 당시 조선이 보유한 병선은 434척이었다. 의정부에서는 여기에 185척을 추가로 제작할 것(합계 619척)을 제안했다(《태종실록》, 8년 3월 21일). 태종정부의 병선 증가 노력은 계속되었는데(《태종실록》, 9년 5월 29일; 12년 4월 11일), 세종시대에 이르면 병선 829척에 50,402명의 수군을 보유한 강국으로 부상한다(세종대왕기념사업회 1972, 339쪽).[*]

넷째, 태종정부는 일본 막부와 화호를 통해 왜구를 통제하려 했다. 태종 재위 중반부에 이르러 무로마치 막부 쇼군 아시카가 요시모치(足利義持·족리의지)가 정적을 제압하고 점차 세력을 떨치기 시작했다. 1409년 12월 일본 국왕(쇼군)이 조선에 사신을 보낸 배경이다. 태종도 그에 화답하는 화례사를 보냈다(《태종실록》, 9년 12월 17일; 10년 2월 4일). 조선정부는 일기주(一岐州: 이키시마) 및 대마도, 그리고 유구와도 외교관계를 맺었다(《태종실록》, 10년 1월 8일; 11년 9월 11일; 15년 8월 5일). 그 때문인지 1410년 이후부터 왜구의 침입이 눈에 띄게 줄어들었다. 물론 제주도나 울릉도 등지에는 여전히 왜구가 출현했다. 하지만 1414년이 되면 "이제 해변이 평안해졌다" 혹은 "왜구가 오랫동안 잠잠해졌다"라는 기록이 등장한다(《태종실록》, 14년 2월 26일; 15년 7월 16일). 전라도 장흥부 백성들이 왜구를 피해 내지(內地)로 이사했다가, (해변이 평안해지자) 다시 옛날 살

[*] 1420년경 명나라는 100만 명이 넘는 상비군과 1,350척의 병선을 보유하고 있었다(폴 케네디 외 1988, 22쪽). 이 기록에 의거해 조선과 명의 병선을 비교해보면 829대 1,350척으로, 조선은 15세기 전반에 '최고 패권국 명나라에 버금가는 수군 강국'으로 성장해 있었다.

던 곳으로 돌아가기도 했다(《태종실록》, 14년 9월 1일). 이 시기 왜구 침입이 급속히 줄어든 데는 태종정부의 해양 방어와 외교를 병행한 정책 덕분이기도 하지만(《태종실록》, 9년 2월 18일), 무엇보다 일본과 명나라 국내 사정이 미치는 영향이 컸다(무로마치 막부의 왜구 통제, 영락제의 적극적인 왜구 공략).

● 전쟁 발발의 3대 요인과 왜구 침입

태종 전반부 잦은 왜구 침략은 전쟁 혹은 분쟁의 요인 중 '국가 간 관계가 미치는 영향'을 주목하게 만든다. 역사 속 전쟁이나 (그보다 작은 규모의) 분쟁을 연구한 케네스 왈츠(Kenneth Waltz)는 "국제관계 역사에서 단위들의 변화에도 불구하고 비슷한 결과(similarities of outcome)가 재현되는 이유가 무엇인가?"라는 질문을 던졌다. 역사 속에는 다양한 지도자와 패권국이 존재했는데(단위들), 어떤 경우는 전쟁으로 치닫고 다른 어떤 경우는 평화가 유지되는 모습을 보였는데(비슷한 결과), 그 원인이 무엇인가(다양한 원인) 하는 물음이었다(케네스 왈츠 1988, 19쪽).

왈츠에 따르면 전쟁(분쟁)을 일으키는 3대 요인이 있는데, 그 첫 번째는 집권자의 야심(ambition), 즉 더 많은 것을 차지하거나 유지하려는 권력욕이다. 임진왜란을 일으킨 도요토미 히데요시가 좋은 예다. 두 번째 요인은 집권자의 야심을 견제하거나 군 동원을 통제할 수 없는 정치체제다(internal structure of states). 대체로 국가권력이 특정인이나 정치 세력에게 집중되어 있을수록, 즉 권위주의나 전체주의 체제에서 전쟁 혹은 분쟁은 발발하기 쉽다. 세 번째 요인은 어떤 개인이나 국가의 전쟁(혹은 분쟁) 도발 야욕을 꺾을 수 있는 국제기구나 패권국 혹은 세력균형이 부재한 국제적 무정부 상태다(international anarchy).

이 중에서 왈츠가 주목한 것은 국제적 무정부 상태가 끼치는 영향력이다(케네스 왈츠 1979, 65쪽). 아무리 개인이나 한 나라 차원에서 평화를 유지하고 싶어도 주변에 도발적인 사람이나 호전적인 나라가 있다면 침략을 피할 길이 없다는 얘기다. 태종 재위 전반부인 1401년부터 1408년까지의 잦은 왜구 침입과 그 이후의 평화 상태 역시 세 번째 요인, 즉 왜구를 통제할 수 있는 국제적 환경의 중요성을 보여준다.

이처럼 태종시대 국방과 외교정책은 국제 환경의 영향을 받으며 전개되었다. 무로마치 막부의 아시카가 요시모치 장군이 규슈 전역을 세력권으로 편입시키기 시작할 때가 태종 즉위 초였다. 무로마치 막부는 1401년 명에 사대할 것을 요청해 1403년에 '일본 국왕'으로 책봉되었다. 1408년 말부터는 조선과도 왜구의 금압(禁壓)을 약속하고 포로가 된 조선인을 송환하는 등 적극적으로 관계 개선을 도모했다. 무로마치 막부에 의한 왜구 통제력이 효력을 발휘하던 1410년 무렵부터 왜구 침략이 크게 줄어들었다.

태종정부의 '통교(通交) 정책' 역시 극심한 왜구 약탈을 줄이는 데 기여했다. 태종은 은위병행 정책 기조에 따라 1407년 7월부터

'흥리왜인(興利倭人)'이라 불리는 일본인 무역업자들에게 입국을 입증하는 행장(行狀)을 발급하고, 부산포와 내이포(창원)에서 무역할 수 있게 했다(《태종실록》, 7년 7월 27일). 아울러 해안 요지에 진(鎭)과 포(浦)를 설치하고 성곽을 수축하는가 하면 다수의 병선을 건조하는 등 국방력을 강화했다. 그 결과 태종 즉위년부터 1409년(태종 9년)까지 70여 차례 침입하면서 극성을 부리던 왜구가 1410년 이후에는 거의 종식되었다. 1410년 이후 왜구는 조선보다는 명을 침입했는데, 이 때문에 명나라에서는 조선과 왜구가 결탁한 게 아닌가하고 의심하기도 했다(한충희 2014, 250~251쪽).

물론 왜구는 태종 후반부 및 세종 초반까지도 여전히 남·서해안을 약탈했다. 세종 재위 원년인 1419년 5월 왜선 39척이 명나라에 가던 도중 충청도 서천군 도두음곶(都豆音串)을 침탈한 일도 그런 종류의 하나였다. 이때 상왕 태종은 이종무(李從茂)로 하여금 병선 227척에 1만 7천여 군사를 태우고 대마도 정벌을 감행하게 했다(기해동정[己亥東征]: 일본에서는 '영웅(應永)의 외구(外寇)'라 부름). 주변국에 생활물자를 제공하는 등 편의를 베풀되 약탈해올 경우는 강력한 토벌로 제압한다는 은위병행 정책을 실행했다. 조선정부는 이후 재차 토벌을 추진했으나 그해 6월 요동반도 남쪽 망해과(望海堝)에서 왜구가 명군에 의해 대패했다는 소식을 듣고 중지했다(박원호 2003, 271쪽).

이후 조선정부는 세 군데의 개항장, 즉 창원(내이포=제포), 동래(부산포), 울산(염포)을 열어 쌀과 면포를 구입할 수 있게 하되, 대마도

태종과 세종 시대 울릉도와 독도 관련 기록[*]

구분	시기		내용	전거
1	1403년	태종 3년	8월 11일, 태종, 강원도 무릉도 거주민에게 육지로 나오게 함.	《태종실록》, 3년 8월 11일
2	1407년	태종 7년	3월 16일, 쓰시마 섬 수호 소 사다시게, 무리들을 데리고 무릉도로 와서 살기를 요청함.	《태종실록》, 7년 3월 16일
3	1412년	태종 12년	무릉도 안의 인호(人戶)가 11호이고, 남녀가 모두 60여 명이라는 강릉도 관찰사의 보고.	《태종실록》, 12년 4월 15일
4	1416년	태종 16년	9월 2일, 태종, 박습·김인우 등을 불러 무릉도 상황을 보고 받음("무릉도 한 바퀴 도는 데 7식(息: 약 84km)이고, 곁에 소도[小島]가 있다"). '사람들이 군역을 피해 들어가는데, 많이 모여 살면 왜적이 약탈하고 장차 강원도까지 침노할 것'이라는 말을 들은 왕이 김인우를 무릉등처 안무사에 임명해 무릉도에 사는 사람들을 데려오게 함.	《태종실록》, 16년 9월 2일
5	1417년	태종 17년	2월 5일, 안무사 김인우, 우산도(于山島: 독도)의 거주민 3명을 데리고 나오고 조정에 토산물을 바침. 독도의 호수(戶)는 15, 남녀 86명 거주한다고 보고.	《태종실록》, 17년 2월 5일
6	1417년	태종 17년	2월 8일, 태종, 무릉도 거주민 방안을 의논케 함. 공조판서 황희의 건의를 받아들여 무릉도 거주민 쇄출을 결정함.	《태종실록》, 17년 2월 8일
7	1417년	태종 17년	8월 6일, 왜구가 우산 무릉도에 침입함.	《태종실록》, 17년 8월 6일
8	1425년	세종 7년	8월 8일, 조선정부, 김인우를 우산 무릉 등처 안무사로 파견하여 거주민을 쇄출함.	《세종실록》, 7년 8월 8일
9	1425년	세종 7년	10월 20일, 김인우가 부역을 피해 무릉도에 피신해 있던 남녀 20명을 찾아 데려옴. 이때 태풍 만나 40여 명이 죽거나 표류함.	《세종실록》, 7년 10월 20일

[*] 유미림 독도연구소장이 작성한 도표를 필자가 수정·보완하였음(독도사전편찬위원회 2019).

구분		시기	내용	전거
10	1425년	세종 7년	일본으로 표류된 장을부 등 10인, 대마도를 거쳐 조선으로 돌아옴.	《세종실록》, 7년 12월 28일
11	1432년	세종 14년	1월 19일, 《신찬 팔도지리지》 찬진함.	《신찬 팔도지리지》
12	1436년	세종 18년	윤6월 20일, 강원감사 유계문의 보고: 무릉도 우산의 토지가 비옥하고 선척 정박할 만한 곳도 있으니 백성들이 들어가 살게 하고 관리를 둘 것 요청함.	《세종실록》, 18년 윤6월 20일
13	1437년	세종 19년	2월 8일, 세종이 강원감사 유계문에게 무릉도 관리 방침을 지시: 왜구가 빈 땅이라 생각하지 않도록 매년 사람을 보내어 섬 안을 탐색하되, 토산물을 채취하거나, 말(馬)목장을 만들 것.	《세종실록》, 19년 2월 8일
14	1438년	세종 20년	전 호군(護軍) 남회 등을 무릉도 순심 경차관으로 삼아 도망해 숨은 인구를 탐문함.	《세종실록》, 20년 4월 21일
15	1438년	세종 20년	남회 등이 남녀 모두 66명과 사철 등 산물을 바침.	《세종실록》, 20년 7월 15일
16	1438년	세종 20년	쇄환한 66명의 처벌을 요청하는 관리에게 세종, 조사하되 "극진히 구제하고 보호하라"고 지시함.	《세종실록》, 20년 7월 15일
17	1438년	세종 20년	쇄환한 66명 중 주모자 김안은 처형, 나머지는 함경도에서 살게 함.	《세종실록》, 20년 11월 25일
18	1439년	세종 21년	허가 없이 무릉도에 들어간 김범·귀생 등을 교형에 처함.	《세종실록》, 21년 2월 7일
19	1454년	단종 2년	《세종실록》, 〈지리지〉를 찬진함.	《세종실록》, 권 153 〈지리지〉 강원도 삼척도호부 울진현 조

우산도 (于山島)	➡	삼봉도 (三峰島)	➡	가지도 (可支島)	➡	석도 (石島)	➡	독도 (獨島)
512년		1471년		1794년		1900년		1906년

독도 명칭의 변화(유미림 2018, 51쪽)

주에게 요즘의 비자(visa)와 비슷한 서계(書啓) 발급권을 부여했다. 왜구 소굴이었던 대마도를 왜구로부터 완전히 이탈하게 하고 조선 과의 유일한 통호(通好) 채널로 만들어 평화를 유지했던 조선 전기 의 대일 정책은 1555년(명종 10년) 을묘왜변 때까지 지속되었다.

다음으로, 태종시대 대일 외교에서 빠뜨릴 수 없는 독도와 울릉 도 문제를 살펴볼 필요가 있다. 잘 알려져 있지 않지만《조선왕조 실록》에서 울릉도(무릉도[武陵島]) 혹은 독도(우산도[于山島])에 관한 기사는 1403년(태종 3년) 8월 11일에 처음 나온다.* 강릉도(강원도) 관찰사의 요청으로 '무릉도 거주민을 육지로 나오도록 명령했다[命 出 武陵島 居民于陸地·명출 무릉도 거민우육지]'는 기록이 그것이다. 그 로부터 약 3년 7개월 뒤인 1407년(태종 7년) 3월 16일에 쓰시마(對馬 島) 섬 수호(守護) 소 사다시게(宗貞茂)가 무리들을 데리고 무릉도로

---

* 우산도는 오늘날의 울릉도를 가리키는 말로,《삼국사기》나《고려사》에는 '우산국' 으로 표기되었다. 이후 섬의 이름이 혼란되어 사용되었으나, 점차 울릉도라는 명칭 이 정착되면서 '우산'이라는 명칭은 독도를 가리키게 되었다. (위 그림 출처: 해양수 산부 한국해양과학기술원의 '독도종합정보시스템')

와서 살기를 요청했으나 태종정부는 거절했다.

《태종실록》, 《세종실록》 속 독도 이야기

울릉도와 독도에 관한 좀 더 자세한 내용은 1416년(태종 16년) 9월 2일 기사에 나온다. 이 날 태종은 박습(朴習)·김인우(金仁祐) 등에게 무릉도 상황을 묻고 대답을 들었다. 병조판서 박습은 "무릉도를 한 바퀴 도는 데 7식(息: 약 84km)이 걸리고, 곁에 소도(小島)가 있다"라고 하여 무릉도(여기서는 울릉도를 지칭) 옆 소도, 즉 독도의 존재를 보고했다. 이날 삼척 사람인 전 만호(萬戶) 김인우로부터 '사람들이 군역을 피해 들어가는데, 많이 모여 살면 왜적이 약탈하고 장차 강원도까지 침노할 것'이라는 말을 들은 태종은 김인우를 '무릉등처 안무사(武陵等處 安撫使)'로 임명해 울릉도에 사는 사람들을 데리고 오게 했다(《태종실록》, 16년 9월 2일).**

그로부터 5개월 뒤인 1417년(태종 17년) 2월 8일에 태종은 여러 신하들에게 우산(于山: 독도)·무릉도(울릉도) 주민을 찾아서 데려오는 일[刷出·쇄출]에 대해 논의하게 했다[議刷出于山 武陵居人便否·의쇄출우산 무릉거인편부]. 이날 대다수 신하들은 주민을 데려오지 말고,

---

** 실제로 그로부터 1년여 뒤, 왜적이 우산도(독도)와 무릉도에 침입해 약탈했다[倭寇于山武陵·왜구우산무릉](《태종실록》, 17년 8월 6일).

곡식과 농기구를 주어 그곳에서 안정되게 살게 하자고[安業·안업] 말했다. 다만 조정 관리를 파견해 다스리되 그곳 토산물만 바치게 하자[土貢·토공]고 했다. 하지만 유독 공조판서 황희만은 안업이 아니라 쇄출을 주장했고, 태종은 황희의 의견을 따랐다. 태종이 이날 쇄출을 결정한 이유는 김인우가 말한 바, 왜구의 침입 우려와 함께, 요역을 피해 숨어 사는 사람들을 방치할 수 없다는 판단 때문인 듯하다. 설사 다수 신하들이 제안한 대로 조정에서 관리를 보내 다스린다 하더라도 '저들이 관리 자체를 싫어할 것'[彼必惡之·피필오지]이라는 태종의 말이 그 근거다(《태종실록》, 17년 2월 8일).

태종시대의 무릉도와 우산도 정책은 세종시대로 계승되었다. 1425년(세종 7년) 8월 8일의 실록을 보면 세종은 김인우로 하여금 수군 46명을 거느리고 가서 몰래 거주하는 20여 인을 데려오게 했다. 이날 기록을 보면 1416년(태종 16년)에 김인우가 섬사람들을 다 데리고 나왔는데, 1423년(세종 5년)에 남녀 28명이 다시 섬으로 도망쳐서 살았다. 그중 일곱 명이 1425년(세종 7년) 5월에 작은 배를 타고 잠깐 강원도 평해군 구미포(仇彌浦)에 왔다가 발각되었다. 강원도 관찰사가 이들을 잡아 가두고 그 사실을 조정에 보고했고, 조정에서는 김인우를 파견했다. 약 두 달 뒤인 10월 20일의 기록을 보면 김인우가 무릉도에 숨어 살던 남녀 66명을 찾아 데려오던 중간에 태풍을 만나 40여 명이 죽거나 표류되었다. 이 보고를 들은 세종은 "김인우가 20여 인을 데려왔으나 40여 인을 잃었으니 무엇이 유익하냐"라며 안타까워했다. 김인우가 데려온 20여 명을 처벌하자는 관리의 요청에 대해 세종은 '그들이 다른 나라로 도망간 것도 아니라'면서 충청도 깊고 먼 산중 고을로 보내 살게 하되 3년간 세금을 거두지 말라고 지시했다(《세종실록》, 7년 8월 8일).

흥미로운 점은 그해 김인우의 수군 중 태풍으로 일본까지 표류되어 갔다가 돌아온 사람들 이야기다. 그들에 따르면 '태풍으로 배가 부서지면서 같은 배에 탔던 36인은 다 익사하고, 장을부(張乙夫) 등 10인은 작은 배에 옮겨 타서 표류하여 "일본국(日本國)"에 이르렀다. 강가에 쓰러져 있는 그들을 발견한 일본인[一倭·일왜]이 어떤 절로 데리고 가서 음식을 먹이고 순도로(順都老)라는 사람에게 데려갔다. 순도로는 그들의 옷을 보고는 "조선 사람이로구나[朝鮮人也·조선인야]"라고 두세 번 한숨지으며 한탄했다[嗟嘆再三·차탄재삼]. 그는 또한 그들에게 양식과 웃옷과 바지를 주었다. 30일 동안 머무는 동안 순도로는 날마다 하루 세 번씩 음식 대접을 했다. 그들이 떠날 때 큰 잔치를 베풀고 잔을 들어 친히 권하면서 "너희를 후하게 위로함은 곧 조선의 전하를 위하기 때문[爲朝鮮殿下·위조선전하]"이라고 말했다. 그는 여행 중에 먹을 양식 1백 석을 주고, 사람 20인을 보내 호송(護送)하게 했다. 장을부 등은 대마도에 이르러서 또한 1개월을 머물렀는데, 대마도 도만호(都萬戶) 역시 세 번 연회를 베풀면서 "너희들을 위함이 아니라, 전하를 존경하여 이렇게 할 뿐[敬殿下如此·경전하여차]"이라고 말했다(《세종실록》, 7년 12월 28일).

이때의 '전하'가 어느 임금을 가리키는지는 분명치 않다. 태종과 세종 모두 일본인의 귀화를 관대하게 받아들였고 일본인의 존경을 받았기 때문이다. 세종시대에 일본인을 비롯해 여진족 등 주변국 사람들이 "조선에서 살고 싶다"라며 집단 귀화한 현상은 다른 연구에서 이미 밝혀놓았다(박현모 2006, 58~59쪽). 가령 1423년(세종 5년) 여름에는 대마도 왜인 변삼보라(邊三甫羅) 등 24명이 각기 처자를 데리고 바다를 건너왔다. "본도(대마도)는 세금이 과중해 생계를 잇기 어려운데, 조선에서 어진 정치를 편다는 말을 듣고" "직업을 얻어 편히 살려고" 왔다고 말했다. "조선에서는 인정(仁政)을 시행한다는 말을 듣고 성덕(盛德)을 우러러 사모하여 귀화해" 왔다는 이들에게 세종은 양식을 제공하고 거처를 마련해주었다(《세종실록》, 5년 2월 21일).

이런 현상은 태종 때부터 시작되었다. 예컨대 1407년(태종 7년)에 대마도주 종정무(宗貞茂)는 울릉도에 대마도 사람들을 이주시킬 수 있게 해달라고 요청하기 위해[請茂陵島欲率其衆落徙居·청무릉도욕솔기중락사거] 평도전을 조선에 보냈다(《태종실록》, 7년 3월 16일). 태종은 그 요청을 거절했지만, 귀화 의사를 밝힌 평도전을 받아들였다(《태종실록》, 7년 7월 15일). 또한 그에게 3품관 벼슬을 주고 관리가 허리에 매는 은대도 하사했다. 평도전은 그 후 1408년에 조선 호군 관직을 띠고 대마도에 가서 포로로 잡혀간 조선인들을 데려왔다(《태종실록》, 8년 11월 16일). 1409년에 부친상을 당한 그에게 조정에서는 후하게 부의하는 등(《태종실록》, 9년 8월 8일) 각별한 호의를 베풀었다. 그에 보답하듯 평도전은 1410년에 자신의 아들 평망고(平望古)에게 경상도 등지에 침입한 왜적을 맞아 싸우게 하는가 하면, 대마도를 오가며 화호를 촉진하는 노력을 기울였다(《태종실록》, 10년 2월 27일). 1410년에는 자원해서 여진족과의 전투에 참여하기도 했다. 이때 그는 적과 싸우러 나가는 날 아내를 먼저 죽여 돌아오지 않을 생각을 굳히는 등 "자기 몸을 잊고 나라에 몸을 바쳤다[予則忘身委質·여즉망신위질]"(《태종실록》, 10년 5월 22일). 또한 그는 왜선을 만들어서 조선 병선과 한강에서 속도를 비교하는 등 무기 기술을 혁신시키는 데 기여하기도 했다(《태종실록》, 13년 1월 14일).

일본과의 독도 분쟁과 관련해서 1436년(세종 18년) 윤6월 강원감사 유계문(柳季聞)의 보고와 세종의 대답이 중요하다. 유계문은 "무릉도의 우산(牛山)은 토지가 비옥하고 산물도 많으며, 동서남북으로 각각 50여 리 연해(沿海)의 사면에 석벽(石壁)이 둘러 있고, 또 선척이 정박할 만한 곳도 있다"라고 말했다. 그는 인민을 모집하여 그곳에 살게 하고, 만호와 수령을 두게 되면 실로 장구지책이 될 것이라고 세종에게 제안했다(《세종실록》, 18년 윤6월 20일). 세종은 이 제안에 대해 조정 신하들에게 두루 의논하게 했다[僉議·첨의]. 그리고 그다음 해(1437년) 2월 강원감사 유계문에게 '무릉도 관리 방침'을 내렸다.

그 내용은 '그곳에 수령을 두어 백성을 살게 함'은 사세[勢·세]로 보아 어려우니, 매년 사람을 보내 섬 안을 탐색하거나, 토산물을 채취하거나, 말 목장을 만들어서 '왜구들이 점거하지 못하도록 하라'였다. 세종에 따르면 무릉도에 사람이 없은 지가 오래여서[無人日久·무인일구] 자칫 '왜구들이 점거해 장래의 근심[將來之患·장래지환]

이 있을 수 있다. 하지만 현을 신설하고 수령을 두어[設縣置守·설현치수] 백성을 옮겨 채우는 일[徙民實之·사민실지]은 여건상 어려우니 위와 같이 관리하라고 지시했다. 그러면 "왜구들도 (무릉도 등을) 대국의 땅이라고 생각하여[倭奴亦以爲大國之地·왜노역이위대국지지] 몰래 점거하려고 하지 않을 것"이라는 게 세종의 생각이었다. 나아가 세종은 무릉도에 왜구가 접근한 역사, 거주민 수, 그리고 "만일 사람을 보내려고 하면 바람과 파도가 순조로운 때가 어느 달이며, 들어갈 때에 장비(裝備)할 물건과 배의 수효를 자세히 조사하여 아뢰라"고 지시했다(《세종실록》, 19년 2월 8일).

여기서 보듯이, 세종은 현지 인재인 유계문의 제안을 진지하게 받아들여 조선 대신들과 의논했다. 비록 사세가 어려워 강원감사(유계문)의 제안을 그대로 시행하지는 않았지만, '관리 지침'이라는 중용의 조치를 내렸다. 즉, 독도와 울릉도를 방치하는 것과[無人·무인] 무리하게 백성을 옮겨 살게 하는 일[徙民·사민] 사이의 결정을 내렸다. 세종의 관리 방침은 그 후로 실제로 작동되었다.

이듬해인 1438년(세종 20년) 전 호군(護軍) 남회 등을 무릉도 순심경차관(巡審敬差官)으로 삼아 도망해 숨은 인구를 탐문케 했다(《세종실록》, 20년 4월 21일). 남회 등은 3개월 뒤에 남녀 모두 66명과 사철(沙鐵) 등 산물을 바쳤다(《세종실록》, 20년 7월 15일). 이때 쇄환해온 66명에 대해 조정 관리들은 '온 가족이 도피 은닉한 자는 본국을 배반함과 다름이 없다'면서 처벌해야 한다고 요청했다. 하지만 세종은 "그들의 도피한 죄만을 추궁하고[追罪·추죄] 위로와 온정[撫恤·무휼]

을 더하라"고 하명했다. 자칫 "무더위로 병에 걸리거나 혹은 기아와 피곤에 빠질까 염려된다"라면서 강원도 관찰사에게 극진히 구제하고 보호하라고 지시했다(《세종실록》, 20년 7월 15일).*

여기서 보듯이 태종과 세종은 당시까지 큰 비중을 차지하지 않았던—그래서 실록에 언급조차 안 되었던—울릉도와 독도 문제를 중요한 어전회의 의제로 끌어올렸다. 그리고 신하들과 토론을 통해 해법을 찾아냈다. 특히 세종의 경우 강원감사 유계문의 제안(백성 거주 및 관리 파견)을 진지하게 검토했지만, 현실적인 여건이 맞지 않다는 판단하에 채택하지 않았다. 다만 '장래의 근심'을 대비해 두 섬의 관리를 지시했다. 이것은 하나의 전통이 되어 성종 등 후대 임금으로 하여금 두 섬을 중시하게 만들었다.

이와 관련해 1454년(단종 2년)에 편찬된 《세종실록》〈지리지〉 '강원도 울진현 조(條)'의 다음 기록이 중요하다. "우산, 무릉 두 섬이 (울진)현 정동(正東) 바다 한가운데 있다. 섬이 현의 정동 바다 가운데 있다[于山武陵二島 在縣正東海中·우산무릉이도 재현정동해중]. 두 섬이 서로 거리가 멀지 아니하여, 날씨가 맑으면 가히 바라볼 수 있다[二島相去不遠 風日淸明 則可望見·이도상거불원 풍일청명 즉가망견]. 신라

---

* 울릉도와 독도에 읍(邑)을 설치하고 관리를 파견해 백성들을 살게 하자는 제안은 그 이후로도 계속 나왔다. 세조 때 강릉부사를 역임한 유수강(柳守剛)이 '우산도와 무릉도 두 섬은 물산의 풍부함과 재용(財用)이 넉넉해서 읍을 설치해 사람을 뽑아 지키게 하자[擇人守之·택인수지]'고 제안했다. 하지만 조정에서는 '두 섬까지의 수로(水路)가 험하고 멀어서 왕래하기가 매우 어려우며, 바다 가운데의 고도(孤島)에 읍을 설치하면 지키기도 또한 어렵다'면서 허락하지 않았다(《세조실록》, 3년 4월 16일).

때에 우산국, 또는 울릉도라 하였다[新羅時 稱于山國 一云鬱陵島·신라 시 칭우산국 일운울릉도]." 이 기록은 세종의 관리 방침과 더불어 독도 와 울릉도를 우리 영토로 지켜내게 한 중요한 역사적 근거로 작용 했다.

4

외교 인재가 문제다

태종시대 외교는 태종 자신의 외교와 태종정부의 외교로 나눌 수 있다. 태종 자신의 외교는 왕위에 오르기 전 정안군 시절 두 차례나 명나라에 가서 주원장 및 주체(영락제)를 만나 양국 간 외교 현안을 풀고, 신뢰를 쌓고 돌아온 일이다. 조선왕조를 비롯해 한반도의 여러 왕들을 통틀어서 신라의 김춘추와 태종 이방원을 최고의 외교 군주로 꼽는 것은 그런 협상 성공 사례가 있기 때문이다.

한반도에서 외교는 국격을 넘어 국운에 큰 영향을 끼칠 수 있는 중차대한 영역이다. 외교 능력에 따라 국력이 신장되거나 위축되었다. 태종과 세종시대 국력 신장은 말할 것도 없이 사대교린 원칙을 효과적으로 활용한 실용 외교에 힘입었다. 한 나라의 외교력은 국가 간 세력 관계라는 구조 안에서 자국의 국가 이익을 극대화시키려는 최고 지도자의 안목과 경륜에 따라 달라진다. 태종의 실용 외교는 이 점에서 여러 가지 배울 점을 제공한다.

첫째, 태종이 외교 이슈를 다루는 방식이다. 그는 신하들과 열띤 토론을 벌여 '사람이 할 수 있는 최선의 결정'을 내리곤 했다. 가령 동맹가첩목아가 이끄는 여진 부족이 명나라에 포섭되어 등거리 외교를 시작했을 때, 태종은 신하들과 그 대책을 마련하기 위해 여러 차례 토의했다. 다른 여진 부족들의 태도, 명나라의 입장 등을 다각적으로 검토했다. 그런 다음 그는 여진족과의 관계를 '자소'에서 '교린'으로 바꾸었다. 집단 지혜를 통해 이미 어찌 할 수 없는[不能·불능] 상황이라는 점을 확인한 후 변화된 현실을 재빨리 인정했다.

둘째, 할 수 있는 최선의 노력과 관련하여 "내수(內修) 외교"를 주목할 필요가 있다. 신숙주는 《해동제국기(海東諸國記)》(1471년) 서문에서, 태종과 세종 등 조선 초기 역대 정부가 주변국 외교에서 가장 역점을 둔 일이 '내수'였다고 말했다. "교린의 방도는 겉모양을 화려하게 꾸미는 데 있지 않고 안을 잘 정돈하는 데 있고, 변방 방어에 있지 않고 조정을 잘 이끄는 데 있다"라는 대목이다. 내수, 즉 안을 잘 정돈하고 국내 정치를 잘 통합해내는 데서 외교 능력이 생긴다는 신숙주의 말은 외교 협상의 정곡을 찌르고 있다. 뛰어난 외교관은 자국의 국력 중 사용 가능한 요소를 잘 조화시키는 사람인데, 사용 가능한 국력의 중추가 "정부의 질"이기 때문이다. 특정 외교정책에 대한 초당적 협력과 함께 국민 다수의 지지를 끌어낼 수 있는 정부의 능력이 뒷받침될 때 외교 협상은 마침내 국익이라는 성과로 이어질 수 있다는 점은 고금동서의 통의(通義: 통용되는 도리)다.

신숙주는 그런 맥락에서 중국의 순임금에게 익(益)이라는 신하가 했던 말, 즉 '일곱 가지 익의 경계[益之戒·익지계]'를 상기시켰다. 즉 "① 비록 평화로울 때라도 법도를 잃지 말고, ② 게으름 피우거나 향락에 빠지지 말고, ③ 어진 이에게 맡겨 의심하지 말고, ④ 사악한 자를 쫓아낼 때는 망설이지 말며, ⑤ 도리에 어긋나는 방법으로 백성 칭찬을 구하지 말고, ⑥ 자기 욕심을 채우려 백성들을 거스르지 말며, ⑦ 나태하여 황음한 데 빠지지 않으면 사방의 오랑캐들이 왕께 귀의할 것"이라는 조언이 그것이다.

그러면 신숙주의 외교 사상, 특히 '내수론'에서 오늘날 우리가 배울 점은 무엇일까? 오늘날 한국 외교는 한마디로 외양은 화려하나 내수가 극히 빈곤한 상태에 놓였다고 할 수 있다. 한때 유엔 비상임이사국으로, 유엔 사무총장을 배출한 나라로 우쭐하기도 했다. 경제협력개발기구(OECD) 회원국이자 세계 10위권의 경제 강국이라는 지표, 그리고 대중문화에서의 한류 바람 등도 우리의 외양을 화려하게 만드는 데 기여했다. 하지만 최근 몇 년 사이에 사드(THAAD·고고도미사일방어체계) 배치 및 북한 미사일 발사, 주한미군 주둔 비용 협상, 중국과의 경제 외교 등 핵심적인 국가이익과 관련된 사안에 있어서 거의 제 목소리를 내지 못하고 있는 상황이다. 이는 일차적으로 '세월호 사건'이나 '대통령 탄핵 사건' 등으로 국격이 급격히 추락한 탓도 있지만, 무엇보다 중장기적인 외교 전략이나 뛰어난 외교 인물의 부재에 더 큰 이유가 있다고 본다.

그러면 무엇을 어떻게 해야 할까? 신숙주가 말한 내수 외교론, 즉 외교 인재의 적극적인 양성과 적재적소의 배치를 지금 당장 실행해야 한다. 세종시대 외교 인물인 박안신(朴安信)은 "7년 묵은 중병을 치료하려면 지금이라도 당장 3년 묵은 쑥[三年之艾·삼년지애]을 준비해야"(《세종실록》, 12년 4월 13일) 한다고 했는데, '3년 묵은 쑥'으로 비유되는 외교 인재를 양성하는 일이 무엇보다 급무(急務)다. 이를 위해서는 지금이라도 당장 중국과 일본과 미국을 갖추 아는 [備諳·비암] 젊은 인재를 선발해 중국·일본·미국 등 주요 국가에 국비 장학생으로 보내야 한다('외교 인재 300 프로젝트').

아울러 신숙주가 말한 내수 외교를 뛰어나게 잘해야 한다. 인재를 적재적소에 배치하고 내부 소통을 극대화해서 우리 외교력을 극대화하는 방향으로 정부 조직과 여론을 이끌어가야 한다. 무엇보다 일본을 깊숙이 알고[備諳日本·비암일본], 중국의 자의적 움직임을 제어할 수 있으며[制御中國·제어중국], 미국을 상대로 국익을 지켜낼 수 있는[專對美國·전대미국] 외교 인물을 찾고 그에게 힘을 실어주는 리더십이 절실히 필요하다.

제6장

성공적인 전위,
리더십의 대단원

1

무엇을 위한
왕권 강화였나?

태종의 여러 조치 중에서 "그의 일생 최대의 업적"(최승희 2002)
은 단연 성공적인 왕위 승계 작업일 것이다. 만약 태종이 충녕대군
을 포함해 왕자들을 보호하지 않았거나, 마지막에 세자 교체를 하
지 않았다면 아마 '위대한 세종 치세'는 없었을 것이다. 사실 태종
재위 말년인 1417년까지만 해도 아무도 충녕대군이 왕이 되리라
고 확신하지 못했다. 비록 태종과 양녕대군 사이에 갈등이 있었지
만, 양녕대군이 점차 철이 들면 부자 관계가 좋아지거나, 태종이 죽
은 뒤 어쩔 수 없이 세자가 왕이 될 것이라고 생각했다. 그 당시 가
장 정보에 빨랐던 황희조차도 양녕대군 쪽에 줄을 대고 있던 사실
이 그러한 정황을 보여준다.

그런데 그다음 해에 들어서 성녕대군이 갑작스럽게 사망하면서 (2월) 상황이 일변했다. 태종은 나랏일에 대한 의욕을 잃은 사람처럼 말하고 행동했다. 게다가 세자 양녕대군이 자신에게 정면으로 반항하면서 세자에 대한 기대마저 완전히 접게 된다(5월). 그즈음에야 충녕대군으로의 왕위 계승이 점쳐지기 시작했다.

그러면 태종은 도대체 어떤 생각으로 세자 양녕을 폐하고 충녕을 왕위 후계자로 삼았을까? 그리고 그에 앞서 그는 왜 동생(이방석)과 처남들(민무구·민무질)을 죽이고, 형(이방간)을 유배 보내는 일을 저질렀을까? 흔히 태종의 이러한 행동은 "왕권 강화" 차원에서 (한영우 1997, 225쪽) 이해되는 경향이 있다. 심지어 태종이 충녕을 세자로 책봉한 일도 "명분과 정통이 결여된 그의 왕위에 일정한 정당성을 부여"하기 위해서라고 보기도 한다(최승희 2002, 133쪽).

물론 태종이 취약한 왕권을 보강하고 "왕위 정당성을 유지하기 위해 세자 이제(李褆)의 실행을 들춰내는 일까지 서슴지 않았고"(최승희 2002, 71쪽) 그를 도와 왕위에 오르게 한 처가 식구들을 죽이고 부인 민씨를 냉대했으며 세종의 처가인 청송 심씨들을 멸문시키다시피 하는 "악역을 담당한 것"으로(이성무 1998, 169쪽) 볼 수도 있다. 하지만 태종은 과연 무엇을 위해 그렇게 왕권을 강화했으며, 악역을 담당했는가라는 질문을 던져보지 않을 수 없다.

이 질문에 답하기 위해서는 무엇보다 태종이 외척을 제거하고 세자를 교체하면서 보인 언행을 가급적 그의 입장에 서서 살펴볼 필요가 있다. 정치 행위자의 어떤 행동을 평가할 때, 그의 말을 통해 드러난 의도를 먼저 이해한 다음에 당대 사람들의 반응과 후대의 평가를 살펴보는 것이 온당하기 때문이다.

결론을 미리 말하자면, 태종은 부왕인 이성계를 도와 건국한 조선왕조를 반석 위에 올려놓기 위해서는 어떤 굴욕과 비난도 감수하겠다는 자세로 국정에 임했던 정치가였다. 명나라 황제의 과도한 요구와 사신들의 행패(소 1만 마리 매매 요구, 처녀 공납)를 묵묵히 수용하는 태도며, 일련의 내외척 제거 과정에서 보였던 냉정한 그의 언행이 그렇다. 무엇보다 "통곡하고 목이 메이는 고통"을 감내하면서 감행한 세자 교체 이후(《태종실록》, 18년 6월 3일) 진행된 일련의 왕위 전승 과정을 보면 그가 소임을 달성하기 위해 얼마나 온 마음을 기울이는지를 실감할 수 있다. 태종은 마치 훗날 링컨이 수정헌법 조항 13조(노예제 폐지)를 하원에서 통과시키기 위해 회유와 위협, 그리고 거래 등 권도(權道)까지 동원한 것처럼(도리스 굿윈 2005, 735~739쪽), 모든 정치술을 사용했다. 그래서 조선왕조를 기반 위에 올려놓았다. 이 일련의 과정이 태종 리더십의 결정판이라 불린다.

세자 교체와 전위 단행

재위 18년(1418년)의 《태종실록》은 온통 세자 양녕대군에 대한 사람들의 실망과 충녕대군에 대한 감탄으로 가득 차 있다. 공부하기 싫다고 꾀병을 부리는 세자와 《주역》까지 통달한 충녕대군의 실력(《태종실록》, 18년 1월 26일), 막내 동생 성녕대군이 사경을 헤맬 때 활쏘기 놀이를 하던 세자와 친히 의서를 연구하면서 직접 약을 달여 먹였던 충녕대군(《태종실록》, 18년 2월 4일; 18년 5월 10일), 그리고 초궁장·어리 등 기생에 빠져 부왕에게 분노의 글을 써 보내던 세자와 그를 만류하던 충녕대군(《태종실록》, 18년 5월 10일) 등이 그렇다. 한마디로 이 시기가 되면 충녕대군의 "덕망이 날로 높아지니 온 나라에서 마음이 쏠리고, 임금과 왕비의 총애가 더욱 두터워진다[盛·성]"(《태종실록》, 18년 6월 3일).

다른 한편 이 시기는 성녕대군의 죽음으로 정치에 대한 태종의 의욕이 완전히 상실된 때이기도 하다. 성녕대군의 졸기(《태종실록》, 18년 2월 4일)를 보면 성녕대군은 "총명하고 지혜로웠고 용모가 단정하고 깨끗하였으며 행동거지가 공순하여 임금과 정비(왕비)가 끔찍이 사랑하여 항상 궁중에 두고 옆에서 떠나지 못하게 했다"라고 한다. 그런 그가 갑작스럽게 천연두[瘡疹·창진]로 사망하자 태종 내외는 음식을 일체 거절하고 옷도 갈아입지 않았다. 뿐만 아니라 서울에 있으면 성녕대군 얼굴이 눈앞에 선하고 살아 있을 때 목소리가 생생하다 하여 개경으로 이어[移御: 임금의 거처를 옮김]를 했다. 그 뒤로 태종은 거의 "정신이 없어져서"(《태종실록》, 18년 4월 13일) 군 지휘관 임명 사실을 잊어버리는가 하면(《태종실록》, 18년 4월 1일), 인명은 하늘에 달렸다면서 담당 의사들을 관대하게 처분하라고 했던 말을 번복하기도 했다. 성녕대군의 "원수를 갚아야" 한다면서 의사들을 중벌하라고 지시하기도 했다(《태종실록》, 18년 4월 4일).

이런 속에서 서울에 남아 있던 세자의 방탕한 생활은 계속되었다. 태종의 엄한 질책과 스승들의 비판은 수위가 높아져갔고, 세자는 태종 재위 18년(1418년) 5월 말 "전하의 시녀는 다 궁중에 들이면서 왜 나의 가이(어리)는 내보내려고 하시느냐"라는 반항조의 수서(手書: 손수 쓴 글)를 올렸다. 이처럼 세자가 정면으로 대들자 태종은 당황한 듯 "세자는 내가 잘되라고 하는 말을 싫어한다"라면서 "장차 가르치기가 어렵겠으니 어떻게 처리할까"라고 말했다(《태종실록》, 18년 5월 30일).

결국 6월에 접어들면서 태종은 세자에 대한 기대를 접는 듯했다. "내가 세자 글을 보니 몸에 소름이 돋아서[悚然·송연] 더 이상 가르치기 어렵겠다"라고 말했다. 특히 그는 "이 아이는 비록 마음을 고친다고 하더라도 그 언사의 기세로 보아 정치를 할 경우 다른 사람에게 화복을 어떻게 내릴지 예측하기 어렵겠다"라고 말했다(《태종실록》, 18년 6월 1일).

이런 상황에서 유정현 등 조정의 거의 모든 신료들이 세자의 잘못을 낱낱이 고하는 상소를 올렸다. 태종도 상소에 공감하며 "후일 생사여탈의 권력을 마음대로 한다면 형세를 예측하기 어렵겠다"라고 말했다. 이에 힘입은 의정부 이하 여러 신료들은 다시 상소를 올려 "태조의 초창(初創)한 어려움을 생각하고 종사 만세의 대계를 생각"하라고 요청했다. 대소신료의 소망에 따라서 대의로써 결단해 "세자를 폐하여 외방으로 내쳐야" 한다고 주장했다(《태종실록》, 18년 6월 2일). 한마디로 양녕에 의해서는 "종사 만년의 대계" 즉 수성기로의 전환이 불가능하다는 게 태종과 신료들의 공통된 의견이었다.

하지만 교체될 세자 후보에 대해서는 의견이 갈렸다. 태종과 왕비 민씨는 적장자 승계 원칙에 따라 양녕대군의 장남을 세자 후보로 삼자고 주장했다(당시 양녕대군의 장남은 5세, 차남은 3세였다). 그러나 이 의견은 "그 아비(양녕대군)가 번연히 살아 있는데 그 아들이 독자적인 정치를 탈 없이 할 수 있겠느냐"라는 신하들의 반박으로 힘을 얻지 못했다.

둘째 아들 효령대군도 물망에 올랐다. 하지만 "효령은 항상 빙긋이 웃기만 할 뿐, 일을 조목조목 처리하는[開坐 · 개좌] 능력이 없다"라는 이유로 국왕에 의해 세자 후보에서 배제되었다. 그때까지도 셋째 아들 충녕대군이 수면 위로 떠오르지 않고 있었다. 물론 그 당시에도 충녕대군은 공부 잘하고, 형제간에 우애한다는 점에서 왕과 신민의 마음을 사로잡고 있었다. 하지만 서자까지 포함하면 열두 명이나 되는 왕자들 중에서 왜 하필 충녕대군인가에 대한 분명한 기준이 필요했다.

유정현 등이 제시한 기준은 '어진 사람'이었다. "나라 근본을 정하는 데는 어진 사람을 고르는 게[擇賢 · 택현] 마땅하다"라는 주장이었다. 문제는 누가 어진가를 가리는 일이었다. 적장자의 기준과 달리, '어질다'는 것은 다분히 주관적으로 평가될 수밖에 없었다. 이에 대해 이조판서 이원은 "점을 쳐서 정하자"라고 제안했다(《태종실록》, 18년 6월 3일). 옛날에는 큰일이 있을 때 거북 껍질[龜 · 구]이나 톱풀[筮 · 서]로 점을 쳐서 정했는데 그 방식에 따르자는 말이었다. 태종은 "그러자"고 했다. 이미 수도를 한양으로 정할 때도 점으로 선택한 경험이 있는 그였다.

하지만 한참을 생각한 끝에 태종은 돌연 '택현(擇賢)'을 하겠다고 말했다. 천도하는 문제와 달리 왕위 후계자를 정하는 문제는 왕 자신의 신뢰와 함께 신하들의 추대를 받지 않으면 안 된다고 판단했다. '충녕대군을 선택한 이유'(《태종실록》, 18년 6월 3일)는 조선왕조에서, 그리고 한국인들이 중시하는 최고 지도자의 조건을 보여주는 바, 좀 더 세심히 살펴볼 필요가 있다.

'훌륭한 임금이 있으면 나라가 복 받는다[國有長君 社稷之福·국유장군 사직지복]'는 옛말이 있다. (…) 충녕대군은 ① 천성이 총명하고 민첩하며 자못 학문을 좋아하여, 비록 몹시 추운 때나 아주 더운 때라도 밤이 새도록 글을 읽는다. (…) ② 또 다스림의 대체[治體·치체]를 알아서 매양 큰일이 있을 때 헌의(獻議)함이 진실로 합당할 뿐 아니라 (보통 사람보다) 뛰어났다. ③ 중국의 사신을 접대할 경우엔 몸이 빛나고[身彩·신채] 언어 동작이 두루 예(禮)에 부합하였다. 술 마시는 것은 물론 무익(無益)하다. 그러나, 중국 사신을 대할 때 주인으로서 한 모금도 능히 마실 수 없다면 어찌 손님 마음을 기쁘게 할 수 있겠느냐? 충녕은 비록 술을 잘 마시지 못하나 적당히 마시고 그친다[適中而止·적중이지]. ④ 또 그 아들 가운데 장대(壯大)한 놈이 있다(《태종실록》, 18년 6월 3일)(인용 번호는 저자).

여기서 보듯이, 태종이 충녕을 택한 첫 번째 이유는 총명하고 배우기를 좋아한다는 점이었다. 세자의 스승들을 모두 실망시켰던 양녕과 달리 충녕은 밤이 새도록 글을 읽어 당대 최고 지식인이었던 변계량의 칭찬을 들을 정도였다. '무인 가문'이라는 이미지를 벗을 수 있고 지식인 사회를 이끌어갈 수 있는 지적 리더십을 겸비한 좋은 후계자의 등장이 태종에게는 더없이 필요했다.

둘째, 정치의 대체를 안다는 점이었다. 태종에 따르면 충녕대군

은 정치의 큰 흐름을 알아서 큰일이 닥쳤을 때마다 제시하는 의견
이 진실로 합당했고 보통 사람들이 낼 수 없는 아이디어를 제시하
곤 했다. 정치의 대체를 안다는 것은 태종에 따르면, 다각적 관점에
서 일을 볼 수 있는 능력이었다. 이를테면 태종 재위 15년(1415년)
6월, 장악원 악공들이 음악 연습을 해야 하는가를 두고 태종과 황
희가 나눈 대화가 그렇다. 당시 황희는 비록 가뭄이 들었더라도 음
악 연습을 그만둘 수 없다고 했다. 외국 사신 맞이 등 국가 행사에
대비해야 했기 때문이다. 하지만 태종이 보기에 그것은 "이치를 아
는 사람의 말[識理者之言 · 식리자지언]"(《태종실록》, 15년 6월 3일)이 아
니었다. 아무리 국가 행사를 대비한 연습이라 할지라도 궁중에서
일단 음악 소리가 흘러나오면 백성들의 귀에는 노는 소리로 들린
다는 게 태종의 생각이었다. 한마디로 나랏일은 늘 복합적인 국면
으로 이루어져 있으며, 뛰어난 지도자라면 그 국면들을 종합적으로
볼 수 있어야 하는데, 충녕대군에게는 그런 안목이 있다는 게 태종
의 판단이었다.

셋째, 외교 능력이다. 실록에 따르면 중국 사신을 접대할 때 충
녕은 몸이 빛나고 언어 동작이 두루 예에 맞았다고 한다. 술을 마
실 때에는 또한 적당히 그칠 줄 알아서 대화가 자연스러우면서도
실수하지 않았다고 한다. 1년에 2~3회가량 찾아오는 중국 사신을
맞이해야 했던 조정에서는 적당한 주량과 주법을 갖춘 세자가 필
요했다. 여기서 중요한 점은 충녕대군이 술을 적당히 마시고 '그칠
줄 안다'는 점이다. 한번 술을 마시면 끝을 모르고, 그래서 실수하

는 양녕대군과 전혀 술을 못 마시는 효령대군의 사이에 충녕대군이 있다는 말이었다. 이는 또한 충녕대군이 자기 통제력을 지닌 사람이라는 뜻이기도 했다.

넷째, 안정적 왕위 계승자의 존재다. "그 아들 가운데 장대한 놈이 있다"라는 말은 이향(훗날의 문종)을 가리킨 말일 텐데, 장대하다는 것은 단순히 키가 크거나 적장자라는 뜻이 아니라 지도자로서 전망이 있다는 말로 해석된다. 한마디로 충녕대군 한 시대만이 아니라 그 후 세대에서도 정책이 계승되고 왕조가 번창해나가리라고 태종은 기대했다.

왕위 계승과 관련하여 주목되는 시기는 세자 교체(6월 3일)에서 왕위 전위 과정까지(8월 10일)의 66일간이다. 이 시기의 세자 관련 사건을 시간순으로 나열하면 다음과 같다.

1418년(태종 18년) 6월에서 8월 사이 중요 사건

- 6월 3일 충녕대군으로 세자 교체. 세자 교육을 위한 서연관(書筵官) 구성.
- 6월 5일 양녕대군을 경기도 광주로 내침.
- 6월 7일 세자에게 새로 설치한 의용위 군사를 지휘하도록 함. 익위사 강화.
- 6월 10일 서연을 열어 사서(四書)를 진강케 함("좌우 모두 탄복").
- 6월 17일 세자·세자빈에게 책문 내림. 대사면. 문무백관의 하례.
- 6월 21일 세자, 조계(朝啓)에 참여해 본격적인 정치 수업 받음.

세자가 백성 만나는 것을 금지하지 말라고 지시함.

- 6월 27일 세자로 하여금 동쪽에 앉아 국왕 대신 청정하게 함.
- 7월 1일 구언교지에 응답해 들어온 진언을 육조에서 가려냄.
- 7월 2일 개경에서 한양으로 돌아올 계획 수립(7월 19일로).
- 7월 4일 세자에게 한양 종묘에 배알케 함.
- 7월 8일 세자의 북경 명나라 황제 조현 날짜 정함

  (8월 6일, 나중에 18일로 수정).

- 7월 15일 창덕궁 인정전 개수 공사를 지시함.
- 7월 19일 세자에게 왕비 등 모시고 한양에 환궁케 함.
- 7월 26일 군을 삼군과 의용위로 나눠 왕과 세자가 서로 구원케 함.
- 7월 27일 태종, 한양에 환궁함.
- 8월 1일 원단에 보사제 지냄.
- 8월 6일 취각의 편제를 다시 짬.
- 8월 7일 지진, 홍수, 천둥 번개.
- 8월 8일 전위.
- 8월 10일 세종 즉위.

여기서 보다시피 세자 교체 후 태종이 맨 먼저 한 일은 세자 교육을 위한 서연관 구성이었다(6월 3일). 그리고 이틀 뒤인 6월 5일에 양녕대군을 경기도 광주에 내보내고 안심시켰다("너를 대접하는 충녕의 생각이 두터울 것이다"). 제3, 제4의 '왕자의 난' 우려를 불식시키는 말이었다. 이어서 그는 세자로 하여금 새로 설치한 의용위 군사를

지휘하는 일을 돕도록 하고, 익위사를 더 배치해 세자 경호를 강화했다(6월 7일). 왕위와 병권의 긴밀함을 보여준 조처다. 이어서 서연을 열어 사서(四書:《논어》,《맹자》,《대학》,《중용》)를 진강하게 해 "좌우를 모두 탄복"시켰다. 세자의 학문적 능력을 과시함으로써 유교 지식인들의 지지를 이끌어내려는 의도였다(6월 10일). 이렇게 보름 정도 테스트를 해본 태종은 드디어 6월 17일 세자와 세자빈에게 책문을 내리고 사면을 베풀고, 문무백관의 하례를 받게 했다. 이렇게 해서 정식으로 세자가 된 충녕은 그로부터 나흘 후부터 조계(朝啓: 정규 어전회의)에 참여하여 본격적인 정치 수업을 받았다(6월 21일).

흥미로운 것은 인심이 세자에게 쏠리도록 하는 태종의 배려다. 세자전에 왕명 없이 출입한 사복 소윤(司僕少尹) 권이(權移)를 처벌해야 한다는 주장에 대해서 태종은 옛날 양녕과 달리 "지금 세자는 효우하고 온순 공손하며 학문을 좋아하기" 때문에 그렇게 단속할 필요가 없다고 반응했다. 나아가 태종은 이렇게 말하기도 했다.

"이제부터는 세자를 만나보고자 하는 자가 있거든 비록 초야의 미천한 사람이라도 또한 금지하여 물리치지 말고 들어가 만날 수 있게 하라. 모름지기 세자로 하여금 깊이 인심(人心)을 얻게 하는 것이 내 뜻이다. (…) 나는 세자 보호하기를 제(禔: 양녕)와 같이 하지 않으려 한다."(《태종실록》, 18년 6월 21일)

한마디로 세자를 믿고 있으며, 따라서 그가 여러 사람을 만나 인심을 얻도록 하겠다는 말이었다. 이는 장남 양녕에 대한 강제적인 주입식 교육의 실패에 따른 반성에서 비롯된 것으로 보인다.

그로부터 6일 뒤에는 의정부 등에 명해 국왕 대신 세자가 정사를 듣게 하는 예를 고전에서 찾게 했다. 그리고 세자로 하여금 국왕 다음의 방위인 동쪽에 앉아 정사를 듣게 했다(6월 27일). 가뭄이 계속되자 의정부와 육조 등 조정의 모든 신료들에게 잘못된 정부 정책을 모조리 말하라고 구언 요청을 했고, 들어온 진언을 육조에 내려 의논해 선택하도록 했다(7월 1일, 2일). 이러한 태종의 정치 교육은 사실상 세종에게 그대로 전수되었는 바, 세종은 부왕에게 배운 대로 재위 기간 내내 구언교지를 내리곤 했다.

또 한 가지 주목되는 점은 세자 충녕으로 하여금 명나라 황제를 만나게 하려 한 사실이다. 태종은 양녕이 영락제를 만나고 왔던 일과 자신이 중국에 다녀왔던 일을 상기하며, 세자로 하여금 중국에 다녀오도록 했다. 그러나 당시 북방 지역이 소란해서 안전을 담보할 수 없다는 점과, 하루라도 빨리 충녕대군을 중심으로 새 질서가 만들어지기를 바라는 태종의 의지가 굳어지면서, 날짜까지 정해진 조현 계획이 취소되었다. 태종은 왕위 계승(전위) 절차를 서둘렀다.

왕위 계승 과정에서 가장 인상적인 점은 그간 밀려 있던 공사들을 서둘러 마무리한 사실이다. 태종은 병조판서 박신(朴信)을 불러서 창덕궁 인정전을 고쳐짓도록 지시하면서 다음과 같이 말했다.

"인정전이 비좁아서 마땅히 새로 지어야 하겠다. 토목공사는 백성을 괴롭히는 중대한 일[重事·중사]이기 때문에 백성들이 심히 괴롭게 여긴다. 그런데도 속히 지으려는 까닭은 다름 아니다. 그것은 요컨대 백성 부리는 책임은 내 자신이 감당하고[使小民之責 當我之身·사소민지책 당아지신], 세자가 즉위한 뒤에는 비록 한 줌의 흙이나 한 조각 나무의 공사라도 백성에게 더 하지 못하게 하여 깊이 민심을 얻게 하기 위함이다"(《태종실록》, 18년 7월 5일).

여기서 태종은 백성들이 괴로워하고 원망하는 모든 일들은 자신이 다 해놓음으로써 새로 즉위한 임금으로 하여금 민심을 얻도록 하겠다고 말하고 있다. 바로 이 말이야말로 태종이 취했던 일련의 조치들―내외척 제거, 중국에 대한 지성 사대―을 이해하게 해주는 요체라고 할 수 있다.

태종은 세종에게 왕위를 물려준 뒤에도 도성 수축과 관련해 비슷한 말을 했다. 그는 "큰 공사를 일으키면 사람들이 원망할 것"을 알고 있지만, "도성을 수축하지 않을 수 없다"라고 말했다. 오래 편하게 지내려면 잠깐의 수고를 피할 수는 없는데[不暫勞 則不久逸·불잠로 즉불구일], "그 괴로움은 내가 담당하고, 주상에게 편함을 내려주고[吾當其勞 以逸遺主上·오당기로 이일유주상] 싶다"라고 했다(《세종실록》, 3년 10월 13일. 도성 수축은 세종 4년 1월 5일에 시작, 그해 2월 13일에 마침).

나아가 태종은 7월 26일에 분군(分軍) 체제로 개편하고, 8월 6일에는 취각 제도를 재편했다. 먼저 그는 "군을 둘로 나누어 하나는 삼군에 붙이고 하나는 의용위에 붙이라"고 지시했다. 그래서 왕이 밖에 있으면 세자가 안에서 하나를 장악하고, 왕이 안에 있으면 세자가 밖에서 하나를 장악하고 있다면 "서로 구원하는 뜻이 있고 피차에 근심이 없을 것"이라는 게 태종의 설명이었다. 이는 군권이 아래로 옮겨지지 않도록 하면서도, 동시에 군령을 통속시키려는 태종의 구상에 따른 조치였다. 분군 체제의 장점은 왕과 세자 어느 한 명이 유고했을 때에 군 지휘권의 공백을 막을 수 있다는 점이다. 그러나 이 체제는 세종 즉위 초년 '강상인 옥사' 등에서 보듯이, 명령 이원화에 따른 혼란을 가져올 수도 있었다.

다른 한편, 태종은 비상시 군사를 모으기 위해 취라치가 각을 불면 시위 군사들이 갑병을 갖추고 지정된 장소로 달려 나오게 하는 군사 편제를 세자 중심으로 다시 짰다. 즉 "왕세자가 갑주를 입고 군사를 거느리고 대궐 문 밖에 이르면 삼군의 군사가 운(運)을 지은 뒤에 따로 일진을 만들어 명을 기다리게" 했다. 태종은 "취각의 날을 당해 허소한 기세가 있으면 잠시라도 너그러이 용서함이 없어야 한다"라고 강조했다(《태종실록》, 18년 8월 6일).

군대의 기강과 군령 통일이야말로 국가를 국가답게[爲國·위국] 만드는 첫째 조건이라는 점을 인식시킨 것이다.

3

1418년 8월 8일,
왕위 물려주던 그날 풍경

《태종실록》18년 8월 8일 기사를 보면 "큰비가 왔다"라고 되어 있다. 이날 태종은 비가 내리는 가운데 정오 무렵 의관을 정제하고 지팡이를 짚고 경복궁 보평전(報平殿: 나중에 '사정전'으로 개칭)으로 들어갔다. "옥새 찍을 일이 있으니 속히 대보(大寶: 임금 도장)를 바치라"는 왕명을 전해 들은 승지들은 보평전 문 앞으로 달려와 취소를 요청했다. 태종은 안에서 문을 걸어 잠그고 사람을 보내 '세자를 데려오라'고 지시했다. 문 앞 승지들에게는 '대보를 어서 바치라'고 독촉했다. 그사이에 대신들이 보평전 문 앞으로 몰려와 하늘을 부르며 목 놓아 울면서[呼天痛哭·호천통곡] 비상한 거조(擧措)를 멈춰 달라고 요청했다.

태종이 전위 의사를 밝힌 것은 이날 오전이었다. 경회루에 승지들을 불러놓고 "내가 재위한 지 벌써 18년"이라면서 두 가지 이유를 들어 전위하겠다고 선언했다. 그 하나는 가뭄·홍수와 같은 자연재해가 계속되는데 이로 보아 하늘 뜻[天意·천의]이 자기로부터 떠나갔다고 했다. 실제로 사흘 전인 8월 5일부터 큰비가 계속 내렸다. 도성 주변[郊外·교외] 곡식이 크게 손상되었다는 보고가 있었다. 태종이 전위하겠다는 두 번째 이유는 자신의 병이었다. '묵은 병[宿疾·숙질]이 근래 더욱 심해졌다'고 했다.

태종은 오랫동안 풍질(風疾)을 앓고 있었다. 풍(風)으로 인해 사지가 마비되고 쑤시며 아픈 증세를 호소하곤 했다. 태종은 "내가 본디 풍질이 있는데, 근일에 다시 발작해 통증이 심하다"라고 하소연했다(《태종실록》, 13년 8월 11일), '목 위에 난 작은 종기가 중풍(中風)으로 더욱 심해졌다'는 기록도 보인다(《세종실록》, 1년 5월 2일). 물론 이날의 '묵은 병' 언급은 왕위를 물려주기 위한 핑계였다. 정무를 돌보지 못할 만큼 왕의 병세가 악화되었다는 기록은 그 전후에는 없다.

태종은 두 가지 전위 이유를 말한 다음, "아비가 아들에게 전위함은[父傳於子·부전어자] 천하고금의 떳떳한 일로서 신하들이 감히 의논하여 간쟁할 성격이 아니라"라고 못 박았다. 이 자리에서 그는 '세자 조현 문제,' 즉 새로 세자가 된 충녕을 중국 수도에 보내는 일을 취소한다고 말했다. 취소 사유는 태종 자신과 왕비의 좋지 않은 건강과 혹시 모를 변고였다. '세상의 사고는 때가 없이 생기는 법'

이라 장차 만기(萬機)를 다스려야 할 세자가 중원 대륙을 오가다가 불의의 변을 당할 수 있다고 말했다.

충녕의 정적들이 일으킬 수 있는 변고도 지적했다. "양녕과의 사이가 매우 친밀해서 변란 일으킬 의심은 없으나" 오랫동안 세자 지위에 있다가 폐출되어 지방에 있으니 그 틈을 엿보는 자가 있을 수 있다는 점, 더욱이 '제2차 왕자의 난'을 일으켰던 이방간 부자(父子)가 살아 있으니 안심할 수 없다는 게 태종의 판단이었다. 양녕 지지 세력과 이방간 부자의 존재가 '조현 취소'의 가장 중요한 이유였던 셈이다. 숱한 정적들을 제거하고 왕위에 오른 자신의 경험에 비춰볼 때 혹시라도 생길 수 있는 불안 요소는 사전에 제거해야 한다고 판단한 것이다.

태종의 말을 들은 승지들은 즉각 '전위 불가'를 외쳤다. 승지로부터 어명을 전해 들은 정승과 판서들 역시 입을 모아 반대했다. 자연재해를 들어 전위를 이야기하시나 '홍수와 가뭄과 같은 재변은 요순 임금도 면치 못한 바'라고 주장했다. 태종은 '아비가 아들에게 전위하는 일을 간쟁하라'는 대목이 경전(經典) 어디에 실려 있느냐'며 신하들을 반박했다. 8월 8일 정오 이후의 '전위 거조'는 그 연장선에서 이뤄졌다. 그날(8월 8일) 실록 기사를 보면 왕명을 받고 급히 달려온 충녕에게 태종은 보평전 옆문으로 나가 대보를 건네주려 했다. 하지만 충녕은 바닥에 엎드려 일어나지 않았다. 태종이 그의 소매를 붙잡아 일으켜 기어코 대보를 넘겨주었다. 몸 둘 바를 모르던 충녕은 대보를 탁자 위에 올려놓고, 부왕을 따라 안으로 들어갔다. 충녕이 극구 사양하고, 신하들도 통곡하면서 '전위 취소'를 요청했지만 태종의 의지는 군건했다. 충녕에게 경복궁에 머물게 하고 자신은 연화방(蓮花坊: 서울 종로구 연지동) 세자전으로 갔다. 거소를 서로 바꾼 것이다.

신하들은 태종을 따라 세자전에 가서 다시 왕위에 오르기[復位·복위]를 간청했다. 충녕 역시 부왕이 있는 세자전에 들어갔다. 태종은 밤이 되자 충녕에게 말했다. "내가 전위를 말한 일이 두세 번이나 되는데, 어째서 내게 효도할 생각을 하지 않고 이렇게 어지럽게 구느냐? 내가 다시 복위한다면 나는 장차 온전히 죽지 못할 것이다[不得其死·부득기사]"라고 말했다. 이어서 그는 두 손을 맞잡고 북두칠성을 가리켜 맹세했다. 왕위에 다시 나아가지 않겠다는 것을 목숨 걸고 다짐한 것이다. 부왕의 군은 의지를 본 충녕은 황공하고 두려워하며 옆에 있던 지신사(국왕의 비서실장)에게 "어찌해야 하느냐"라고 물었다. "상의 뜻이 이미 정해졌으니, (순종하여) 효도를 다함이 마땅합니다"라는 지신사의 대답이 돌아왔다. 충녕은 비로소 지신사에게 대보를 경복궁으로 가져가라고 말했다. 그날 밤 원경왕후 역시 세자전으로 거소를 옮겨서 잤다. 그 이튿날(8월 9일)에도 언관과 대신들이 '전위 취소'를 요청하는 상소를 올렸지만, 8월 10일에 태종은 결국 왕위를 충녕에게 물려주었다.

흥미로운 것은 8월 8일 오전에 태종이 승지들에게 한 말이다. 그는 "나의 상(像)과 모양은 임금의 상이 아니다"라고 말했다. 《태종실록》 '총서'를 보면 태종은 아버지 이성계를 닮아서 '코가 높고[隆

準·융준] 용의 얼굴[龍顏·용안]을 가졌다'고 한다. 훌륭한 관상을 가졌다는 뜻이다. 하륜 역시 민제를 만나 '공(公)의 둘째 사위(이방원) 같이 좋은 관상을 가진 사람을 못 봤다'며 극찬했다. 그런 얼굴 모양이 임금의 상이 아니라고 스스로 부정한 것이다. 태종은 또한 '나는 몸가짐과 행위가 모두 임금에 적합하지 않다'고도 말했다.

왜 그랬을까? 문맥상, 왕위에 오르지 못할 사람이 '무인년의 일' 즉 1398년(무인년) 정도전 등이 자기 형제를 죽이려던 상황을 당해 어쩔 수 없이 그를 제거했고, 그 후 '하늘이 정한 바'에 따라 마지못해 왕 노릇을 했다는 뜻으로 읽힌다. 그는 "18년 동안 호랑이를 탔으니[騎虎·기호], 또한 이미 충분하다[亦已足矣·역이족의]"라고도 말했다. 마치 호랑이 등을 탄 것처럼 정치 세계에 뛰어든 이후 정몽주를 척살하고('임신년의 일'), 정도전을 제거했으며('무인년의 일'), 아버지가 아끼던 두 이복동생(이방석·이방번)마저 죽이고, 처남들까지 사사(賜死)시키는('병술년의 일') 등 앞만 보고 달려왔으나, 이제는 그만 내려오고 싶다는 말이었다.

'역이족의'. 이 말이야말로 정치를 대하는 태종의 태도를 잘 보여준다. 그가 정치를 시작한 이래 취했던 일련의 조치들, 예를 들어 정적 척살, 내외척 제거와 같은 행동들은 많은 오해를 살 수 있었다(권력 중독자, 비정한 살육자 등). 하지만 '이미 충분하다[已足·이족]'라면서 과감히 권좌에서 물러남으로써 그는 권력 중독자가 아님을 증명했다. '이제 내가 사람으로서 해야 할 일은 다 했다'라고 선언했듯이, 그는 훌훌 털고 자리에서 일어섰다. 만약 그가 1418년에도 그전처럼(1406년) 전위 선언을 자기를 향한 '충성 시험대'로 삼았다면, 새로운 세자를 시험에 들게 했을 뿐만 아니라, 국왕의 신뢰가 크게 추락했을 것이다. 그는 단호하게 "18년 동안 호랑이를 탔으니, 정말 이미 충분하다"라면서 왕위에서 물러났다.

4

왕위를 물려준 뒤

우여곡절을 거쳐 세종에게 마침내 왕위를 물려준 뒤 태종은 어떻게 됐을까? 그리고 왕위를 물려받은 세종은 어떻게 처신했을까? 세종은 부왕이 왕위를 물려준 다음 거의 5년간이나 상왕으로 통치했음에도 아무런 불만 없이 받아들였다. 불만은커녕 더 많은 것을 전수받지 못해 안타까워했다. 사실 5년여의 상왕 통치는 세종의 입장에서 볼 때 자존심 상하고 참기 힘든 일일 수 있었다.

1418년 8월 10일 세종에게 왕위를 물려주면서 태종은 "주상이 장년(壯年)이 되기까지 군사에 관한 일은 내가 친히 듣고 결단하겠다[其軍事予親聽斷·기군사여친청단]"라고 말했다. "나라에서 결단하기 어려운 일에 대해서는 의정부와 육조로 하여금 의논하게 하여 각각 가부(可否)를 아뢰게 하되" 상왕 자신도 결정권자로서 참여하겠다[參與於可否·참여어가부]며 '조건부 양위'를 선언했다(《태종실록》, 18년 8월 10일). 현재의 왕을 '정치적 미숙아'로 간주하고 후견인의 역할을 자처한 것이다.

그런데 '나라에서 결단하기 어려운 일[國家難斷之事·국가난단지사]'이란 매우 주관적일 수밖에 없다. 따라서 대마도 정벌 등 '군사에 관한 일'은 물론이고, 인사와 재정, 그리고 외교에 관한 일까지 태종은 마음먹은 대로 거의 모든 영역에 관여했다. 세종이 똑똑했던 것은 그렇게 주어진 조건을 부정하고 무리하게 뒤집으려 하기보다는 오히려 수용하고 즐기는 자세를 보인 점이다. 왕 자신이 할 수 있는 일이란 집현전 학사들과 학문을 연구·토론하는 것과, 부왕 강무를 따라다니는 것뿐이었다. 그럼에도 세종은 조금도 불만스러운 내색을 하지 않았다. 오히려 그는 적극적으로 부왕의 거처로 찾아가 아뢰고 의논한 다음, 부왕의 뜻대로 결정했다.

왕위에 오른 지 26일이 되는 1418년 9월 6일부터, 부왕이 사망하기 8일 전인 1422년 4월 22일까지 세종은 그야말로 '거의 매일' 태종을 문안했다[每日問安·매일문안]. "임금이 수강궁에 나아가 문안하였다[上詣壽康宮問安·상예수강궁문안]"(《세종실록》, 1년 5월 8일), "이어소에 문안하다"(《세종실록》, 1년 12월 21일), "풍양궁에 문안하다"(《세종실록》, 3년 5월 9일), "임금이 신궁(新宮: 연희궁)에 문안하였다"[上朝新宮·상조신궁](《세종실록》, 3년 5월 6일), "낙천정에 문안하다"(《세종실록》, 3년 8월 27일) 등 수많은 문안 기사가 그것이다. 아버지의 그늘에서 도망치려 하기보다 오히려 바싹 다가갔다.

그 당시 창덕궁과 수강궁(지금의 창경궁) 사이로 길이 나 있었다. 세종이 이 길을 걸어가서 문안하는 모습이 이채롭다. "종일토록 함께 있다가 돌아오곤 했는데, 일체 사무를 모두 상왕에게 품신하였다"라는 기록이 자주 보인다. 세종은 모든 결정을 부왕께 품의(稟議), 즉 여쭙고 의논한 다음에 내렸다.

사실 '정치 멘토'라는 측면에서 볼 때, 태종 같은 스승도 드물었다. 앞에서 살폈듯이, 태종은 고려 최고의 교육 기관인 성균관에서 공부하고, 과거에 합격한(17세) 실력파 군주였다. 그는 스물두 살 때인 1388년에 자기보다 스물다섯 살 연상의 정도전과 손잡고 위화도회군을 이끌어냈다(1388년 5월). 이후 혁명에 방해가 되는 인물들, 즉 최영(1388년 12월), 이색(1389년 12월), 정몽주(1392년 4월)를 차례로 제거했다. 실로 상황 판단력과 일의 추진력이 대단했었다.

태종은 마치 호랑이 등에 올라탄 군주처럼 과감하면서도 재빠르게 일을 추진했다. 정적을 제거할 때나, 사병 혁파처럼 난관에 직면했을 때, 그는 기호지세(騎虎之勢)의 돌파력을 발휘했다. 호랑이의 외침[咆哮·포효]처럼, 반대자를 제압하는 '이론적 무기'를 능숙하게 휘두를 줄도 알았다. 대다수 신하들이 반대하는 '한양 재천도'나 국왕 재량권을 키우기 위한 관료제 개혁(육조직계제 등)을 추진할 때 그는 고전과 역사 사례를 인용해 거절할 수 없게 만들었다. 한마디로 그는 호랑이를 몰 듯 나라를 이끌어간 군주였다.

그런데 변계량에 따르면, 이 모든 태종의 업적도 그의 마지막 치적, 즉 "혼매한 이를 폐하고 덕 있는 이를 백성의 임금으로 삼은 일"이 없었더라면 수포로 돌아갈 뻔했다. 이방원은 새로 왕위에 오른 세종이 국사를 합당하게 잘 처결한다는 보고를 듣고는 "본디 주상이 현명한 줄은 알았지만, 노성(老成)함이 여기까지 이른 줄은 알지 못했다"라며 만족해했다. 그는 또한 자신의 53번째 생일잔치에서 "나처럼 사람을 잘 얻어 나라를 맡긴 이는 고금 천하에 오직 나 한 사람뿐"이라며 행복의 눈물을 흘리기도 했다.

이런 맥락에서 태종이 자신이 겪은 수많은 인물 이야기와 정치적 결정, 추진력의 중요성을 청년 군주 세종에게 세세하게 들려주는 실록의 대목은 매우 흥미롭다. 역사상 가장 짧은 세자 교육 기간(66일)과 당시까지만 해도 책벌레에 불과하여 정치권력의 냉혹함이나 국가 경영의 복잡 미묘함을 제대로 알지 못했던 세종이, 향후 그처럼 노련하게 정치 세계를 헤치고 나갈 수 있었던 비밀이 기록되어 있다.

태종은 죽음을 어떻게 바라보았을까? 재위 15년(1415년)부터 그는 수릉(壽陵) 작업, 즉 죽기 전에 미리 묻힐 곳을 준비하는 일을 했다. 좌의정 하륜에게 지시하여 수릉 자리를 알아보게 했고, 경기도 광주의 대모산 남쪽, 지금의 양재 헌릉 근처로 자리를 정했다(《태종실록》, 15년 11월 15일). 그는 자신의 생애를 어떻게 평가하고 있었으며, 죽음 이후를 어떻게 내다보았을까?

흥미롭게도 태조, 태종, 세종은 대부분의 조선 왕들과 달리 왕비보다 오래 살았다. 그래서 자신이 묻힐 수릉뿐만 아니라 수실(壽

室), 즉 능 안의 재궁(梓宮: 관) 위치까지도 정할 수가 있었다. 태조는 재위 4년째인 1395년부터 수릉을 물색했다. 경기도 광주, 과천 등지가 물망에 올랐으나, 결국 양주(楊州) 검암산(儉巖山: 구리시 동구릉 안)에 묻혔다. 태조 자신은 신덕왕후 강씨의 정릉(貞陵)이나 함주에 묻히길 원했으나, 태종의 뜻에 따라 건원릉에 단릉(單陵)으로 장사지냈다고 한다.

태종 역시 "나는 죽어서 중궁과 합장하고자 한다"라면서 장차 죽어 장사 지낼 곳을 준비하라[備他日死葬之所 · 비타일사장지소]고 지시했다(《태종실록》, 17년 11월 2일). 실제로 그는 1420년(세종 2년)에 경기도 광주 대모산 아래 수릉을 정해두고, 그해 7월에 원경왕후가 죽자 왕후의 석실 서쪽에 자기 자리를 예비했다(쌍릉: 두 릉이 나란히 있는 능묘 형태). 세종 역시 재위 20년이 되는 1438년 10월 1일에 헌릉 근처에 수릉 터를 찾게 했다. 6년 뒤인 1444년(세종 26년)에 헌릉 보수공사를 하면서, 그 서쪽 혈을 보토(補土)하고 자신의 수릉으로 삼았다. 다시 2년 뒤인 1446년(세종 28년) 3월에 소헌왕후가 사망하자 그곳에 왕후의 석실을 조성하고 부왕과 마찬가지로 자기 수실을 마련하였다(합장릉: 하나의 봉분에 왕과 왕비를 모신 능묘 형태).

인상적인 것은 원경왕후가 세상을 떠났을 때 태종이 내린 지시다. 1420년(세종 2년) 8월 태종은 원경왕후 산릉의 석실 덮개로 통돌[全石 · 전석]을 쓰지 말라고 세종에게 전언했다. 통돌은 넓고 두터워서 운반하다가 사람이 다치거나 깔려 죽는 일이 많다는 게 그 이유

태조 건원릉(경기도 구리시) 모습 (이미지 출처: 조선왕릉 세계유산 등재신청서)

였다. 그는 석실 덮개돌을 두 쪽으로 쪼개어 운반하기 쉽게 하되 앞
으로는 그렇게 하도록 법을 세워서 뒷날의 규례가 되게 하라고 지
시했다. 아울러 그는 평생 사적을 기록하는 신도비(神道碑) 역시 자
신이 사망한 이후에나 만들라고 명했다.

　하지만 세종은 어머니 석실에 통돌을 쓰고 싶어 했다. 쪼갠 돌은
견고하지 못할뿐더러 나라에서 그동안 해왔던 관례[舊例·구례]가
아니어서 따르기 곤란하다고 여겼다. 그래서 옆에 있는 지신사에게
말을 타고 달려가 상왕께 아뢰라고 지시했다. 태종은 그때 이미 돌
캐는 곳인 서울 안암동(安巖洞) 공사 현장에 도착해 있었다. 태종은
말을 멈추고, 석공을 시켜 철퇴[鐵椎·철추]로 덮개돌을 쪼개어 둘로

태종 헌릉(서울 서초구 내곡동).

만들게 했다. 세종 성품으로 볼 때 차마 석실 덮개돌을 쪼갤 수 없으리라 헤아려서 미리 조치를 취한 것이다.

　태종은 왕명을 받고 달려온 지신사에게 "주상의 뜻은 알겠다. 하지만 돌이 넓고 커서 운반하기가 곤란하다. 혹 군인들이 다쳐 죽을까 염려해" 이렇게 했다고 말했다. 이어서 '지금 이 규례를 세워놔야 뒷사람들이 본받을 것'이라고도 말했다. 세종이 언급한 '그동안의 관례'와 관련해서 태종은 "옛 기록을 보면 석실이라는 글만 있었고 통돌을 쓰라는 예문은 없다"라고 지적했다. 무엇보다 "비록 쪼개어 둘로 만들어도 튼튼하기가 통돌과 다름없으니, 주상은 염려할 게 없다"라고 덧붙였다.

　태종은 안암동 공사 현장에서 출발해 돌아오던 중 마장천(馬場

川) 위에 이르러 허조 등 여러 신하들에게 말했다. "내가 (이번에) 두어 가지 법을 세웠노라. 대강 말하면, 능(陵) 옆에 절을 세우지 못하게 한 것과, 법석(法席)을 개혁시킨 것,* 그리고 덮개돌을 쪼개서 두 개로 하는 일들"이라고 다시 확인시켰다(《세종실록》, 2년 8월 17일). 아버지를 설득하기 위해 비서실장을 보내는 아들의 성품을 헤아려, 미리 돌을 깨뜨리게 지시하는 태종 모습에서 '태종다움'의 한 측면을 읽을 수 있다.

* 불교식 능침제도나 장례절차는 유교식으로 바꾸라는 지시를 뜻한다.

5

최고 지도자가 태종에게 배울
세 가지 리더십

태종 이방원은 한마디로 거대한 시대 전환을 인식하고, 스스로 조타수가 되어 조선이라는 배를 안전하게 목적지에 정착시켰던 리더였다. 모든 훌륭한 선장이 그러하듯이 뛰어난 리더는 항해의 목적지를 비롯해 바람과 조류의 흐름을 정확히 알아야 한다. 또한 서로 선장이 되겠다고 나서는 경쟁자들을 제치고 방향키를 잡아야 한다. 14세기 말 태종이 그랬다.

지금 대한민국 지도자들이 태종에게 배울 점은 다음 세 가지다. 첫째, 태종은 중원 대륙에서 일어나는 패권의 변화를 정확히 인지했다. 그는 명나라의 수도 난징을 두 차례 다녀오면서 신흥 패권국 명나라 모습을 세심히 관찰했다. 1388년(우왕 14년) 10월 그가 처음 중국에 갔을 때, 명 태조 주원장은 장수 남옥(藍玉)에게 15만 군대를 맡겨 몽고의 잔존 세력을 지금의 바이칼호까지 추격해 대파시켰다. 두 번째 중국행에서 태종은 제국 명나라를 다른 시각으로 관찰했다. 1394년(태조 3년) 6월 한양을 출발해 이듬해 11월에 귀국했으니 결코 짧지 않은 시간이었다. 태종은 난징에 머물면서 주원장이 어떻게 조직을 장악하는지를 관찰했다. 주원장의 전각(殿閣) 정치, 즉 문연각(文淵閣)·무영전(武英殿) 등을 설치해 전각의 대학사(大學士)로 하여금 각종 국가 서류를 관장하고, 황제를 시종하며, 자문에 응하게 했던 정치를 주목했다. 승상을 없애고 6부의 힘을 강화했을 때 어떤 효과가 나타나는지도 보았다.

원나라에서 명나라로 중원 대륙의 패권국이 바뀌면서 당시 동아시아 국가 간의 관계도 달라져 있었다. 개방적이고 다원적인 제국이었던 원나라와 달리 명나라는 배타적이고 일원적인 나라였다. 대륙의 실크로드는 초원으로 돌아간 몽골족에 의해 차단되었다. 동중국해로 나가던 배들은 왜구 약탈이 극심해지면서 운행을 거의 멈췄다. 당시는 60년간 이어져온 남북조 혼란 상태가 끝나갈 무렵에 있던 일본이 왜구를 금압하지 못하는 상황이었다. 이런 상태에서 백성을 먹여 살리는 길은 무역 이익이 아니라 안정된 농업이었다(강문식 외 2013, 27쪽). 이러한 거대한 변환을 20대 이방원은 목격했다. 그는 왕위에 오른 뒤에도 "머리털이 희끗희끗해질 때까지" 손에서 책을 놓지 않았다(《태종실록》, 3년 9월 22일). 지도자가 시대의 흐름을 놓치는 순간, 국가라는 배는 헤매기 마련이다.

태종이 주목한 또 다른 현상은 '성리학 르네상스'였다. 성리학, 즉 정자(程子: 정명도와 정이천 형제)와 주자(朱子)를 축으로 하는 정주 성리학은 이미 패망한 송나라와 원나라에 영향을 끼쳤던 '낡은' 이념이었다. 그런 정주성리학이 고려 말 지식인들에게는 '새로운' 사회개혁론으로 받아들여졌다. 그들은 사회 이념으로서 불교의 내재적 한계, 예를 들면 배우고 도를 닦은 사람일수록 현실 세계를 부정해야 하는 출세간(出世間)의 딜레마를 성리학 공부와 실천으로 넘어설 수 있다고 보았다.

정몽주와 정도전에게 사숙(私淑)했고, 과거시험에 합격할 정도로 영민했던 이방원 역시 성리학의 효용성을 꿰뚫고 있었다. 그가 보기에 주자가례, 즉 관혼상제 예법은 일반 백성들의 생활양식(modus vivendi)을 한 단계 끌어올릴 수 있는 혁신적인 글로벌 매너였다. 왕위에 오른 후 그는 《주자가례》를 인쇄해 신하들에게 나눠주었다 (《태종실록》, 3년 8월 29일). 어전회의에서 주자의 말을 인용해 자기주장을 뒷받침하기도 했다(《태종실록》, 4년 9월 19일). 성리학이야말로 새로운 '조선인 만들기'를 위한 혁신적 대안임을 강조하곤 했다. 부왕 태조가 사망하자 그는 창덕궁 동남쪽에 여막을 지어놓고 《주자가례》를 매일 읽는 모습을 보였으며(《태종실록》, 8년 5월 26일), 하륜이 사망했을 때 주자가례의 상례(喪禮)를 따랐다고 칭찬하기도 했다 (《태종실록》, 16년 11월 6일). 요컨대 태종은 정주성리학의 내용과 가치를 본인 스스로가 충분히 이해한 다음, 그것을 국가 경영의 도구로 활용했다. 정치 이념 혹은 이데올로기는 좋은 정치를 하기 위한 효과적인 수단이라는 점을 깊이 이해하고 실천했다.

오늘날 대한민국의 리더가 태종으로부터 배워야 할 두 번째 정치 덕목은 위기 극복 능력이다. 국가라는 배를 성공적으로 목적지에 도달시키려면 뛰어난 선장이 방향타를 잡아야 한다. 정적들의 숱한 공격과 많은 장애물을 넘어서 리더의 자리에 앉아야 한다. 태종이 정치 세계에 뛰어든 1388년부터 왕위에 오르던 1400년까지 12년 동안 수많은 진전과 반전의 순간들이 있었다. 매 순간마다 그는 "선발제지(先發制之)"의 방법으로 위험한 순간을 기회로 만들었다. 앞서도 설명했지만, '선발제지'란 먼저[先·선] 일어나[發·발] 그것[지·之=사태]을 제압한다[制·제]'는 뜻으로 정도전 제거 때를 회상하며 태종이 한 말이다. 정몽주를 척살할 때(1392년 4월), 그리고 두 차례 '왕자의 난'(1398년 8월, 1400년 1월)에서 정도전과 이방간을 제거할 때 태종은 정확한 정보와 신속한 실행력으로 위험한 도전을 새로운 기회로 바꿔나갔다. 그렇게 해서 스스로 국가의 선장이 되었다.

셋째, 태종이 민심을 획득하는 방법이야말로 우리나라 정치가들이 꼭 배워야 할 점이다. 왕위에 오른 그가 우선적으로 해야 할 선무(先務)는 돌아선 민심을 달래는 일이었다. 당시 신민들의 마음속에는 태종이 스승과 동생들을 죽이고 아버지에게서 왕위를 빼앗은 냉혈한이라는 부정적 인식이 자리 잡고 있었다. "이 나라가 얼마나 오래가겠는가?"라는 즉위 초 변남룡 부자의 이야기나(《태종실록》, 1년 2월 9일), 죽은 신덕왕후 강씨(이방원의 계모)의 원수를 갚겠다며 반란을 일으킨 '조사의의 난'에서 보듯이(1402년), 당대 사람들은 태종의 즉위를 곱지 않은 시선으로 보았다. 그렇다면 태종은 어떻게 돌아선 민심을 포용할 수 있었을까?

태종이 가장 역점을 둔 것은 인사(人事)를 제대로 하는 일이었다. 인사, 즉 사람 쓰는 일을 잘하면 저절로 말이 순조로워지며, 민심도 결국 돌아온다고 믿었다. 조준·하륜·권근 등 당대 최고 인재들이 중용되면서, 사람들의 생각이 점차 바뀌었다. 그전 정권의 사람이든(조준), 고려 충신 이색의 제자든(권근) 간에 능력이 있으면 크게 쓰인다는 사실을 보았기 때문이다. 다른 한편 태종은 법이나 제도를 함부로 바꾸지 않았다. 신하들에게 새로운 제도를 만들려 애쓰지 말고, 기왕에 있는 제도를 잘 운영하라고 강조했다. 백성의 삶에 영향을 끼치는 정책은 마치 '얽힌 실타래 풀듯이[如治亂繩·여치란승]' 세심하고 신중하게 접근하라고 당부하곤 했다(《태종실록》, 15년 7월 6일).

태종 리더십은 결과적으로 성공적이었다. 1422년 음력 5월, 그가 54세 나이로 사망했을 때 사람들이 내린 다음과 같은 평가가 그점을 말해준다. "20년 동안 백성들은 평화로웠고[四境按堵·사경안도], 물산이 풍부하여 창고가 가득 찼다[倉庫充溢 창고충일]." 생전의 그가 일했던 방식이 이러한 평가의 비결이었다. 태종은 정적, 즉 난적을 대할 땐 선발제지 방식으로 대응했으나 백성의 삶에 관계된 일은 얽힌 실타래[亂繩·난승] 풀듯 조심스레 그 실마리를 찾았다.

우리나라는 지금 커다란 전환기에 처해 있다. 국가나 사회 지도 자들은 헝클어진 실타래를 풀어내듯 코로나19로 지치고 무너진 민생을 섬세하게 보살피되, 거대한 시대의 흐름을 읽고 적극 대응해 나가면 어떨까? 600여 년 전의 태종처럼.

제7장

태종 정치의
빛과 그늘

1

인식의 한계_정치와 역사를
기능 관점에서만 보다

지금까지 태종 이방원의 성장과 그의 사람들, 그리고 그가 꿈꾸었던 '소강의 나라'에 대해 살펴보았다. 그런데 '가족과 같은 나라' 혹은 대동 정치 다음의 차선 정치로 바꿔 부를 수 있는 '소강의 나라'는 한계가 있을 수 있다. 최고 지도자가 어질고 뛰어난 사람일 때는 최상의 나라가 될 수 있지만, 그렇지 않고 무능하고 혼미한 가장일 때는 최악으로 전락한다. 폭력을 행사하는 아버지 아래의 집안 분위기를 생각하면 금방 이해할 수 있다. 다행히 태종은 어질고 뛰어난 군부(君父)였지만, 그에게도 한계는 있었다.

첫째, 역사 기록에 대한 인식이다. 태종은 기록에 대해 각별한 관심을 가졌다. 태조 사망 후 많은 반대에도 불구하고 기어코 자기 생전에 《태조실록》을 편찬하게 했다(《태종실록》, 1409년 8월 28일). 사관(史官) 민인생과 최사유(崔士柔)에게 신경질적 반응을 보인 일(《태종실록》, 1401년 7월 11일; 1410년 4월 28일)도 기록에 대한 그의 예민함을 보여준다. 사간원의 상소 속 용어까지도 마음을 썼고('백성들이 이맛살을 찌푸린다'는 말을 후세 사람이 어떻게 읽겠느냐)(《태종실록》, 15년 1월 18일), 1417년 2월에는 종부시(宗簿寺)에서 올린 《왕친록(王親錄)》을 불태워버리려고 했었다(《태종실록》, 17년 2월 5일). 나중에 환조로 추대된 태종의 할아버지 이자춘의 적첩(嫡妾) 사실 때문이었다.

●───── **이자춘의 두 부인 이야기**

이자춘은 여종 출신이었던 첫 번째 부인 한산 이씨에게서 이원계(장남)와 이화(3남) 등을 낳았고, 둘째 부인 영흥 최씨에게서 이성계(차남)를 낳았다. 고려시대에는 정실과 첩의 개념이 없이 첫째 부인, 둘째 부인으로 불렀는데, 태종 때 하륜과 이숙번 등이 왕실 족보를 만들면서 한산 이씨를 첩(측실)으로 규정했다. 즉, 재위 중반에 태종은 "태조의 정파 자손(正派子孫)이 아니면 봉군(奉君)하는 것은 옳지 않다"라면서 "족보를 다시 만들어 이를 기록하게 하라[更爲族譜以誌之·경위족보이지지]"고 지시했다(《태종실록》, 11년 12월 11일; 12년 10월 26일). 왕명을 받은 하륜 등은 《선원록(璿源錄)》, 《종친록(宗親錄)》, 《유부록(類附錄)》을 만들었고, 이후부터 한산 이씨는 "부인"이 아닌 "첩"으로 호칭되었다(《태종실록》, 12년 10월 26일; 13년 4월 26일). 이에 대해 이원계의 아들 이양우가 불만을 제기해서 논란이 되기도 했다(《태종실록》, 14년 1월 24일).

그에 앞서 이원계는 이복동생 이성계의 위화도회군에 반대했다. 고려의 충신을 자처하던 그는 이성계가 고려를 멸망시키려는 뜻을 알고 1388년 10월 절명시를 남긴 뒤 며칠 지나 숨을 거뒀다. 문제는 절명시 중에 "이 나라 땅 안에 이 몸 둘 곳 어데일꼬[三韓故國身何在 · 삼한고국신하재]"라는 대목이었다. 그 후손들은 이 내용을 철저히 비밀로 했으나, 태종이 《왕친록》을 편찬하다 발견했고, 이 책을 비밀리에 유지하거나 불태워버릴 생각을 했다. 태종은 이처럼 기록에 대해 매우 민감하였고, 필요하다면 없애거나 바꾸는 일도 서슴지 않았다.

역사 기록에 대한 태종의 이런 태도를 어떻게 보아야 할까? 태종이 그렇게 한 이유는 일차적으로 자신의 즉위 과정과 관련해 생길 수 있는 정당성 측면에서 이해할 수 있다. 그다음으로는 책을 많이 읽은 지식인으로서 역사 기록의 중요성을 깨닫고 있었다는 점, 그리고 마지막으로 태종 통치 스타일에서 그 원인을 찾을 수 있다.

통치 스타일에 대해 좀 더 살펴보면, 태종은 신하들의 비판이나 조언에 대해서 '내게 알려서 고치거나 반영하면 되지 굳이 역사 기록에 남길 필요가 있느냐'고 반응했다. 1402년 4월에 언관 전가식(田可植) 등이 "전하께서는 의복과 어가(御駕)가 아름답고 화려한 것을 매우 좋아하여[頗好巧麗 · 파호교려] 규정을 지키지 않습니다. 대간의 말이 어쩌다가 뜻에 거슬리면 엄하게 견책을 가하시며[嚴加譴

責·엄가견책], 매와 개를 좋아하고 성색을 즐겨 하심이[聲色之娛·성
색지오] 아직도 여전하십니다"라고 비판했다. 이에 대해 태종은 "나
의 과실(過失)을 비밀히 아뢰어도 내 어찌 안 듣겠는가? 이제 글을
지어 역사책에 기록하게 하니, 내 매우 가슴 아프다"라고 대답했다
(《태종실록》, 2년 4월 1일).*

그는 종종 신하들을 왕의 조력자 내지 훼방꾼으로만 인식했다.
역사 기록을 국정 수행의 보필 차원에서만 인식한 점도 맥락을 같
이 한다. 이처럼 그는 정치와 역사를 기능적 차원에서만 이해했다.
일을 진행할 때 그는 실용적 판단과 실행을 매우 중시했다. '원경
왕후 석실에 통돌을 쓰지 말라'면서 "오늘 정한 일을 길이 원칙으
로 만들어 헌릉(獻陵) 형지안(形止案: 일의 진행 과정과 결과를 기록한 문
서)에 명백히 기록한 후, 후세 자손으로 하여금 다 이 원칙을 따르
게 하라"(《세종실록》, 2년 10월 27일)고 한 일이 그 예다. 창덕궁과 종
묘 사이에 지름길[捷徑·첩경]을 새로 내어 제실에서 나와 바로 종묘
로 나아갈 수 있게 한 조처도 마찬가지다(《태종실록》, 16년 1월 9일).

역사 기록에 대해 세종은 태종과 달리 생각했다. 세종은 역사를
최고 권력자의 국가 경영을 돕는 참고 자료나 미화하는 도구로 보

---

* 이렇게 과감한 상소를 한 전가식은 누구일까? 불경죄로 조사를 받으면서 그는 왕
비가 낳은 자식이 이미 많은데 권씨를 후궁으로 들이는 게 부당하고 생각해 "여자
를 밝힌다[好色·호색]"라고 풍자했노라고 말했다. 하지만 태종과 신하들은 민제의
제자인 그가 "민무구 형제의 사주(使嗾)를 받아 왕에게 흠집내려 했다"라고 의심했
다(《태종실록》, 2년 5월 11일; 8년 10월 1일).

지 않았다. 그 차원을 훨씬 넘어서서 문명 발전의 차원에서 역사를 이해했다. 제한된 능력을 가지고 한시적으로 살아가는 인간의 한계를 뛰어넘어 문명을 보전하고 발전시킬 수 있는 통로가 곧 역사라는 인식을 갖고 있었다(문명 발전과 교화 차원의 정치).

세종은 '실록의 체제'를 정립한 임금이었다. '실록의 체제'란, ① 왕 앞에 상시 대기하는 사관과 승정원의 관리는 물론이고, 집현전 학사까지도 어전회의 내용을 모두 기록하되(상세한 기록), ② "마땅히 사실에 의거해 바르게 기록해야 한다[據事直書·거사직서]"(《세종실록》, 5년 12월 29일)는 직서의 원칙, 그리고 ③ 실록을 전국 네 군데 사고(史庫)에 분산 보관한 전통(보관 관리)을 가리킨다.

세종의 역사 기록의 정신은 '동양 역사학의 아버지' 사마천(司馬遷)의 정신과 비슷하다. 사마천은 "지난 일들을 서술할 때, 후대인들을 깊이 의식해야 한다[述往事 思來者·술왕사 사래자]"라고 강조했다(《한서(漢書)》 권 62, 〈사마천전〉). 그는 《사기(史記)》를 편찬하면서 '밝은 세상을 잘 계승시키는 일[能紹明世·능소명세]'이 자신의 소명이라고 했다.

"문명은 결국 무언가를 계속 쌓아나가는 과정이고, 사람들은 커가는 동안 그 보물 창고에 저장된 예술과 지혜, 각종 풍습과 윤리를 정신생활의 자양분으로 삼는다. 세대가 바뀔 때마다 사람들이 때맞춰 종족의 유산을 다시 습득하지 않는다면, 문명은 돌연사할 수밖에 없다"라는 윌 듀란트의 말은 사마천과 세종의 역사관을 잘 드러낸다(윌 듀란트 2011, 187쪽).

태종이 세종을 넘지 못하는
결정적 이유

《태종실록》강독을 진행하는 내내 품게 된 의문이 있다. '태종은 왜 세종만큼 업적을 내지 못했을까?' 하는 물음이다. 그 물음에 답하기에 앞서 《태종실록》을 읽고 함께 토론하면서 새롭게 발견한 사실이 있다. 태종과 세종이 매우 비슷했다는 점이다. 두 사람은 우선 책을 국정 운영에 잘 활용했다. 세종은 1419년 4월《시경》의 날씨 관련 대목을 인용하며 '요즘 기후가 고르지 않은데 정치를 잘못해서 그런 것 아닌가?'라고 물었다. 태종도 이와 비슷하게 1414년 6월 '《문헌통고》를 보니 나라에서 사면(赦免)을 하자 비가 내린 적이 있다'면서 사면령 검토를 지시했다. 이외에도 왕이 신하들과 책을 함께 읽거나, 책 속 지식을 정책 결정에 활용한 사례는 무수히 많다(제1장 1절 참조).

다음으로 태종과 세종은 둘 다 '토의 대왕'이었다. 세종의 즉위 제일성이 '의논하자'였고, 경연이라는 세미나식 어전회의를 월 5회 이상 개최한 사실은 꽤 많이 알려져 있다. 태종 역시 재위 중반인 1415년 6월에 "오랫동안 비가 오지 않으니 인사(人事)에 잘못이 있지 않은가 싶다"라면서 전국 관리들로 하여금 '시행하고 있는 일의 좋은 점과 나쁜 점, 백성들의 고통에 대해 모조리 개진할 것'을 요청했다. 앞에서 살펴본 것처럼, 며칠 지나지 않아서 100여 개 이상의 진언이 올라왔고, 올라온 진언을 해당 부서의 관리들이 검토해서 실행 가능한 중요 안건을 뽑아 토의했다. 왕이 아이디어 제안 요청을 하고, 관리들이 그 요청에 응해 수백 개의 정책 제안을 신속하게 올리며, 주요 사항에 대해 어전에서 토의한 후, 최종 결정하는 것을 보면, 흡사 선진 국가의 입법 과정을 보는 듯하다.

이처럼 지식 경영과 정책 수렴을 잘한 결과, 태종 시대에는 '먹을 것이 풍족하게' 되었다. 고려 말 80만 결이던 전국 경작지가(평안·함경도를 제외) 태종시대에 들어 120만 결로 증가했다(1413년 2차 양전 결과). 서울과 지방의 창고가 가득 차서 물로 주변을 에워싸 쥐의 침입을 막아야 할 정도였다. 하지만 내가 보기에 태종 시대는 '족식(足食) 단계'를 넘어서지 못했다. 국방은 1410년 경원 전투의 패배에서 보듯이 여전히 불안정한 상태였다. 왜구와의 전투도 패배를 거듭했다. 태종이 희망했던 '먹을 것이 풍족하고 병력이 충분하며 백성이 정치를 믿는' 나라는 세종 때에 이르러서야 성취되었다.

무엇이 문제였을까?

여러 원인 중에서도 우선 인재를 모조리 자기 밑에 두려는 태종의 통치 방식을 꼽을 수 있다. 태종은 신하들의 강한 비판을 참지 못했다. 이를테면 언관 노이가 유부녀 김씨를 후궁으로 들인 것에 대해 비판하자 "그는 나를 위한 신하가 아닌 게 분명하다"라고 꾸짖었다(《태종실록》, 6년 5월 24일). '나를 위한 신하'나 '내게 충성을 다하는 신하'라는 말에서 태종의 군신관이 드러난다.

하물며 왕권 도전 세력으로 판단된 사람은 가차 없이 숙청당했다. 재위 초반 공신 이거이 제거에서 시작해 중·후반에 이루어진 민씨 형제 사사(賜死)까지, 그리고 그가 상왕으로 물러난 다음에도 신민(臣民)들은 상당 기간 '공안 정국' 속에서 살아야 했다. 왕이 오래전 기억을 되살려 어떤 사람을 좌표로 찍으면 언관과 대소 신료들이 들개 떼처럼 덤벼들어 공격했다. 태종을 왕위에 오르게 한 이숙번조차도 예외가 아니었다(《태종실록》, 16년 6월 4일).

왕의 총애를 받는 사람만 전폭 지원되는 상황에서 국왕 생각을 뛰어넘는 창의력 있는 인재가 나오기란 어려웠다. 육조판서들이 정승을 건너뛰어 왕에게 직접 보고하게 되면서(육조직계제) 대소 업무가 모두 왕에게 쏠렸다. 태종은 종종 '왕 노릇 하기 싫다'며 눈물을 흘리며 고통을 하소연했는데, 그런 상황에서 비롯된 언행이었다. 다행히도 태종에게는 대안이 있었다. 재위 말년 충녕대군에게서 가능성을 발견하고 과감히 세자를 교체하고 전격 전위를 단행한 일은 그야말로 '신의 한 수'였다. 인심이 세자에게 쏠리도록 하는 태종의 배려와 그간 밀려 있던 공사들을 서둘러 마무리한 일 역시 진기한 리더십의 사례다.

세종의 위대함은 부왕의 시행착오를 반복하지 않으면서, 부왕이 닦아놓은 기반 위에서 한 걸음 더 나아간 점이다. 세종은 부왕이 뽑고 키운 인재를 배제하지 않고 중용했다. 양녕대군에게 줄을 섰던 황희는 물론, 자기 처가를 풍비박산 내는 일에 앞장선 박은과 유정현까지도 포용했다. 세종은 부왕 때와 다르게, 인재들이 속마음을 열고 자유롭게 대화할 수 있게 했고, 각자 재능을 나랏일에 쏟게 만들었다. 그는 부왕 시대의 1인 중심 국정 운영에서 과감히 벗어났다. 의정부 재상들의 경륜을 국가 경영에 충분히 반영했으며(의정부서사제), 허조의 유언에서 보듯이 대소신료들로 하여금 '나랏일은 곧 내 책임'이라는 소명 의식을 갖고 일하게 했다.

태종이 발탁하고 키운 장영실(蔣英實), 정인지(鄭麟趾), 황희 등이 세종시대에 이르러서 각각의 재능을 꽃피운 데는 그 이유가 있었다. 무엇보다 '재위 기간에 단 한 명도 정치적인 이유로 사람을 죽이지 않음'으로써 세종은 정치에 대한 신뢰를 회복시켰다. 그러한 신뢰를 바탕으로 세종시대 인재들은 신명나게 일했고, 태종에서 시작해 세종으로 이어지는 50여 년(1400~1450년)을 '한국 문명의 축(pivot)'으로 만들었다.

닫는 글

태종 이야기를 할 때면 조심스러운 부분이 있다. 태종과 당시 사람들의 말과 행동을 정치적 관점에서만 해석하는 경향이 그렇다. 권력이나 제도나 전투 말고 일반 사람들의 삶과 일터에서 배울 점도 매우 많은데, 꼭 '정치가'로서 태종만을 이야기하는 것이 아쉬웠다. 그러면 지금 이 시대를 살아가는 사람들, 특히 기업과 기관을 이끌어가는 리더들이 태종에게 배울 점은 무엇일까? 여러 가지가 있지만 딱 하나만 꼽으라면 나는 기강을 바로 세워서 '일이 잘 돌아가도록 만드는' 리더십을 들고 싶다. 강거목장(綱擧目張), 즉 '벼리[綱·강]를 들어 올리면 그물눈[目·목]이 저절로 펼쳐졌다'는 이 말은 태종시대 국정 운영 모습에 대한 세종의 평가이기도 하다(《세종실록》, 4년 5월 10일).

　나랏일에 대해서 구성원들에게 일일이 지시하거나 설득하지 않고도 태종은 어떻게 스스로 움직이게 만들었을까? 그 비결은 각자 장점을 발휘하게 하는 리더십에 있었다. 태종의 표현대로 '가족같이 화합하고 잘 사는 나라', 즉 '소강의 나라'를 만들려면 무엇보다 기강을 우선 정립해야 했다(《태종실록》, 7년 4월 18일). 건국한 지 10여 년이 된 조선왕조에서 제일 중요한 것은 '통속력'이었다. 즉, 그물코에 꿰인 벼리를 잡아당기면 그물 전체가 펼쳐지고 접히는 것처럼, 벼리에 해당하는 곳에 유능한 인재를 재배치해 여러 조직이 통속되도록 만들어야 했다.

　그러면 태종은 어떻게 그 목표를 달성할 수 있었을까?

　첫째, 말의 질서를 바로잡았다. 태종은 말이 어지러운 데서 사람들 사이의 신뢰에 금이 간다고 보았다. "천병(天兵)과 신병(神兵)을 부를 수 있다"라는 요언(妖言)(《태종실록》, 6년 11월 15일), 말과 행동이 일치하지 않은 향원의 뜬말[鄕愿之浮言·향원지부언](《태종실록》, 17년 1월 29일), 자기 이익을 늘리기 위한 관리의 거짓 보고(《태종실록》, 17년 1월 29일), 그리고 국가 질서를 어지럽히는 "난언(亂言)"(《태종실록》, 2년 11월 8일; 6년 7월 11일) 등은 태종이 가장 경계하는 말이었다. 이러한 말들을 최소화하기 위해서 태종은 말의 출처를 정확히 밝히는 데 힘을 기울였다. "근거가 무엇이냐?", "누구에게 들었느냐"라고 물어 거짓 정보를 퍼뜨린 자나 무고하는 사람은 끝까지 파헤쳐서 처벌하곤 했다. 특히 그는 "직언을 가장하여 남을 참소하는 말을 변정하기가 가장 어렵다"라며(《태종실록》, 12년 10월 20일), 궁궐 안 환관과 후궁 등을 매우 경계했다.

일의 득실을 살피지 않고 말을 위해 말을 하는 사람도 태종은 경계했다(《태종실록》, 1년 9월 21일). 언관들이 나라에 긴요하지 않은 말을 길게 늘어놓거나, "의논만 분분하고 한담만 일삼다가" 마침내 "일을 이루지 못하는 것을 못마땅하게 여겼다(《태종실록》, 11년 1월 3일)." 태종이 가장 미워한 사람은 왕에게 쓴소리했다는 것으로 유명해지려는[釣名·조명] 언관들이었다.

말의 질서를 바로 세우기 위해 태종이 한 일은 말을 받아 전하는 부서를 지정하고, 그 부서에 힘과 권위를 부여하는 것이었다. 승정원이 그 부서였는데, 태종은 재위 초반인 1405년에 대통령 비서실 격인 승정원에 형조의 업무를 맡겼다. 2년 뒤에는(1407년) 승정원으로 하여금 내시를 감독하게 해서 말이 함부로 새어나가지 못하도록 했다. 다시 1년 뒤인 1408년에는 성균관의 관원 및 유생들의 근태를 감시하고 월말에 왕에게 보고하도록 했다. 왕명을 받아 전하는 사람(승지)을 정하고, 그 사람 외의 말은 믿지 않게 만들었다. 태종이 어전회의에 사관의 출입을 금지시키고, 몰래 왕의 대화를 기록한 사관을 크게 혼낸 것도 말의 질서를 바로잡으려는 차원에서 이해할 수 있다. 승정원의 힘을 강화시키고 공식 의사소통 통로가 아닌 말의 채널을 약화시키는 노력은 그의 재위 기간 내내 계속되었다. 재위 말년인 1418년 4월 승지들에게 한 말, 즉 "너희는 비록 (정3품) 통정대부(通政大夫) 직질(職秩)이나 큰일에 참여하여 결정하니[參決大事·참결대사], 재상과 다를 바 없다[無異於宰相·무이어재상]"
라는 말은 승정원에 대한 왕의 신임을 보여준다(《태종실록》, 18년 4월
11일). 물론 태종의 이 방식―지정한 부서 외에 언로를 차단 내지
약화시키는 것―을 옳다고만 할 수는 없다. 집권 후반에 들어 나타
난 '언관의 들러리화'와 '간언의 소멸'은 그 후유증이었다.*

둘째, 일의 순서를 세웠다. 일의 순서는 말의 길[言路·언로]을 바
로잡는 데서 시작된다. 태종은 언로 담당 관리들의 사사로운 태도
가 그 장애물이라 생각했다. "요즘 언관들이 세도가를 분주히 쫓아
다니면서 그들의 뜻에 맞추어 일을 꾸며 충량(忠良)한 인재를 무고
하여 해치는[誣害·무해] 것을 일삼고 있는데, 대간이란 모름지기 아
침부터 저녁 늦게까지 직사(職事)에 이바지해야[供職·공직] 하는 기
관"이라는 말이 그것이다(《태종실록》, 5년 6월 27일). 이 때문에 태종
은 재위 기간 내내 말의 물길을 조절하고, 서경-관교 논란에서 보
듯이 인사권을 장악하는 데 온 힘을 기울였다.

태종이 일의 순서를 세우기 위해 가장 역점을 둔 것은 인사(人事)
를 제대로 하는 일이었다. 인사, 즉 사람 쓰는 일을 잘 하면 말은 저

---

* '언관 들러리화'의 예로 1417년 9월 '이속(李續) 탄핵사건'을 들 수 있다. 춘천군 수
령 이속은 '왕실과 연혼(連婚)하고 싶지 않다'고 말해서 태종의 역린(逆鱗)을 건드
렸다. "그의 말이 심히 불공(不恭)하다"라고 왕이 한마디 하자('좌표 찍기') 언관들은
"후래(後來: 후일에 생길 일)를 징계해야" 한다며 잇따라 처벌을 요청했다('들개떼 공
격'). 이속은 결국 매 100대를 맞고, 서인으로 폐해진 다음, 변방에 유배되었다(《태
종실록》, 17년 9월 2일). 왕실과의 혼인 거절을 '반역죄'로 몰아가는 신료들과 그 요청
을 수용하는 태종의 모습은 '1인 중심 국정 운영'의 한계를 드러낸다.

절로 순조로워지며, 국가의 기강도 따라서 바로 설 것이라는 게 태종의 생각이었다. 인사를 잘하기 위해서 태종이 중시한 것은 강점 경영이라는 인사 원칙이었다. 그는 모든 면에서 다 만족스런 인재는 없다고 보고 각자 가지고 있는 장점을 최대한 살려 쓰려 했다. 예를 들어 비록 한문은 알지 못했지만 "일을 처리할 때, 사람을 시켜 문안(文案)을 읽게 해서 한번 들으면 금방 알아듣고 정확히 처결하곤 했던[處決不差·처결불차]"최영지(崔永沚)의 경우(《태종실록》, 3년 2월 12일)가 그 사례다.

다음으로 그는 폭넓고 다양한 인재풀을 마련하고, 승지와 긴밀한 논의를 거쳐 적재적소의 인사를 했다. 재위 중반에 그는 인재 리스트를 책으로 만들어서 인사 때마다 누가 적임자인지를 의논하여 선정하곤 했다. 이때 '비서실장'인 황희 역할이 컸는데, 학벌과 문벌을 떠나 황희가 추천한 다재다양한 인재들은 태종시대에 이어 세종시대까지 중추적인 역할을 했다. 세종과 태종 시대의 인재 중에는 주변국에서 귀화한 사람도 여럿 있었다. 가령 일본인 출신 평도전은 1407년(태종 7년)에 조선에 귀화한 후 대마도의 조선인 포로를 데려오는가 하면(《태종실록》, 8년 11월 16일), 자원해서 여진족과의 전투에 참여하기도 했다(《태종실록》, 10년 5월 22일). 뿐만 아니라 그는 왜선 만드는 기술을 조선에 알려서 무기기술 혁신에 기여하기도 했다(《태종실록》, 13년 1월 14일).

무엇이 평도전으로 하여금 나라에 몸을 바치게 했을까? 여진족 출신 이지란의 유언(《태종실록》, 2년 4월 9일)에서도 보듯이, 이민족 출신 인재들은 자신이 나고 자란 고향 및 혈연으로 맺은 종족 공동체보다는 조선이라는 정치 공동체의 가치를 중시했다. 이성계와 의형제를 맺고 조선 건국에 헌신한 이지란이 죽기 직전에 태종에게 한 말, "전하께서는 부디 조심조심 임금다움[德·덕]을 닦아 조선을 영원토록 보전하소서[恐懼修德 永保朝鮮·공구수덕 영보조선]"라는 당부가 그 예다(《태종실록》, 2년 4월 9일). 마찬가지로 평도전은 왜구와의 전투에 나아가면서 자신이 "전사하거든 나의 작록(爵祿)은 원컨대 내 자식에게 전해달라"면서 '나라 은혜를 갚겠다[報國·보국]'고 말했다. 좀 더 많은 사례 연구와 정심한 고찰이 필요하겠지만, 그들은 종족 공동체가 아닌 정치 공동체의 중요성을 깊이 인지한 것이 아닐까 싶다. 즉, 자기가 태어난 일본이나 여진과 달리 조선은 먹는 문제(민생)와 안전(내적 질서와 외적 안보)을 유지하는, 뛰어난 정치 공동체라는 믿음이 그들로 하여금 헌신하게 했다는 판단이다.

일의 순서를 바로 세우기 위해서 태종이 한 또 다른 일은 부처 간 질서를 잡아주는 일이었다. 왕위에 오른 직후인 1401년 1월 허조·김응남(金應南)의 대립 사건이 그 예다. 사헌부의 관리 허조가 근무를 마치고 집으로 돌아가는데 마침 왕에게 매를 바치러 오던 응인(鷹人: 궁중의 매사냥꾼) 김종남 일행과 맞닥뜨렸다. 규정에 따르면 응인은 말에서 내려 사헌부 관리에게 길을 양보해야 했다. 하지만 김종남 등은 그것을 무시하고 말을 탄 채로 궁궐로 들어가버렸다.

허조는 사헌부 아전들을 시켜 김응남의 종을 잡아 감옥에 가두었다. 얼마 후 김웅남으로부터 이 상황을 보고 받은 태종은 허조를 불러 당장 김웅남의 종을 석방하라고 했다. 하지만 허조는 '사헌부를 능멸한 그들을 풀어줄 수 없다'면서 버텼다. 그러자 태종은 순군(巡軍), 즉 경찰을 동원해 허조의 종들을 가두게 했다. 이 조치를 두고 사헌부의 관리들이 '사헌부 관리가 길을 갈 때 사람들이 길을 양보하는 것은 그 사람이 두려워서가 아니라 왕명을 받드는 관리이기 때문인데, 김웅남이 허조에게 독직(瀆職 : 직책을 업신여김) 행위를 한 것은 곧 왕명을 두려워하지 않음을 보여준 것'이라고 항의했다. '신하들의 곧은 기운[直氣·직기]이 꺾이면 안 된다'는 항의 상소를 읽은 태종은 김웅남을 지방으로 내쫓았다(《태종실록》, 1년 1월 15일).

태종이 그렇게 한 것은 이목(耳目)이 수족(手足)보다 중요하다는 판단 때문이었다. 왕의 눈과 귀에 해당하는 대간이 존중받으면 왕이 판단을 제대로 할 수 있고, 손과 발에 해당하는 측근 신하들의 사사로운 언행도 예방할 수 있다고 생각했다. 왕의 자존심보다는 국가 기강을 우선시하는 말과 행동이 인재들로 하여금 맡은 일에 헌신하게 했다.

종합해서 말하자면, 말의 질서와 일의 순서를 바로잡는 태종의 리더십이 있었기에 인재들이 신명나게 일했고, 조선왕조는 국운융성기로 접어들 수 있었다.

부록

1

책내재여 責乃在予

내 책임이다.

"책임은 바로 내게 있다[責乃在予·책내재여]. 만인(萬人)을 몰아서 사지 (死地)로 나가게 한 게 아닌가? [⋯] 쌀은 비록 많이 잃었더라도 아까 울 게 없지만 사람 죽은 일이 대단히 불쌍하다. 그 부모와 처자의 마음 이 어떠하겠는가?" ─《태종실록》, 3년 5월 5일

[해제]

'책내재여(責乃在予)'란 '책임[責·책]은 곧[乃·내] 내게 있다[在予·재여]' 는 뜻이다. 태종이 정치에 임하는 자세를 한마디로 말하면 '내가 책임진 다'이다. 아버지 뜻을 거스르고 정몽주를 격살할 때부터(1392년 4월) 재위 말년 창덕궁 인정전 공사를 지시할 때까지 그는 한결같이 "그 책임은 내 가 진다[當我之身·당아지신]"는 자세로 임했다. 왕자 시절이던 1397년에 박실이 긴급히 아버지 구명을 요청했을 때도 그는 장차 부왕으로부터 꾸 짖음은 "내가 감당하겠소[我當任其咎·아당임기구]"라며 사람들을 설득했다

《태조실록》, 6년 5월 18일).

본문(제4장)에서도 살폈듯이, 태종은 조운선이 태풍을 만나 침몰해 1천여 명이 사망했다는 보고를 받고 곧바로 '내 책임이다'라고 반응했다. 큰바람을 헤아리지 않고 배를 출발시켰으니, 백성을 사지(死地)로 보낸 셈이며, 따라서 무한 책임을 져야 하는 국왕 자신 탓이라는 말이었다. 태종은 말에 그치지 않고 어떻게 하면 조세를 안전하게 운반할 것인지를 의논했다. 보고 받은 후 25일 뒤인 5월 30일에 육로 운반과 수로 운반의 장단점을 검토한 다음, 5일 후에는 이 문제를 놓고 여러 관리들로 하여금 의정부에 모여 토의하게 했다. 결론은 태종이 생각한 대로 '운반이 비록 어렵더라도 인명을 상하게 하지 않을' 육로를 택하라고 결론지었다(《태종실록》, 3년 5월 30일). 백성의 생명을 위태롭게 해서는 안 된다는 판단이었다.

여치란승 如治亂繩
법과 제도를 만드는 데 신중해야 한다.

"백성 다스리기를 헝클어진 노끈 풀듯 하라[治民如治亂繩·치민여치란승]고 하였다. […] 새 법을 급급히 세우지 말고, 다만 조용하게 다스리라[靜以治之·정이치지]."　　　　　　　　　—《태종실록》, 15년 7월 6일

[해제]

'여치란승(如治亂繩)'은 '(백성) 다스리기를 헝클어진 실타래 풀어내듯

이 하라'는 뜻으로, 중국 후한시대 역사가 반고(班固)가 지은《한서》에 나오는 표현이다. 여치란승에서 제일 중요한 글자는 '繩(승)'인데, 실[糸·멱] 같은 것을 여러 개 꼬아서[黽·힘쓸 민] 만든 질긴 노끈을 가리킨다. 자신이 만든 줄로 제 몸을 스스로 묶는다는 '자승자박(自繩自縛)'에서 보듯이 어지간해서는 끊어지지 않는 강하고 질긴 동아줄이 어지럽게 얽혀서[亂·난] 풀리지 않는 모습이 '난승(亂繩)'이다.

'여치란승'은 한나라 때 뛰어난 관리 공수(龔遂)가 기근이 오래되어 폭동이 일어나 통제가 안 되던 발해 지역 태수로 부임하면서 황제에게 올린 '난민(亂民)' 다스리는 방법에 나오는 말이다. 공수는 황제에게 발해 난민을 어떻게 다스리길 원하느냐고 물었다. 강제 진압이 아니라 포용하길 원한다는 대답을 들은 그는 '혼란에 빠진 백성들은[亂民·난민]은 헝클어진 실을 풀듯이[如治亂繩·여치란승] 천천히 순리대로 다스려야 한다'라고 말했다. 황제는 그의 말을 받아들여서 반란을 다스리는 법조문에 구애되지 말고[無拘以法·무구이법], 현지 상황에 맞게 일을 처리하라고[便宜從事·편의종사] 재량권을 주었다.

현지에 내려간 공수는 마중하러 온 경호부대를 물리치고, 휘하 관리(현령)들에게 난민 포위를 풀라고 지시했다. 그는 백성들에게는 우선 "농기구를 손에 쥔 사람은 농사꾼이니 모두 양민으로 간주하고, 무기 가진 자는 도적으로 간주하겠다"라고 선포했다. 또 나라 창고를 열어 백성들에게 식량을 빌려주고 성실한 아전들을 뽑아 자기를 돕게 하되 자애로움으로 다스리게 했다. 무기를 녹여 농기구를 만들게 하고, 백성들에게 나무를 심고 채소를 가꾸며 닭과 송아지를 기르게 했다. 그 결과 난민과 도적 떼들이 모두 사라졌는데, 간혹 아직도 칼을 들고 다니는 사람을 보면 "어찌하여 송아지를 허리에 차고 다니는가?"라며, 무기를 팔아 농기구를 사게했다. 몇 년 뒤 그가 중앙 조정으로 올라갈 때쯤에는 발해 지역 사람들이 모두 부유하고 튼실해졌다고 《한서》의 〈순리(循吏) 열전〉이 전하고 있다.

재위 후반 태종은 왜 여치란승을 말했을까? 1415년 음력 7월 가뭄이 심해지자 그는 "옛사람이 '백성 다스리기를 헝클어진 노끈 다스리듯 하라'고 하였다. 마땅히 육조와 함께 모두 나의 뜻을 받아서 새 법을 (급급히) 세우지 말고[毋立新法·무립신법], 다만 차분한 방법으로 일을 다스리라[靜以治之·정이치지]"고 말했다. 가뭄 대책이랍시고 이것저것 새로운 정책을 급조하고 법조문만 잔뜩 만들어서 백성들을 괴롭히지 말라는 얘기였다. 태종이 재위하는 동안 "백성들은 평화로웠고[四境按堵·사경안도], 물산이 풍부하여 창고가 가득 찼다[倉庫充溢·창고충일]"라는 최종 평가는 이렇게 다스리는 도리를 바로 하는 왕과 그 도리에 충실한 인재들이 있었기 때문에 가능했다.

3

당수인사 當修人事

제사 지내기보다 인사(人事)를 돌아보라.

"예전 사람은 '천재지변을 만나면 마땅히 사람의 일[人事·인사]을 바로잡으라[遇天災地怪 當修人事·우천재지괴 당수인사]'고 하였다. 반드시 제사를 지낼 것은 없다." ──《태종실록》, 12년 2월 1일

'당수인사(當修人事)'란 '마땅히[當·당] 사람 쓰는 일[人事·인사]을 점검하라[修·수]'는 뜻이다. 태종은 가뭄 등 자연재해에 대해 매우 민감했고 또한 적극 대응했다. '왕자의 난'으로 불린 몇 차례 궁중 쿠데타를 통해 왕위에 올랐던 만큼 정통성 시비에 취약했던 그는 '하늘의 꾸짖음[天譴·천견]'으로 표현되는 기상이변에 아주 민감했다. 개경에서 한양으로 환도할 때도 '천변(天變)과 지괴(地怪)'를 그 이유로 들었다. 세종에게 왕위를 물려줄 때도 그는 홍수와 가뭄 같은 재앙이 계속되는 이유는 자기의 자격 없음 때문이라고 말했다(《태종실록》, 18년 8월 8일). 가뭄이 계속되면 자기 절제 차원에서 궁녀 10여 명을 사가(私家)로 돌려보내기도 했으며(《태종실록》, 14년 6월 8일), 백성을 찾아가서 그들의 고통을 듣고 오라고 했다[廣詢民瘼·광순민막](《태종실록》, 11년 11월 22일).

위의 인용문은 1412년 2월 1일 전라도 지역의 지진 소식을 듣고 해괴제를 지내야 한다는 서운관 관리에게 태종이 한 말이다. 태종은 통치자가 땅 위에서 책무를 제대로 수행하지 못하면 하늘이 재변을 내려 꾸짖는다고 생각했다. 따라서 천재지변을 만나면 국왕이 가장 역점을 둬야 할 점은 사람이 할 수 있는 일[人事·인사])을 제대로 하는 것이라고 보았다(《태종실록》, 12년 2월 1일).

실제로 태종은 피해가 어느 정도 수습된 1412년 7월 21일 신하들을 편전으로 불러들여 인재를 추천해달라고 말했다. "근일에 태풍의 재변이 있는 것은 인사에 감응함이 있었던 까닭에 그리 된 것"이라면서, 왕 자신이 잘못한 점이 없는지, 시행 중인 정책이나 법령에 문제는 없는지를 모두 말하되, 면전에서 말하기 어려우면 봉투에 담아서 아뢰라고 지시했다[密奏·밀주]. 여기서 보듯이 태종은 제사 대신 현지 확인과, 수령 역할의 독려, 그리고 피해자 보호와 인사 조치 등 철저하게 '사람' 중심으로 접근하고 있다. 잘못을 우연에 돌리지 않고 철저하게 사람에게서 문제 해결의 실마리를 찾고 스스로 책임지려 했다. 그것이 그의 시대를 '전국 창고가 가득 차고 인재가 넘치는' 나라로 만들었다.

이위후규 以爲後規

관행에 얽매이지 말고 좋은 전통을 만들라.

"산릉의 석실 덮개가 넓고 두터워서 운반하기가 어려우니, 두 쪽으로 쪼개어 운반하기 쉽게 하라. 또한 그렇게 원칙을 세워서 뒷날의 규례가 되도록 하라[令立法 以爲後規·영입법 이위후규]."

— 《세종실록》, 2년 8월 17일

[해제]

'이위후규(以爲後規)'란 '어떠어떠한 것으로써[以·이] 후규(後規), 즉 후대의 본보기를 삼으라[爲·위]'는 뜻이다. 창업기에서 수성기로 전환되는 시기의 국왕이었던 태종은 국가 경영을 위한 여러 가지 규례를 세웠다. 그중 하나가 산릉의 석실 제도다. 본문(제6장)에서도 살폈듯이, 태종은 원경왕후가 세상을 떠났을 때 왕후의 산릉 석실의 덮개를 통돌이 아니라 쪼갠 돌을 쓰라고 지시했다. 통돌은 넓고 두터워서 운반하다가 사람이 다치거나 깔려 죽는 일이 많다는 게 그 이유였다.

　어머니 석실에 차마 쪼갠 돌을 쓰지 못하는 아들 세종의 심성까지 헤아려서 태종은 돌 캐는 현장에 직접 가서 돌을 쪼개도록 했다. 실제로 세종은 쪼갠 돌이 견고하지 못할뿐더러 나라의 그동안 해왔던 방식[舊例·구례]이 아니어서 따르기 곤란하다는 입장을 취하고 있었다. 그런 세종에게 태종은 "옛 기록을 보면 석실이란 글만 있었고 통돌을 쓰라는 예문은 없다"라고 지적했다. 무엇보다 "비록 쪼개어 둘로 만들어도 튼튼하기가 통돌과 다름이 없으니, 주상은 염려할 것이 없다"라고 덧붙였다.

　인상적인 것은 그 다음에 한 태종의 말이다. "내가 (이번에) 두어 가지 법을 세웠노라[吾已立數法·오이립수법]. 대강 말하면 능 옆에 절을 세우지 못하게 한 것과, (불교식 장례인) 법석(法席)을 혁파한 것[革法席·혁법석], 그리고 덮개돌을 쪼개서 두 개로 하는 일들이다"《세종실록》, 2년 8월 17일). 태종은 여기서 쪼갠 돌을 쓰라는 것뿐만 아니라, 불교식 능침 제도나 장례 방법 역시 본보기로 삼으라고 말했다. 이날 대화에서 허조가 말했듯이, 왕이나 왕비의 장례나 능을 조성하는 일에 대해서는 폐단이 있더라도 감히 아뢰지 못하는[不敢以啓·불감이계] 경향이 있다. 이는 비단 신하들에게만 해당되는 것은 아니었다. 국왕인 세종도 그동안 해왔던 방식을 따르려고 했다. 바로 그런 상황에서 발휘된 태종의 솔선수범, 즉 과감히 잘못된 관례를 깨뜨리고, 백성들에게 편리한 전통을 만든 태종의 리더십이 더욱 값지게 느껴진다.

여즉실구 予則實懼

벼락 맞아 죽는 사람이 천벌 때문은 아니나, 지도자는 두려워해야 한다.

"내가 일찍이 경서와 사기[經史·경사]를 보니, 역대(歷代)의 권신과 간신으로 나라를 도둑질하고 임금을 협박하였는데도 오히려 보전함을 얻어 천벌(天伐)을 받지 아니하였다. 왜 그러한가? 사람이 어쩌다가 액운을 만나거나 때마침 사기(邪氣)에 걸려서 그러할 뿐이다. 그러나 나로 말하면 실로 마음으로 두려워한다[予則心實懼焉·여즉심실구언]."

— 《태종실록》, 6년 7월 11일

[해제]

'여즉실구(予則實懼)'란 '나는[予·여] 실로[實·실] 두려워한다[懼·구]'는 뜻이다. 태종 재위 6년째인 1406년 7월, 전라도 관찰사가 지난달(6월)에 벼락 맞아 죽은 사람의 이름과 숫자를 왕에게 아뢰었다. 이 보고를 들은 태종은 "왜 벼락이 사람에게 치는가? 나는 그 이치를 모르겠다[是何理也·시하리야]"라고 말했다. 그 자리에 있던 다른 신하가 "세상에서는 벼락을 천벌이라고 합니다. 사람의 죄악이 차고 넘치면 하늘이 벼락을 내리칩니다[天降之伐·천강지벌]"라고 대답했다. 《태종실록》에는 천리(天理)나 천명(天命)과 같은 유교 관념적 표현도 나오지만, 하늘의 마음[天心·천심], 하늘의 꾸짖음[天譴·천견], 하늘이 내리치다[天伐·천벌]와 같이 하늘을 의인화한 표현이 자주 나온다. 자주 인용되는 "하늘은 착한 이에게 복을 주고 악

334

한 자에게는 화를 내린다[福善禍淫·복선화음]"라는 구절도 마찬가지다(《태종실록》, 6년 7월 11일). 하늘을 자연환경으로 보는 차원을 넘어서서 현실 세계의 잘잘못을 가리고 상벌을 내리는 존재로 보는 한국인의 하늘관을 읽을 수 있는 대목이다.

'사람이 잘못하면 하늘이 벼락을 친다'는 신하의 말에 대한 태종의 반박이 앞의 인용문이다. 역사를 보면 나라를 도둑질하고 임금을 협박한 권신과 간신이 천벌을 받지 않고 제 수명을 온전히 누린 자가 많은데, 어떻게 그 점을 설명할 수 있느냐는 말이었다. 태종은 스스로 대답한다. 사람이 어쩌다가 액운을 만나 벼락을 맞은 것이지, 하늘이 내린 천벌은 아니라는 얘기였다. 이런 생각은 비단 왕만의 것은 아니었다. 정종이 "봄에 비 오고 천둥 번개가 치는 것은 변괴의 징조가 아닌가"라고 두려워하자, 하륜은 "봄의 우레는 요괴가 아니라 만물의 진동일 뿐"이라고 대답했다(《정종실록》, 2년 3월 18일).

1406년 대화에서 가장 중요한 부분은 마지막의 "그러나 나로 말하면 실로 마음으로 두려워한다"라는 태종의 말이다. 일반적으로 벼락이란 사람이 어쩌다가 액운을 만나 당하는 불행이지만, 국왕인 자신은 경우가 다르다는 얘기였다. 공자의 말처럼, 지도자는 늘 두려워하는 마음으로 일에 대처해야 한다. 일을 만나면 먼저 두려운 마음을 갖되[臨事而懼·임사이구] 지혜를 모아 마침내 일을 이루는 게[好謀而成·호모이성] 중요하다(《논어》, 〈술이(述而)편〉 11). 특히 국왕의 말과 결정은 돌이킬 수 없는 결과를 낳을 수 있다. 따라서 마치 어미 새가 둥지를 보면서 비바람이 불거나 매나 뱀이 오지 않을까 두려워하고 대비하는 것처럼[懼·구], 발생할 수 있는 모든 위험을 대비하는 자세가 필요하다. 태종이 민생에 관한 일을 '여치란승', 즉 헝클어진 실타래 풀어내듯이 하라고 말한 것도 같은 맥락이다.

국유장군 國有長君
최고 지도자를 잘 뽑아야 한다.

"나라에 훌륭한 임금이 있으면 온 나라[社稷·사직]가 복 받는다[國有長君 社稷之福·국유장군 사직지복]." ―《태종실록》, 18년 6월 3일

[해제]

'국유장군(國有長君)'이란 '나라에[國·국] 으뜸가는[長·장] 지도자[君·군]가 있다[有·유]'는 뜻이다. 국유장군은 뒤의 사직지복(社稷之福), 즉 종묘사직으로 표현되는 온 나라의 복이라는 말과 연결되어, '나라에 훌륭한 임금이 있으면 온 나라가 복 받는다'라는 글귀가 된다. 태종은 재위 말년인 1418년 6월 3일 개경에서 세자 양녕을 폐하고 다음 후계자를 선정했다. 그날 우의정 한상경은 양녕의 장남을 후계자로 삼아야 한다고 말했다[擇長論·택장론]. 반면 영의정 유정현은 어진 사람을 골라야 한다고 주장했다[擇賢論·택현론].

이렇게 '택장론'과 '택현론'이 맞서자 태종은 "옛사람이 나라에 훌륭한 임금이 있으면 온 나라가 복 받는다라고 했다"면서 충녕대군(세종)을 세자로 정했다. 여기서 옛사람이란 송나라 두태후(杜太后)를 가리키는데, 그

녀는 오대(五代) 시절 약한 임금의 폐단을 거론하면서 '국유장군(國有長君)론'을 이야기했다《속자치통감강목(續資治通鑑綱目)》권2). 태종은 '장군(長君)'을 훌륭한 임금으로 해석했지만, 장성한 임금, 즉 어리지 않은 후계자를 가리키는 경우도 있다. 1645년(인조 23년) 인조가 소현세자의 장남이 아니라 둘째 아들 봉림대군을 후계자로 책봉할 때 인조는 장성한 임금이라는 뜻으로 '장(長)'을 사용했다《인조실록》, 23년 윤6월 2일).

본문에서도 살폈듯이, 태종이 꼽은 '훌륭함'의 기준은 ① 총명하고 배우기를 좋아하는 지적 리더십, ② 큰일이 닥쳤을 때 탁월한 의견을 제시하는 문제해결능력, ③ 주량을 적당히 조절할 수 있는 자기 절제력과, 글로벌 매너에 익숙해 외교를 잘할 수 있는지 여부, 그리고 ④ 안정적 왕위 계승자가 존재해서 정책이 계승될 수 있는가 하는 점이었다《태종실록》, 18년 6월 3일). 태종이 '충녕대군을 선택한 이유'는 조선왕조 국왕의 조건이자 한국인들이 중시하는 지도자의 자질로도 볼 수 있다.

역이족의 亦已足矣

적당한 곳에서 멈추는 자기 절제력이 중요하다.

"18년 동안 호랑이를 탔으니, 또한 이미 족하다[十八年騎虎 亦已足矣·십팔년기호 역이족의]."
　　　　　　　　　　　　　　　　　　　—《태종실록》, 18년 8월 8일

[해제]

'역이족의(亦已足矣)'란 '또한[亦·역] 이미[已·이] 충분하다[足矣·족의]'
라는 뜻이다. "(스스로) 만족함을 알면 욕되지 않고[知足不辱·지족불욕], (분
에 맞게) 그칠 줄 알면 위태롭지 않아[知止不殆·지지불태], 오래오래 갈 수
있다[可以長久·가이장구]"라는 《노자》〈도덕경〉 44장에서 유래한 말이다.
을지문덕 장군이 수나라 대장군 우중문(于仲文)에게 "만족함을 알아 원컨
대 그만 그치라[知足願云止·지족원운지]"고 한 말로도 유명하다(《삼국사기》
권44, 〈열전〉 4).

본문에서 살폈듯이, 1418년 8월 8일, 태종이 왕위를 세종에게 물려주
면서 한 '역이족의(亦已足矣)'라는 말은 정치를 대하는 태종의 태도를 잘
보여준다. 1388년 5월, 위화도회군 이후 정치 세계에 발을 들여놓은 이래
로 마치 호랑이 등에 탄 것처럼 정몽주를 척살하고, 정도전을 제거했으
며, 아버지가 아끼던 두 이복동생을 죽이고, 처남들까지 사사(賜死)시키는
등 앞만 보고 달려왔으나, 이제는 그만 내려오고 싶다고 말했다.

그가 정치를 시작한 이래 취했던 일련의 조치들, 예를 들어 정적의 척
살, 내외척 제거와 같은 행동들은 많은 오해를 살 수 있었다. 하지만 '이
미 충분하다[已足·이족]'라면서 과감히 권좌에서 물러남으로써 그는 권력
중독자가 아님을 증명했다. '이제 내가 사람으로서 해야 할 일은 다 했다'
라고 선언했듯이, 그는 훌훌 털고 자리에서 일어섰다. 태종이 역이족의를
실천했기에 전 세계 역사에서 유례를 찾기 힘들 정도로 성공적인 리더십
승계가 가능했고, 세종 치세를 이룰 수 있었다.

338

부록 2 – 태종 이방원 정치 일지

고려 말기

▶ 1367년(공민왕 16년) 5월   이방원 출생(이성계의 5남) [1세]

▶ 1383년(우왕 9년)   문과 급제 [17세]

▶ 1388년(우왕 14년) 4월   최영, 팔도도통사로 명나라 정벌 개시 [22세]

▶ 1388년(우왕 14년) 5월   이성계, 위화도회군. 6월 창왕 즉위(우왕 유배)

▶ 1388년(창왕 즉위년) 10월   이방원, 이색과 주원장 만나러 감(이듬해 귀국)

▶ 1388년(창왕 즉위년) 12월   최영 처형

▶ 1389년(공양왕 1년) 12월   이색 유배(1396년 사망) [23세]

▶ 1391년(공양왕 3년) 1월   신의왕후 한씨 사망 [25세]

▶ 1392년(공양왕 4년) 3월   이성계 해주 낙마 사고 [26세]

▶ 1392년(공양왕 4년) 4월   이방원, 정몽주 격살

조선 건국 이후

▶ 1392년(태조 1년) 7월   이성계, 왕위에 오름(태조) [26세]

▶ 1392년(태조 1년) 8월   태조, 8남 이방석을 왕세자로 정함

▶ 1394년(태조 3년) 6월   이방원, 명나라에 감(주원장 만남. 이듬해 11월 귀국)

▶ 1394년(태조 3년) 10월   한양 천도 [28세]

▶ 1396년(태조 5년) 8월   신덕왕후 강씨 사망 [30세]

▶ 1397년(태조 6년) 4월   정안군 이방원, 3남 충녕 낳음 [31세]

▶ 1397년(태조 6년) 5월   박자안 사건. 명나라와 심한 갈등(정도전의 요동공벌론)

▸ 1398년(태조 7년) 8월   이방원, '제1차 왕자의 난'(정도전 처형) [32세]

▸ 1398년(태조 7년) 9월   태조, 차남 이방과에게 전위(정종)

▸ 1399년(정종 1년) 3월   한양에서 개성으로 재천도 [33세]

▸ 1400년(정종 2년) 1월   '제2차 왕자의 난'(이방간 유배) [34세]

▸ 1400년(정종 2년) 2월   이방원, 왕세자에 책봉됨

▸ 1400년(정종 2년) 4월   사병 혁파

▸ 1400년(정종 2년) 11월   정종, 이방원에게 전위(태종) [34세]

1400년(즉위년) - 왕위에 오르다

▸ 11월   상왕(정종)을 모시는 공안부(恭安府) 설치 [34세]

▸ 12월   별시위(別侍衛)를 둠

1401년(재위 1년) - 정몽주의 명예를 회복시키다

▸ 1월   공·후·백의 작호 폐지 [35세]

▸ 1월   정몽주 추숭 작업. '문충(文忠)'이라는 시호 내림

▸ 2월   좌명공신에게 교서와 녹권을 내림

▸ 윤3월   문과고강법(文科考講法) 제정

▸ 6월   명나라 사신이 와서 고명과 금인을 줌

▸ 7월   관제 개명(내부사→내자시, 문하부→의정부)

▸ 10월   경흥부에 축성

1402년(재위 2년) - 위기를 극복하다

▸ 1월   무과의 과거를 처음으로 실시 [36세]

▸ 1월   신문고 제도 도입

▸ 4월   이지란 사망

▶ 4월　세자를 보필하는 경승부(敬承府) 설치

▶ 7월　관리의 고적출척법(考績黜陟法)을 제정

▶ 8월　호패법 실시

▶ 11월　안변부사 조사의 등의 반란

1403년(재위 3년) - 금속활자를 만들다

▶ 1월　요동만산군 남녀 3,600여 명을 돌려보냄 [37세]

▶ 1월　영락제, 북평(北平) → 북경(北京) 개칭(영락제 원년)

▶ 2월　주자소를 설치해 계미자를 만듦

▶ 4월　곽충보, 성석용 사망

▶ 4월　명나라 사신 도착(태종 즉위 인정)

▶ 5월　전국의 병력 조사

▶ 7월　이전(吏典), 고만거관(考滿去官)의 법률 제정

▶ 10월　경성(鏡城)에 축성

1404년(재위 4년) - 환도를 논의하다

▶ 1월　각도 사신 공사계품(公事啓稟)의 법 세움 [38세]

▶ 3월　여진 추장 오도리에게 명예직 주어 회유

▶ 4월　명, 소 1만 마리 요청

▶ 4월　양전 시작(전국 농경지 93만여 결로 집계됨)

▶ 7월　9일, 최윤덕 아버지 최운해 사망

▶ 8월　양녕, 세자에 책봉됨

▶ 9월　경복궁 준공

▶ 10월　이거이 탄핵됨. 다시 한양으로 천도하기로 결정

1405년(재위 5년) - 행정조직을 개편하고, 창덕궁을 창건하다

▶ 1월 관제 개편, 육조체제 강화, 군사행정 맡은 승추부를 병조에 통합
　　　　승정원 역할을 강화 [39세]

▶ 3월 예조, 육조의 직무를 상정

▶ 6월 조준 사망

▶ 6월 명나라 환관 정화 남해 원정(~1433)

▶ 10월 개성에서 한양으로 다시 천도

▶ 10월 국사(國史)를 경복궁으로 옮김. 창덕궁 창건

1406년(재위 6년) - 불교 사찰을 정비하다

▶ 3월 사찰 정비(선·교 양종의 전국 242개 사찰만 남김) [40세]

▶ 4월 왜구들이 전라도 조운선 14척을 약탈

▶ 4월 개경 덕수궁 준공. 명나라 사신 황엄, 동불을 구함.

▶ 7월 박석명 사망

▶ 윤7월 이예, 70여 명의 포로를 일본에서 데려옴

▶ 8월 전위 파동

1407년(재위 7년) - 문묘를 한양에 다시 세우다

▶ 1월 백관의 급여를 개정 [41세]

▶ 2월 한양에 문묘 중건

▶ 4월 1회 중시(重試) 실시

▶ 4월 한성부, 5부의 다리 및 거리 이름 지음

▶ 7월 김사형 사망

▶ 9월 세자(양녕) 명나라에 감(이듬해 4월 귀국)

▶ 10월 전민별감 파견해 각 도의 전지 개량 감찰과 폐사 노비 추쇄

1408년(재위 8년) - 태조 이성계, 사망하다

▶ 3월　충청도 수영(水營)에서 왜선 23척을 격퇴.
　　　전국의 병선수를 613척으로 늘임. [42세]

▶ 5월　태조 이성계 사망. 건원릉 조성(9월)

▶ 8월　민제 사망

▶ 10월　3군의 갑사 1,500명을 더 늘려 병력 증강

▶ 11월　군제 개혁, 삼군장군(三軍掌軍) 총제를 다시 시행

▶ 11월　명나라 사신, 진헌된 처녀들을 데리고 감

1409년(재위 9년) - 조선의 석학 권근, 사망하다

▶ 2월　권근 사망 [43세]

▶ 2월　평양·의주에 축성. 신덕왕후 정릉 조성

▶ 7월　하륜 등에게《태조실록》을 편수시킴

▶ 8월　삼군진무소를 둠. 곧 의흥부로 개칭

▶ 9월　예조에서 역대실록 수찬의 법을 올림

▶ 11월　이전(吏典) 천전법(遷轉法)을 제정

▶ 12월　명에 말 1만 필을 보냄

1410년(재위 10년) - 들려오는 전쟁 소식들

▶ 1월　《태조실록》 편수 시작 [44세]

▶ 2월　주자소에 서적을 인쇄 간행 및 판매케 함

▶ 2월　여진족(올적합) 경원 침략(병마사 한흥보 등 전사)

▶ 2월　명 영락제, 타타르를 친히 정벌 (오논강변의 전투)

▶ 3월　조연, 두만강에서 여진족을 유인하여 섬멸, 민무구·민무질 사사됨

▶ 4월　여진족(올적합) 경원 재침략(곽승우 패퇴)

▶ 4월　경원부를 경성으로 옮김

▶ 5월   이예, 쌀과 콩을 가지고 대마도로 감

▶ 5월   명, 타타르를 악낙하에서 크게 무찌름

▶ 9월   추포와 상오승포의 사용을 금함(화폐 개혁)

▶ 9월   신의왕후의 새 영정을 문소전에 봉안

1411년(재위 11년) − 찰방(察訪)을 파견해 전국의 정보를 모으다

▶ 3월   찰방을 각 도에 파견 [45세]

▶ 4월   식년문과 실시 (33인 급제)

▶ 5월   용을 그려 양진에서 기우제를 올림

▶ 6월   관리들의 급여 제도를 정함

▶ 8월   경상·전라도에 창고를 증설

1412년(재위 12년) − 경복궁 공사를 마무리하다

▶ 1월   각 도의 시위군으로 선군(船軍)을 윤대시킴 [46세]

▶ 2월   별사전(別賜田)의 세습제를 폐지

▶ 2월   한성 개천 공사 끝남, 시전 건물로 좌우 행랑 800칸을 짓기 시작

▶ 4월   경회루 완성

▶ 5월   종친의 순서와 급여 제도를 정함

▶ 7월   의흥부를 폐지하고 병조에서 군정을 맡음

▶ 8월   충주사고의 책을 춘추관으로 옮김

▶ 10월   광화문에 종 설치

▶ 11월   조운법(漕運法) 시행

1413년(재위 13년) − 호패제를 실시하다

▶ 1월   과거제도에서 좌주문생제 혁파 [47세]

▶ 1월 동서 양계의 양전(量田)을 실시(120만 결 전지 파악)

▶ 2월 《원속육전》을 간행 반포

▶ 2월 평양성 축성

▶ 3월 영락제, 정왜 계획 알려옴(병선 1만 척)

▶ 3월 《태조실록》 15권 완성

▶ 4월 지방 관청의 노비 수를 정함

▶ 6월 건주위 여진 동풍지, 공물을 바쳐옴

▶ 7월 수군에 만호·천호의 칭호를 정함

▶ 9월 노비중분법·호패법을 제정함(12월, 대소 신민에 처음으로 호패를 차게 함)

▶ 10월 도·군·현의 칭호를 고침, 이 해에 사역원에서 일본어를 가르침,
        거북선 및 완구를 만듦

1414년(재위 14년) - 노비 제도를 개혁하다

▶ 1월 돈녕부 설치 [48세]

▶ 1월 비첩 소생의 한품서용법 정함

▶ 1월 대군(정비 아들), 군(후궁 아들) 제도 정립

▶ 2월 명 영락제, 제2차 오이라트 친정(6월 오이라트를 대파하고 8월에 북경에 이름)

▶ 3월 식년문과 실시(33인 급제)

▶ 3월 무과도 세 번 통과하게 함. 왕이 과거 장원 정함

▶ 4월 육조직계제(취지, 내용, 한계)

▶ 4월 노비변정도감 설치(10월까지). 5월 노비사목을 정함

▶ 5월 도박을 금하고, 도박으로 번 돈을 관에서 몰수

▶ 6월 노비종부법 실시(1432년 2월까지 18년 간 존속)

▶ 7월 알성의주(謁聖儀註)를 정함

▶ 7월 신륵사 소장 대장경을 일본에 줌

▶ 7월 조영무 사망

▶ 7월 불교 개혁(교선 양종만 남김)

▶ 8월   하륜에게《고려사》를 개수시킴

▶ 9월   왜인 범죄에 대한 논결의 법을 정함

▶ 12월 마패법 입법

1415년(재위 15년) - 화폐 개혁을 위해 노력하다

▶ 1월   관리 연봉을 상정 [49세]

▶ 3월   설미수(偰眉壽) 사망

▶ 3월   보충군을 처음으로 둠

▶ 4월   화통군 증원(1,000명으로). 공장세(工匠稅), 상고세(賈稅) 정함

▶ 4월   저화 유통을 위해 시장세와 상인세를 저화로 징수, 장인세(匠人稅) 신설함

▶ 5월   제주도에 왜구 침입

▶ 6월   포백세 폐지. 조선통보 주전(鑄錢) 하려다 정지

▶ 6월   서선(徐選), 서얼차별법 입안

▶ 7월   조지소를 설치

▶ 8월   김제 벽골제를 중수

▶ 10월 맥전조세의 법을 올림

▶ 11월 군정봉족의 수를 정함

▶ 12월 길주·영흥의 2성 완성

1416년(재위 16년) - 가뭄 정국, 북방 행정구역을 개편하다

▶ 1월   중앙정부와 지방 정부 관리의 복제를 개정함 [50세]

▶ 5월   강무장 지정(태안, 횡천, 평강 등)

▶ 6월   변계량, 하늘 제사 주장

▶ 6월   호패제 폐지. 검교제 폐지

▶ 6월   이예, 유구에서 조선 사람 44인을 찾아 데려옴(1월~)

▶ 7월   자성에 여연군을 설치(평안도에 소속)

▶ 8월   각 도의 공물을 상정

▶ 10월   양녕의 스승 이내 죽음

▶ 11월   하륜 사망

1417년(재위 17년) – '양녕 파동', 어심(御心)이 이동하다

▶ 2월   세자 양녕 종묘와 부왕께 맹서 [51세]

▶ 4월   완산군 이천우 사망

▶ 4월   과거 등급을 을과·병과·동진사로 구분

▶ 5월   명에 보낼 처녀 뽑음

▶ 6월   원종공신전은 공신 사망 뒤 군자(軍資)에 귀속

▶ 7월   과전 부족으로 그 1/3을 충청·전라·경상도에 설정

▶ 7월   《제왕운기》 간행. 《향약구급방》 중간

▶ 8월   왜구들이 울릉도에 침입. 경원부를 다시 설치

▶ 8월   변계량, 원단제(圓壇祭) 논쟁

▶ 12월   행대감찰을 각 도에 파견

1418년(재위 18년) – 전위 리더십을 보여주다

▶ 2월   넷째 아들 성녕대군 사망 [52세]

▶ 3월   부산의 흥리항거(興利恒居) 왜인을 염포 등에 살게 함.

▶ 5월   외교관 김섬 사망(생년 미상)

▶ 5월   숙위사 폐지

▶ 6월   개경에서 세자 교체(양녕→충녕)

▶ 7월   왕비, 한양으로 돌아옴(21일). 태종도 환궁(29일)

▶ 8월   태종, 세자(세종)에게 전위

1418~1422년 - 상왕 시절

▶ 1418년(재위 18년) 8월   세종 즉위. 다음 날(11일) 즉위교서 발표 [52세]

▶ 1418년(재위 18년) 8~11월 강상인 옥사로 심온(세종의 장인, 소헌왕후의 부친) 제거

▶ 1419년(세종 1년) 6월   이종무, 병선 227척, 군사 17,285명 이끌고 대마도 정벌

▶ 1419년(세종 1년) 9월   정종 사망 [53세]

▶ 1420년(세종 2년) 7월   왕비 원경왕후 민씨 사망

▶ 1420년(세종 2년) 9월   허조, 수령고소금지법 발의 및 입법 [54세]

▶ 1421년(세종 3년) 1월   유관 등,《개수 고려사》완성(1차, 직서법 원칙) [55세]

▶ 1421년(세종 3년) 5월   적휴 사건(명나라로 망명해서 조선의 척불 정책 비난),
　　　　　　　　　　　　　　도성 대홍수(5.11~28)

▶ 1421년(세종 3년) 10월   세자 책봉(문종)

▶ 1422년(세종 4년) 2월   수령 고소 금지법 입법 [56세]

▶ 1422년(세종 4년) 2월   황희를 남원에서 불러올림(허성의 반대)

▶ 1422년(세종 4년) 4월   도성 수축 공사 완료

▶ 1422년(세종 4년) 4월   중국과 말 1만 마리 교역 완료

▶ 1422년(세종 4년) 5월   태종 훙서

　프롤로그에서 언급했듯이, 태종 이방원은 드라마나 소설에서는 자주 등장하는 인물이다. 하지만 태종에 대한 단행본이나 박사학위 논문은 이상하리만치 드물다. 다음의 리스트에서 보듯이 태종에 관한 단행본으로는 이한우(2005)와 한충희(2014), 그리고 박홍규(2021)의 책이 있을 뿐이다. 박사학위 논문 역시 류주희(2000), 강문식(2005), 김윤주(2011), 이윤복(2021)의 논문이 있다. 그나마 연구 논문은 비교적 활발히 간행되었는데, 2021년 현재 83편이 확인된다. 태종에 관한 최초 연구인 김성준의 '태종의 외척제거'에 대한 논문(1962)에서부터 시작해서, 김윤주의 태종시대 사람들의 '조선 건국'에 대한 역사 인식(2021)에 이르기까지 꾸준하게 진행되고 있다.

　다만 아래의 표에서 보듯이 박사학위 논문과 연구 논문을 포함한 학

구분	이조	예조	호조	병조	형조	공조	기타 (인물연구 등)	합계
연구 논문 수	25	35	7	4	3	5	10	89
%	28	39.3	7.9	4.5	3.4	5.6	11.2	100

태종 관련 학술 논문 현황(박사학위 논문 + 연구 논문)

술 논문은 특정 분야에 치우쳐 있다는 아쉬움이 있다. 학술 논문 내용을 태종의 국가 경영 범주인 '육조 체계'에 맞추어 분류해 보면 예조 분야 (교육, 문화, 외교)가 39.3%(35건)로 가장 많고, 이조 분야(공신, 친인척 관리) 가 28%(25건)를 차지하고 있다. 태종 때 한양이 재천도 되었고, 창덕궁 과 종로의 좌우 시전 상가가 세워져 "국가 모양이 갖춰졌다(《태종실록》, 12년 4월 3일)"라고 일컬어졌던 사실에 비춰볼 때 국가 기간산업인 공조 분야 5.6%(5건)를 다룬 학술 논문은 크게 부족하다고 하겠다. 뿐만 아니라 경제(호조)·국방(병조)·형벌(형조) 분야의 학술 논문 역시 매우 미흡한 상황이다.

《태종실록》에 실린 풍부하고도 다양한 국가 경영 사례를 다각적으로 연구할 필요가 있다. 후속 연구를 위해 필자가 지금까지 조사한 '태종 연구 논저', 즉 태종과 그 당시 인물 혹은 그 시대의 정치·경제·사회·문화를 다룬 논저 리스트를 공유한다. 이를 통해 태종의 국가 경영에 대한 연구가 활발해지기를 바란다.

'태종 연구 논저' 리스트

논저 말미에 붙인 '[이1]'란 말은 '[이조 분야 논저1]'이란 뜻으로, '태종 연구 현황' 분석을 위해 필자가 분류했다. '태종 연구 현황'은 '경국대전 체제', 즉 조선왕조 종합 법전인 《경국대전》 6범주의 틀에 따라 분류했다. 6범주는 이조(인사 행정 과정, 인재 쓰기 사례, 국가 의례 등)·호조(재정 경영과 관련된 대기근 극복 과정, 재정 확충 노력 등)·예조(교육과 외교 분야의 개선 사업, 예악 정비, 종교 정책, 대외 관계 등)·병조(국방과 진법, 그리고 영토 경영 관련 국방 체제, 무기 체계 발전 등)·형조(법과 사회정의와 관련된 각종 재판과 법률, 정의관 등)·공조(도읍지 건설 등 사회간접자본 공사)를 가리킨다.

강문식, 1999. 《〈입학도설〉의 편찬 목적과 특징〉, 《규장각》 Vol.22, 서울대학교 규장각 한국학연구원 [예1]

강문식, 2001. 〈권근의 생애와 교유인물〉, 《한국학보》 102, 일지사 [기1]

강문식, 2002. 〈권근의 《시천견록》, 《서천견록》에 대한 연구〉, 《한국학보》 106, 일지사 [예2]

강문식, 2003. 《〈주역천견록〉의 형성 배경과 권근의 역학〉, 《한국학보》 110, 일지사 [예3]

강문식, 2004. 〈정도전과 권근의 생애와 사상 비교〉, 《한국학보》 115, 일지사 [예4]

강문식, 2005. 〈권근의 경학과 경세관〉, 서울대학교 박사학위 논문 [예5]

강문식, 2008. 〈태종~세종대 허조의 예제 정비와 예(禮) 인식〉, 《진단학보》 105, 진단학회 [예6]

강순애, 2019. 〈조선 태종조 좌명공신의 책봉 교서와 관련 문서의 기록 연구〉, 《서지학연구》 80, 한국서지학회 [이1]

강제훈, 2004. 〈조선 초기의 조회(朝會) 의식〉, 《조선시대사학보》 28, 조선시대사학회 [이2]

강제훈, 2007. 〈조선 초기 가계계승 논의를 통해 본 강희맹가의 정치적 성장〉, 《조선시대사학보》 42, 조선시대사학회 [기2]

권인혁, 1982. 〈조선 초기 화폐유통 연구: 특히 태종대 전화(楮貨)를 중심으로〉, 《역사교육》 32 [호1]

김성준, 1962. 〈태종의 외척제거에 대하여: 민씨형제의 옥(獄)〉, 《역사학보》 17·18, 역사학회 [형1]

김영태, 1988. 〈조선 태종조의 불사와 척불〉, 《동양학》 18, 단국대학교 동양학연구소 [예7]

김윤주, 2009a. 〈조선 초 공신 책봉과 개국·정사·좌명공신의 정치적 동향〉, 《한국사학보》 35, 고려사학회 [이3]

김윤주, 2009b. 〈조선 태종 11년(1411) 이색 비명(碑銘)을 둘러싼 논쟁의 정치적 성격〉, 《도시인문학연구》 제1권 1호, 서울시립대학교 도시인문학연구소. [이4]

김윤주, 2011. 〈조선 초기 천도(遷都)와 이어(移御)의 정치사: 수도 한양의 위상 강화 과

정을 중심으로〉,《서울학연구》, 서울시립대학교 부설 서울학연구소 45 [공1]

김윤주, 2011. 〈조선 태조~태종대 정치와 정치세력〉, 서울시립대학교 박사학위 논문 [이5]

김윤주, 2014. 〈조선 초기 국왕 친인척의 정치 참여와 '군친무장(君親無將)' 원칙〉,《서울과역사》 87, 서울역사편찬원 [이6]

김윤주, 2015. 〈조선 초기 상왕의 정치적 위상〉,《이화사학연구》 50, 이화사학연구소 [이7]

김윤주, 2017. 〈조선 초기 수도 한양의 불교 사찰 건립과 불사 개설: 태조 이성계의 사찰 건립을 중심으로〉,《서울학연구》 66, 서울시립대학교 부설 서울학연구소 [공2]

김윤주, 2018. 〈조선 태조~태종대 한양 건설 공역의 인력 동원과 물자 수급〉,《조선시대사학보》 86, 조선시대사학회 [공3]

김윤주, 2021. 〈조선 초기 '조선 건국'에 대한 역사 인식의 형성과 추이〉,《사학연구》 142, 한국사학회 [예8]

김인규, 1992. 〈태종대의 공노비정책과 그 성격〉,《역사학보》 136, 역사학회 [형2]

남지대, 2013. 〈태종 초 태종과 대간 언론의 갈등〉,《역사문화연구》 47, 한국외국어대학교 역사문화연구소 [예9]

남지대, 2014. 〈조선 태종의 권위확충〉,《규장각》 Vol.45, 서울대학교 규장각한국학연구원 [이8]

남지대, 2016. 〈태조 삼년상을 통한 태종의 왕통의 완성〉,《규장각》 Vol.49, 서울대학교 규장각한국학연구원 [예10]

남지대, 2017. 〈조선 태종은 왜 이무(李茂)를 죽였을까〉,《규장각》 Vol.50, 서울대학교 규장각한국학연구원 [이9]

류주희, 2000. 〈조선 태종대 정치세력 연구〉, 중앙대학교 박사학위 논문 [이10]

류창규, 2008. 〈조선 태종대 하륜의 경제정책과 '민본'〉,《역사학연구》 Vol.32, 호남사학회(구-전남사학회) [호2]

류창규, 2012. 〈조선 초기 태종과 하륜의 천견론(天譴論)을 빙자한 정국 운영 양상〉,《역사학연구》 Vol.45, 호남사학회(구-전남사학회) [이11]

문철영, 1986. 〈권근의 동국사략〉,《사학지》 20, 단국대학교 사학회 [예11]

문형만, 1990. 〈하륜의 세력기반과 그 가계〉,《벽사 이우성 교수 정년퇴직기념논총》 上 [기3]

민현구, 2007. 〈고려에서 조선으로의 왕조 교체를 어떻게 평가할 것인가〉,《한국사 시 민강좌》 40, 일조각, 124~143 [예12]

박용국, 2009. 〈태종대 하륜의 정치적 존재양태의 변화〉,《남명학연구》 28, 경상대학교 경남문화연구원 [이12]

박용옥, 1976. 〈조선 태종대 처첩분변고〉,《한국사연구》 14 [예13]

박정민, 2008. 〈태종대 제1차 여진정벌과 동북면 여진관계〉,《백산학보》 No.80, 백산학 회 [병1]

박천규, 1964. 〈양촌 권근 연구: 그의 조선초 관학계에서의 위치와 활약을 중심으로〉, 《사총》 9, 고려대학교 역사연구소 [기4]

박홍규, 2019. 〈중화공동체 전략과 태종 전반기 국제관계〉,《평화연구》 Vol.27 No.1, 고 려대학교 평화와 민주주의연구소 [예14]

박홍규·방상근, 2006. 〈태종 이방원의 권력정치: '양권(揚權)'의 정치술을 중심으로〉, 《정신문화연구》 제29권 제3호(통권 104호) [이13]

박홍규·이세영, 2006. 〈태종과 공론정치: '유신의 교화'〉,《한국정치학회보》 제40집 제 3호, 한국정치학회 [예15]

박홍규·이종두, 2007. 〈정치가 태종의 사정(私情)과 왕권(王權)〉,《정치사상연구》 제13 집 1호, 한국정치사상학회 [이14]

소순규, 2019. 〈조선 태종대 저화 발행 배경 대한 재검토: '화폐정책'이 아닌 '재정정책' 의 맥락에서〉,《역사와 담론》 No.92, 호서사학회 [호3]

소종, 2015. 〈조선 태종대 방촌 황희의 정치적 활동〉,《역사와 세계》 No.47, 효원사학회 [기5]

손성필, 2019. 〈사찰의 혁거, 철훼, 망폐: 조선 태종 세종대 승정체제 개혁에 대한 오 해〉,《진단학보》 No.132, 진단학회 [예16]

송지원, 2016. 〈조선 초기 국왕의 음악정책: 태조·태종·세조를 중심으로〉,《한국음

악사학보》Vol.57, 한국음악사학회 [예17]

신철희, 2014. 〈'선한 참주'론과 태종 이방원〉, 《한국정치학회보》 Vol.48 No.1, 한국정치학회 [이15]

안준희, 1993. 〈조선초기 태종의 집권과정과 조사의의 난〉, 《외대사학》 5, 한국외국어대학교 사학연구소 [이16]

엄경흠, 2004. 〈정몽주와 권근의 사행시(使行詩)에 표현된 국제관계〉, 《한국중세사연구》 16, 한국중세사학회 [예18]

여현철 외, 2018. 〈조선 초기 태종의 경영 리더십 분석: ser-M 모델 분석을 중심으로〉, 《경영사학》 Vol.85, 한국경영사학회 [이17]

유재리, 2006. 〈세종초 양상통치기의 국정 운영〉, 《조선시대사학보》 36, 조선시대사학회 [이18]

윤정, 2018. 〈태종-세종대 상왕(定宗) 예우와 상례(喪禮)의 정치사적 의미〉, 《역사와 실학》 Vol.65. 역사실학회 [예19]

윤정, 2019. 〈태종 7-8년 세자(양녕대군) 조현(朝見)의 정치사적 의미: 태종 왕통과 대명관계의 상관성에 대한 분석〉, 《역사문화연구》 Vol.69, 한국외국어대학교 역사문화연구소 [예20]

윤정, 2019. 〈태종대 정몽주 추증(追贈)의 정치사적 의미: 조선 창업 과정에 대한 명분적 정리〉, 《포은학연구》 Vol.23, 포은학회 [이19]

윤호진, 1970. 〈태종의 불교정책〉, 《석림》 Vol.4, 동국대학교 석림회 [예21]

이규철, 2014. 〈조선 태종대 대명의식과 여진 정벌(征伐)〉, 《만주연구》 No.17, 만주학회 [병2]

이동희, 1991. 〈조선 태종대 승정원의 정치적 역할〉, 《역사학보》 132, 역사학회 [이20]

이상호, 2013. 〈태종대 가뭄 대처 양상에 드러난 유학적 사유〉, 《국학연구》 No.23, 한국국학진흥원 [호4]

이영식, 2006. 〈횡성의 지명전설과 태종의 관련성 연구〉, 《강원민속학》 Vol.20, 아시아강원민속학회 [기6]

이윤복, 2020a. 〈고려 말 조선 초기 왕권의 문제와 태종의 대간 언론 인식〉, 《한국언론

정보학보》99호, 한국언론정보학회 [예22]

이윤복, 2021. 〈조선 태종대 대간 언론의 역할: 민생 관련 사안을 중심으로〉, 충남대학교 언론정보학과 박사학위 논문 [예23]

이재훈, 2005. 〈조선 태종대 삼군진무소의 성립과 국왕의 병권 장악〉,《사총》61, 역사학연구회 [병3]

이정주, 1991. 〈권근의 불교관에 대한 재검토〉,《역사학보》131, 역사학회 [예24]

이정주, 1999. 〈조선 태종·세종대의 억불정책과 사원건립〉,《한국사학보》6, 고려사학회 [예25]

이정주, 2000. 〈권근 '성발위정 심발위의론(性發爲情 心發爲意 論)'의 이론적 근거와 특징〉,《민족문화연구》33, 고려대학교 민족문화연구원 [예26]

이정주, 2009. 〈태조~태종 연간 맹사성의 정치적 좌절과 극복〉,《조선시대사학보》Vol.50, 조선시대사학회 [기7]

이정철, 2013. 〈조선 태조·정종·태종연간 가뭄 기록과 가뭄 상황〉,《국학연구》No.23, 한국국학진흥원 [호5]

이종서, 2017. 〈조선 태종의 왕족봉작제 정비와 그 원리〉,《역사와 경계》Vol.102, 부산경남사학회 [이21]

이희관, 1988. 〈조선초 태종의 집권과 그 정권의 성격〉,《역사학보》120, 역사학회 [이22]

장득진, 1984. 〈조준의 정치활동과 그 사상〉,《사학연구》38, 한국사학회 [기8]

장지연, 2000. 〈여말선초 천도논의에 대하여〉,《한국사론》43, 서울대학교 인문대학 국사학과 [공4]

전수병, 1983. 〈조선 태종대의 화폐정책: 저화유통을 중심으로〉,《한국사연구》40 [호6]

정일태, 2019. 〈여말선초 병제개혁 논의와 사병 혁파(私兵革罷)를 통한 '공가지병(公家之兵)'의 구현〉,《군사》112호, 국방부 군사편찬연구소 [병4]

조규익, 2017. 〈태종 조 '국왕연사신악'에 수용된《시경》의 양상과 의미〉,《국어국문학》No.179, 국어국문학회 [예27]

조규익, 2017. 〈태종조 악조(樂調)에 반영된 당(唐)·속악(俗樂) 악장의 양상과조선 초기 문묘종사론의 정몽주. 권근을 중심으로 중세적 의미〉,《우리문학연구》No.55, 우리

문학회 [예28]

조남욱, 1997. 〈조선조 태종의 정치철학 연구〉,《동양학》27, 단국대학교 동양학연구원
[예29]

주경렬, 1998. 〈권근의 사행시 연구-《봉사록》을 중심으로〉,《한문학논집》16, 근역한문
학회 [예30]

지두환, 1985. 〈조선 초기 문묘종사론의: 정몽주. 권근을 중심으로〉,《부대사학》9, 부산
대학교 사학회 [이23]

지두환, 1993. 〈조선 전기《대학연의》이해과정〉,《태동고전연구》10, 한림대학교 태동
고전연구소 [예31]

지요환, 2020. 〈태종대 경원부 이설 · 덕안릉 천장의 의미와 동북면 변화〉,《사림》
No.72, 수선사학회 [공5]

최선혜, 1995. 〈조선초기 태종대 예문관의 설치와 그 역사적 의의〉,《진단학보》80, 진
단학회 [예32]

최선혜, 2001.《조선 초기 태조 · 태종대 초제(醮祭)의 시행과 왕권 강화〉,《한국사상사
학》17, 한국사상사학회 [예33]

최승희, 1990. 〈태종말 세자폐립사건의 정치사적 의의〉,《이재룡박사환역기념한국사학
논총》[이24]

최승희, 1991. 〈태종조의 왕권과 정치운영체제〉,《국사관논총》30, 국사편찬위원회 [이25]

최연식, 2000. 〈수성의 정치론: 권근〉,《한국정치학회보》34집 1호, 한국정치학회 [기9]

최이돈, 2016. 〈태종대 과전 국가관리체제의 형성〉,《조선시대사학보》Vol.76, 조선시대
사학회 [호7]

한성주, 2019. 〈조선 태종대 각림사의 중창에 대하여〉,《인문과학연구》No.60, 강원대
학교 인문과학연구소 [예34]

한충희, 1998. 〈잠저기(1367~1400) 태종 연구〉,《대구사학》56, 대구사학회 [기10]

한우근, 1956. 〈신문고의 설치와 그 실제적 효능에 대하여: 태종조 청원 · 상소제도의
성립과 그 실효〉, 이병화박사화갑기념논총. 일조각 [형3]

한형주, 2006. 〈허조(許稠)와 태종~세종대 국가의례의 정비〉,《민족문화연구》Vol.44,
고려대학교 민족문화연구원 [예35]

부록 4 – 참고문헌

■ 1차 문헌

《조선왕조실록》《연려실기술》(이긍익) 《용비어천가》《대학연의》(진덕수) 《고려사》《응제시집주》(권근) 《조선경국전》(정도전) 《삼국사기》《해동제국기》(신숙주) 《포은집》(정몽주) 《국조정토록》

■ 2차 문헌

(1) 단행본

강문식, 2008.《권근의 경학사상 연구》, 일지사

강문식 외, 2013.《13세기, 조선의 때이른 절정》, 민음사

권근, 1999.《응제시집주》, 해돋이

김태영, 2004. 〈토지제도와 농업〉,《한국사24: 조선 초기의 경제구조》국사편찬위원회

니콜로 마키아벨리, 2015.《군주론》, 강정인 외 옮김, 까치

도리스 굿윈, 2005.《권력의 조건》, 이수연 옮김, 21세기북스

독도사전편찬위원회, 2019.《독도사전》, 한국해양수산개발원

마르티나 도이힐러, 2003.《한국 사회의 유교적 변환》, 이훈상 옮김, 아카넷

박순교, 2006.《김춘추, 외교의 승부사》, 푸른역사

박현모 외, 2016.《세종의 서재》, 서해문집

박현모, 2006.《세종의 수성리더십》, 삼성경제연구소

박현모, 2018.《정조평전》, 민음사

박홍규, 2021.《태종처럼 승부하라》, 푸른역사

세종대왕기념사업회, 1972.《세종장헌대왕실록》〈특별색인〉, 세종대왕기념사업회

심혁(역주), 2009.《국조정토록》, 국사편찬위원회

월 듀란트, 2011.《문명이야기》 상권, 왕수민 외 번역, 민음사

유미림, 2018.《팩트 체크 독도》, 역사공간

이명훈 외, 2010.《조선 최고의 외교관, 이예》, 서해문집

이미선, 2021.《조선왕실의 후궁》, 지식산업사

이상익, 2001.《유가 사회 철학 연구》, 심산

이성무, 1998.《조선왕조사》, 동방미디어

이한우, 2005.《태종, 조선의 길을 열다》, 해냄

이혜순, 2014.《고려를 읽다》, 섬섬

정몽주, 2018.《포은집》, 박대현 번역, 한국고전번역원

최승희, 2002.《조선초기 정치사 연구》, 지식산업사

토머스 홉스, 2009.《리바이어던》, 최공웅 외 옮김, 동서문화사

폴 케네디, 1988.《강대국의 흥망》, 이일수 외 번역, 한국경제신문사

플라톤, 1995.《소크라테스 변론》, 최현 옮김, 집문당

하우봉, 2006.《조선시대 한국인의 일본인식》. 혜안

한영우, 1997.《다시 읽는 우리역사》, 경세원

한충희, 2014.《조선의 패왕 태종》, 계명대학교출판부

함재봉, 2017.《한국사람 만들기》 1. 아산서원

허일 외, 2005.《중국의 대항해자 정화의 배와 항해》, 심산

Edward W. Wagner, 1960 〈The Recommendation Examination of 1519: Its Place in Early Yi Dynasty Korea〉《朝鮮學報》 15 (번역본 정보: 〈1519년의 현량과(賢良科) : 조선전기 역사에서의 위상〉,《역사와 경계4》 2, 이훈상 옮김, 경남사학회)

Hans J. Morgenthau, 1948. POLITICS AMONG NATIONS: The Struggle for Power and Peace, N. Y.: Alfred A. Knopf, Inc. (번역본 정보:《국가 간의 정치》, 엄태암·이호재 옮김, 김영사, 2014)

Hedley Bull, 2012. The Anarchical Society: A Study of Order in World Politics,

London: Red Globe Press (번역본 정보:《무정부 사회》, 진석용 옮김, 나남, 2012)

Kenneth N. Waltz 1959, *Man, the State and War: A Theoretical Analysis*, N.Y.: Columbia State University Press (번역본 정보:《인간·국가·전쟁》, 김광린 옮김, 소나무, 1988)

Kenneth N. Waltz 1979. *The Theory of international Politics* (N.Y.: Addison Wesley). (번역본 정보:《국제정치이론》, 박건영 옮김, 사회평론, 2000)

Leo Strauss, 1952. *Persecution and the Art of Writing*, Chicago: Univ. of Chicago Press.

Michael Useem, *Leading Up: How to Lead Your Boss So You Both Win*, New York: Random House, 2001. (번역본 정보:《리딩 업》, 김광수 옮김, 바젤커뮤니케이션, 2002)

(2) 학위 논문

강문식, 2005, 〈권근의 경학과 경세관〉, 서울대학교 박사학위 논문

김남돌, 2005. 〈조선초기 신문고 운영과 영향〉, 안동대학교 교육대학원 석사학위논문

김윤주, 2011. 〈조선 태조~태종대 정치와 정치세력〉, 서울시립대학교 박사학위 논문

류주희, 2000. 〈조선 태종대 정치세력 연구〉, 중앙대학교 박사학위 논문

윤승희, 2021. 〈여말선초 대명(對明) 외교의례(外交儀禮) 연구〉, 숙명여자대학교 박사학위 논문

이윤복, 2021. 〈조선 태종대 대간 언론의 역할: 민생 관련 사안을 중심으로〉, 충남대학교 언론정보학과 박사학위 논문

(3) 연구 논문

강문식, 1999. 〈《입학도설》의 편찬 목적과 특징〉, 《규장각》 Vol.22, 서울대학교 규장각 한국학연구원

강문식, 2001. 〈권근의 생애와 교유인물〉, 《한국학보》 102, 일지사

강문식, 2002. 〈권근의 《시천견록》, 《서천견록》에 대한 연구〉, 《한국학보》 106, 일지사

강문식, 2003. 《《주역천견록》의 형성 배경과 권근의 역학〉, 《한국학보》 110, 일지사

강문식, 2004. 〈정도전과 권근의 생애와 사상 비교〉, 《한국학보》 115, 일지사

강문식, 2008. 〈태종~세종대 허조의 예제 정비와 예(禮) 인식〉, 《진단학보》 105, 진단학회

강순애, 2019. 〈조선 태종조 좌명공신의 책봉 교서와 관련 문서의 기록 연구〉, 《서지학
연구》 80, 한국서지학회

강제훈, 2004. 〈조선 초기의 조회(朝會) 의식〉, 《조선시대사학보》 28, 조선시대사학회

강제훈, 2007. 〈조선 초기 가계계승 논의를 통해 본 강희맹가의 정치적 성장〉, 《조선시
대사학보》 42, 조선시대사학회

권인혁, 1982. 〈조선 초기 화폐유통 연구: 특히 태종대 전화(楮貨)를 중심으로〉, 《역사교
육》 32

김구진, 2003. 〈조선전기의 대외관계: 여진과의 관계〉. 《한국사》 22권, 국사편찬위원회

김성준, 1962. 〈태종의 외척제거에 대하여: 민씨형제의 옥(獄)〉, 《역사학보》 17 · 18, 역
사학회

김순남, 2009. 〈조선 성종대(成宗代) 올적합(兀狄哈)에 대하여〉, 《조선시대사학보》 49집

김영주, 2007. 〈신문고 제도에 대한 몇 가지 쟁점: 기원과 운영, 제도의 변천을 중심으
로〉, 《한국언론정보학보》 제39집 3호, 한국언론정보학회

김영태, 1988. 〈조선 태종조의 불사와 척불〉, 《동양학》 18, 단국대학교 동양학연구소

김용구, 1997. 《세계관 충돌의 국제정치학: 만국공법과 서양공법》, 나남

김윤주, 2009a. 〈조선 초 공신 책봉과 개국 · 정사 · 좌명공신의 정치적 동향〉, 《한국사학
보》 35, 고려사학회

김윤주, 2009b. 〈조선 태종 11년(1411) 이색 비명(碑銘)을 둘러싼 논쟁의 정치적 성격〉,
《도시인문학연구》 제1권 1호, 서울시립대학교 도시인문학연구소.

김윤주, 2011. 〈조선 초기 천도(遷都)와 이어(移御)의 정치사: 수도 한양의 위상 강화 과
정을 중심으로〉, 《서울학연구》, 서울시립대학교 부설 서울학연구소 45

김윤주, 2014. 〈조선 초기 국왕 친인척의 정치 참여와 '군친무장(君親無將)' 원칙〉, 《서
울과역사》 87, 서울역사편찬원

김윤주, 2015. 〈조선 초기 상왕의 정치적 위상〉, 《이화사학연구》 50, 이화사학연구소

김윤주, 2017. 〈조선 초기 수도 한양의 불교 사찰 건립과 불사 개설: 태조 이성계의 사

찰 건립을 중심으로〉,《서울학연구》66, 서울시립대학교 부설 서울학연구소

김윤주, 2018. 〈조선 태조~태종대 한양 건설 공역의 인력 동원과 물자 수급〉,《조선시대사학보》86, 조선시대사학회

김윤주, 2021. 〈조선 초기 '조선 건국'에 대한 역사 인식의 형성과 추이〉,《사학연구》142, 한국사학회

김인규, 1992. 〈태종대의 공노비정책과 그 성격〉,《역사학보》136, 역사학회

김인호, 2010. 〈정몽주 숭배의 변화와 위인상〉,《역사와 현실》177집, 한국역사연구회

남지대, 2013. 〈태종 초 태종과 대간 언론의 갈등〉,《역사문화연구》47, 한국외국어대학교 역사문화연구소

남지대, 2014. 〈조선 태종의 권위확충〉,《규장각》Vol.45, 서울대학교 규장각한국학연구원

남지대, 2016. 〈태조 삼년상을 통한 태종의 왕통의 완성〉,《규장각》Vol.49, 서울대학교 규장각한국학연구원

남지대, 2017. 〈조선 태종은 왜 이무(李茂)를 죽였을까〉,《규장각》Vol.50, 서울대학교 규장각한국학연구원

노명호, 1981. 〈고려의 오복친과 친족관계 법제〉,《한국사연구》33, 한국사연구회

류창규, 2008. 〈조선 태종대 하륜의 경제정책과 '민본'〉,《역사학연구》Vol.32, 호남사학회(구-전남사학회)

류창규, 2012. 〈조선 초기 태종과 하륜의 천견론(天譴論)을 빙자한 정국 운영 양상〉,《역사학연구》Vol.45, 호남사학회(구-전남사학회)

문경현, 1978. 〈정몽주 순절처의 신고찰〉,《대구사학》15·16집, 대구사학회

문철영, 1986. 〈권근의 동국사략〉,《사학지》20, 단국대학교 사학회

문형만, 1990. 〈하륜의 세력기반과 그 가계〉,《벽사 이우성 교수 정년퇴직기념논총》上

민현구, 2007. 〈고려에서 조선으로의 왕조 교체를 어떻게 평가할 것인가〉,《한국사 시민강좌》40, 일조각, 124~143

박용국, 2009. 〈태종대 하륜의 정치적 존재양태의 변화〉,《남명학연구》28, 경상대학교 경남문화연구원

박용옥, 1976. 〈조선 태종대 처첩분변고〉,《한국사연구》14

박원호, 2003. 〈15세기 동아시아 정세〉, 《한국사》 22권, 국사편찬위원회

박정민, 2008. 〈태종대 제1차 여진정벌과 동북면 여진관계〉, 《백산학보》 No.80, 백산학회

박천규, 1964. 〈양촌 권근 연구: 그의 조선초 관학계에서의 위치와 활약을 중심으로〉, 《사총》 9, 고려대학교 역사연구소

박홍규, 2019. 〈중화공동체 전략과 태종 전반기 국제관계〉, 《평화연구》 Vol.27 No.1, 고려대학교 평화와 민주주의연구소

박홍규·방상근, 2006. 〈태종 이방원의 권력정치: '양권(揚權)'의 정치술을 중심으로〉, 《정신문화연구》 제29권 제3호(통권 104호)

박홍규·이세영, 2006. 〈태종과 공론정치: '유신의 교화'〉, 《한국정치학회보》 제40집 제3호, 한국정치학회

박홍규·이종두, 2007. 〈정치가 태종의 사정(私情)과 왕권(王權)〉, 《정치사상연구》 제13집 1호, 한국정치사상학회

설현지, 2021. 〈17세기 전반 호패법 시행 과정 연구〉, 《대구사학》 144, 대구사학회

소순규, 2019. 〈조선 태종대 저화 발행 배경 대한 재검토: '화폐정책'이 아닌 '재정정책'의 맥락에서〉, 《역사와 담론》 No.92, 호서사학회

소종, 2015. 〈조선 태종대 방촌 황희의 정치적 활동〉, 《역사와 세계》 No.47, 효원사학회

손성필, 2019. 〈사찰의 혁거, 철훼, 망폐: 조선 태종 세종대 승정체제 개혁에 대한 오해〉, 《진단학보》 No.132, 진단학회

송지원, 2016. 〈조선 초기 국왕의 음악정책: 태조·태종·세조를 중심으로〉, 《한국음악사학보》 Vol.57, 한국음악사학회

신철희, 2014. 〈'선한 참주'론과 태종 이방원〉, 《한국정치학회보》 Vol.48 No.1, 한국정치학회

안준희, 1993. 〈조선초기 태종의 집권과정과 조사의의 난〉, 《외대사학》 5, 한국외국어대학교 사학연구소

엄경흠, 2004. 〈정몽주와 권근의 사행시(使行詩)에 표현된 국제관계〉, 《한국중세사연구》 16, 한국중세사학회

여현철 외, 2018. 〈조선 초기 태종의 경영 리더십 분석: ser-M 모델 분석을 중심으로〉,

《경영사학》Vol.85, 한국경영사학회

원창애, 2009. 〈조선시대 문과 중시 급제자 연구〉,《역사와실학》Vol.39, 역사실학회

유재리, 2006. 〈세종초 양상통치기의 국정 운영〉,《조선시대사학보》36, 조선시대사학회

윤정, 2018. 〈태종-세종대 상왕(定宗) 예우와 상례(喪禮)의 정치사적 의미〉,《역사와 실학》Vol.65. 역사실학회

윤정, 2019. 〈태종 7-8년 세자(양녕대군) 조현(朝見)의 정치사적 의미: 태종 왕통과 대명 관계의 상관성에 대한 분석〉,《역사문화연구》Vol.69, 한국외국어대학교 역사문화연구소

윤정, 2019. 〈태종대 정몽주 추증(追贈)의 정치사적 의미: 조선 창업 과정에 대한 명분적 정리〉,《포은학연구》Vol.23, 포은학회

윤호진, 1970. 〈태종의 불교정책〉,《석림》Vol.4, 동국대학교 석림회

이규철, 2014. 〈조선 태종대 대명의식과 여진 정벌(征伐)〉,《만주연구》No.17, 만주학회

이동현, 1996. 〈양전에 관한 연구〉,《박물관보》제9호, 청주대학교박물관

이동희, 1991. 〈조선 태종대 승정원의 정치적 역할〉,《역사학보》132, 역사학회

이명미, 2018. 〈드라마적 상상력'과 '역사적 상상력'의 한계에 갇힌 고려시대 여성들〉,《여성과 역사》29, 한국여성사학회

이상호, 2013. 〈태종대 가뭄 대처 양상에 드러난 유학적 사유〉,《국학연구》No.23, 한국국학진흥원

이영식, 2006. 〈횡성의 지명전설과 태종의 관련성 연구〉,《강원민속학》Vol.20, 아시아강원민속학회

이윤복, 2020a. 〈고려 말 조선 초기 왕권의 문제와 태종의 대간 언론 인식〉,《한국언론정보학보》99호, 한국언론정보학회

이익주, 2006. 〈고려말 정도전의 정치세력 형성과정 연구〉,《동방학지》134, 연세대학교 국학연구원

이재훈, 2005. 〈조선 태종대 삼군진무소의 성립과 국왕의 병권 장악〉,《사총》61, 역사학연구회

이정주, 1991. 〈권근의 불교관에 대한 재검토〉,《역사학보》131, 역사학회

이정주, 1999. 〈조선 태종·세종대의 억불정책과 사원건립〉,《한국사학보》6, 고려사학회

이정주, 2000. 〈권근 '성발위정 심발위의론(性發爲情 心發爲意 論)'의 이론적 근거와 특징〉,《민족문화연구》33, 고려대학교 민족문화연구원

이정주, 2009. 〈태조~태종 연간 맹사성의 정치적 좌절과 극복〉,《조선시대사학보》Vol.50, 조선시대사학회

이정철, 2013. 〈조선 태조·정종·태종연간 가뭄 기록과 가뭄 상황〉,《국학연구》No.23, 한국국학진흥원

이종서, 2017. 〈조선 태종의 왕족봉작제 정비와 그 원리〉,《역사와 경계》Vol.102, 부산경남사학회

이희관, 1988. 〈조선초 태종의 집권과 그 정권의 성격〉,《역사학보》120, 역사학회

장득진, 1984. 〈조준의 정치활동과 그 사상〉,《사학연구》38, 한국사학회

장지연, 2000. 〈여말선초 천도논의에 대하여〉,《한국사론》43, 서울대학교 인문대학 국사학과

전수병, 1983. 〈조선 태종대의 화폐정책: 저화유통을 중심으로〉,《한국사연구》40

정약용, 1985. 〈자찬묘지명(自撰墓地銘)〉,《다산산문선》, 박석무 역주, 창작과비평사

정일태, 2019. 〈여말선초 병제개혁 논의와 사병 혁파를 통한 '공가지병(公家之兵)'의 구현〉,《군사》112호, 국방부 군사편찬연구소

조규익, 2017. 〈태종 조 '국왕연사신악'에 수용된《시경》의 양상과 의미〉,《국어국문학》No.179, 국어국문학회

조규익, 2017. 〈태종조 악조(樂調)에 반영된 당(唐)·속악(俗樂) 악장의 양상과조선 초기 문묘종사론의 정몽주. 권근을 중심으로 중세적 의미〉,《우리문학연구》No.55, 우리문학회

조남욱, 1997. 〈조선조 태종의 정치철학 연구〉,《동양학》27, 단국대학교 동양학연구원

조법종, 2010. 〈백두산과 장백산, 그리고 만주〉,《백두산, 현재와 미래를 말한다》, 한국학중앙연구원출판부.

주경렬, 1998. 〈권근의 사행시 연구-《봉사록》을 중심으로〉,《한문학논집》16, 근역한문학회

지두환, 1985. 〈조선 초기 문묘종사론의: 정몽주. 권근을 중심으로〉,《부대사학》9, 부산
　　대학교 사학회

지두환, 1993. 〈조선 전기《대학연의》이해과정〉,《태동고전연구》10, 한림대학교 태동
　　고전연구소

지요환, 2020. 〈태종대 경원부 이설·덕안릉 천장의 의미와 동북면 변화〉,《사림》
　　No.72, 수선사학회

최선혜, 1995. 〈조선초기 태종대 예문관의 설치와 그 역사적 의의〉,《진단학보》80, 진
　　단학회

최선혜, 2001.《조선 초기 태조·태종대 초제(醮祭)의 시행과 왕권 강화〉,《한국사상사
　　학》17, 한국사상사학회

최승희, 1990. 〈태종말 세자폐립사건의 정치사적 의의〉,《이재룡박사환역기념한국사학
　　논총》

최승희, 1991. 〈태종조의 왕권과 정치운영체제〉,《국사관논총》30, 국사편찬위원회

최연식, 2000. 〈수성의 정치론: 권근〉,《한국정치학회보》34집 1호, 한국정치학회

최이돈, 2016. 〈태종대 과전 국가관리체제의 형성〉,《조선시대사학보》Vol.76, 조선시대
　　사학회

한성주, 2009. 〈조선 전기 '자소(字小)'에 대한 고찰 : 대마도 왜인 및 여진 세력을 중심
　　으로〉,《한일관계사연구》33집, 한일관계사학회

한성주, 2019. 〈조선 태종대 각림사의 중창에 대하여〉,《인문과학연구》No.60, 강원대
　　학교 인문과학연구소

한영우, 2014, 〈정도전은 어떤 인물인가?〉, 정도전,《조선경국전》, 한영우 번역, 올재

한영호 외, 2014. 〈세종의 역법 제정과 칠정산〉,《동방학지》168집, 연세대학교 국학연
　　구원

한우근, 1956. 〈신문고의 설치와 그 실제적 효능에 대하여: 태종조 청원·상소제도의
　　성립과 그 실효〉, 이병화박사화갑기념논총, 일조각

한충희, 1998. 〈잠저기(1367~1400) 태종 연구〉,《대구사학》56, 대구사학회

한형주, 2006. 〈허조(許稠)와 태종~세종대 국가의례의 정비〉,《민족문화연구》Vol.44,

(4) 드라마 등 문화 콘텐츠

〈대왕세종〉. KBS2, 2008.01.05~2008.11.16, 86부작

〈뿌리깊은 나무〉. SBS, 2011.10.05~2011.12.22, 24부작

〈나의 나라〉. JTBC, 2019.10.04~2019.11.23, 16부작

〈용의 눈물〉. KBS1, 1996.11.24~1998.05.31, 159부작

〈육룡이 나르샤〉. SBS 2015.10.05~2016.03.22, 50부작

〈정도전〉. KBS1, 2014.01.04~2014.06.29, 50부작

박시백, 2021.《박시백의 조선왕조실록 3: 태종실록》, 휴머니스트

방기환, 2016.《소설 태종 이방원 1~3》, 문지사

(5) 이미지 출처

〈벽란도〉 – 고려대학교 도서관 한적실 소장

〈태조 어진〉 – 어진박물관 소장

〈호패〉 – 국립민속박물관 소장

〈혼일강리역대국도지도〉 – 서울대학교 규장각 한국학연구원 소장

＊ 이 책에 수록된 사진들은 각 저작물을 관리하는 개인이나 단체로부터 이용허락을
받았음을 밝힙니다. 저작권자를 찾지 못하여 게재 허락을 받지 못한 일부 사진에
대해서는 저작권자가 확인되는 대로 허락을 받고 통상의 기준에 따라 사용료를 지
불하도록 하겠습니다.

태종 평전

초판 1쇄 인쇄 2022년 3월 10일
초판 1쇄 발행 2022년 4월 1일

지은이 박현모
펴낸이 유정연

이사 임충진 김귀분
책임편집 조현주 **기획편집** 신성식 심설아 김경애 이가람 **디자인** 안수진 김소진
마케팅 박중혁 김예은 **제작** 임정호 **경영지원** 박소영

펴낸곳 흐름출판(주) **출판등록** 제313-2003-199호(2003년 5월 28일)
주소 서울시 마포구 월드컵북로5길 48-9(서교동)
전화 (02)325-4944 **팩스** (02)325-4945 **이메일** book@hbooks.co.kr
홈페이지 http://www.hbooks.co.kr **블로그** blog.naver.com/nextwave7
출력·인쇄·제본 성광인쇄 **용지** 월드페이퍼(주) **후가공** (주)이지앤비(특허 제10-1081185호)

ISBN 978-89-6596-502-2 03910